Martin Krake

Maremonto Reise- und Wanderführer

Kroatien

der Nordwesten: Istrien und Kvarner

Martin Krake

Maremonto Reise- und Wanderführer:
Kroatien – der Nordwesten: Istrien und Kvarner

1. Auflage 2019

ISBN: 978-3-903306-00-4

Zahnradbahnstraße 23/15
1190 Wien, Österreich

Firmenbuchnummer 403707m
beim Handelsgericht Wien

info@maremonto.com
www.maremonto.com

Recherche, Text und Layout: Martin Krake, Wien
Straßenkarten: © OpenStreetMap und Mitwirkende (ODbl)
Reliefkarten und topografische Karten: © Printmaps.net, Daten von OpenStreetMap und Mitwirkenden (ODbl)
Verlagsort: Wien
Druck: Generál Nyomda Kft.
Herstellungsort: Szeged, Ungarn

Alle Fotos von Martin Krake, außer:

S. 10: bingokid/iStock
S. 13: Michal Fuglevic/Dreamstime.com
S. 34: I_rinka/iStock
S. 42: xbrchx/shutterstock.com
S. 47: phant/iStock
S. 57: Susy Baels/shutterstock.com
S. 110 oben: Agami Photo Agency/Dreamstime.com
S. 110 unten: Gerdzhikov/iStock
S. 116: Ivan Hlobej/Dreamstime.com
S. 117: mura/iStock
S. 122: Pablo B. Debat/Dreamstime.com
S. 125 oben: Dorotić/Bosnić
S. 126: Sanja Baljkas/Dreamstime.com
S. 131: Xbrchx/Dreamstime.com
S. 138: P. Calabalic/Dreamstime.com
S. 144: Marcelkudla/Dreamstime.com
S. 153: kasto80/iStock
S. 163: Ivan Smuk/shutterstock.com
S. 174: E. Dushenina/Dreamstime.com
S. 175 oben: E. Mandre/shutterstock.com
S. 175 unten: P. Fodor/shutterstock.com

●●●●	*top, unbedingt machen!*
●●●	*sollte man erlebt haben*
●●	*nette Abwechslung*
●	*man versäumt nicht viel*

„Pflicht oder nicht“: Das System zur Bewertung der Attraktivität sagt Ihnen auf einen Blick, ob sich der Weg lohnt!

GPS-Daten

Dieser Reiseführer stellt für alle erwähnten Orte GPS-Daten zur Verfügung. Die Koordinaten sind im Format Grad/Dezimalgrad angegeben. Datenpakete mit Wegpunkten für alle Ziele sowie Tracks zu den Wanderungen können in verschiedenen Dateiformaten kostenlos heruntergeladen werden:

www.maremonto.de/gps/kroatiennordwest.zip

Das schönste Stück der Adria

Kaum ein anderes Land am Mittelmeer hat eine so schöne Küsten- und Insellandschaft wie Kroatien: Die Adriainseln Cres, Lošinj, Krk, Rab und Pag ziehen sich als langgestreckte Berge durch die Kvarner-Bucht vor der Kulisse der mächtigen Küstengebirge und verführen mit lauschigen Strandbuchten. Ihre teilweise bewaldeten, teilweise karstig-kahlen Höhenzüge sind aussichtsreiche, einsame Wandergebiete. Die lebhafte Westküste der Halbinsel Istrien gehört zu den großen „Urlaubsmaschinen" des Mittelmeers, während das Landesinnere mit seiner hügeligen Landschaft und den verschlafenen Kleinstädten an die Toskana erinnert, kulturell wie sprachlich schon halb in Italien.

Ganz besondere Schätze Kroatiens sind die Städte: Die abgeschiedenen Hügelfestungen Motovun, Buje und Buzet erheben sich wie vor Jahrhunderten über das istrische Binnenland, an der Küste haben Poreč, Rovinj und Pula außergewöhnliche Kunstschätze und Monumente bewahrt. Von den kleinen Inselhauptstädten hat jede ihren eigenen Charakter: Die Frankopanenstadt Krk, das mit seinem Hafen verwachsene Cres, das viertürmige Rab und die Salzstadt Pag sind einzigartige Zeugnisse der langen venezianischen Herrschaft, nahezu unverändert erhalten bis zum heutigen Tag. Eine ganz andere Epoche, nämlich den Glamour der Jahr-

Kroatiens Städte sind besondere Schätze.

hundertwende, repräsentiert Opatija, das Monte Carlo der Habsburger-Monarchie. Die größte Stadt der Region, Rijeka, ist dagegen eine moderne und lebhafte Hafenmetropole.

Sehr viel stiller als auf den Inseln geht es an der Kvarner-Küste und im Binnenland zu: Südlich der „Riviera von Crikvenica" ist die Küste nur noch dünn besiedelt, überragt von der Gipfelkette des mächtigen Velebit-Gebirges. Nur wenige Straßen führen in die Nähe der Kalkgipfel, die umgeben sind von endlosen, urtümlichen Wäldern und reizvolle Ziele für abenteuerlustige Wanderer bilden. Ganz im Süden des Velebit schneiden sich die Paklenica-Schluchten tief in die Bergkette hinein, weit im Landesinneren sind die Plitvicer Seen eine der ganz großen Natursehenswürdigkeiten Europas. Es ist kein Zufall, dass sich in dieser Gegend vier der insgesamt acht Nationalparks des Landes befinden!

An der Küste verstecken sich zahllose Strandbuchten.

Die Paklenica-Schluchten ziehen sich ins Küstengebirge hinein.

Geografie und Landschaft

Im Nordosten der Adria ragt die Halbinsel Istrien, die zum größten Teil zu Kroatien, zu einem kleineren Teil zu Slowenien gehört, rund 70 Kilometer weit nach Süden. Die Westküste Istriens ist flach und dicht besiedelt, hier befinden sich mit den Städten Poreč, Rovinj und Pula einige der größten Tourismuszentren Kroatiens. Das Landesinnere Istriens ist im Süden flach, im Norden leicht hügelig und sehr ländlich. Im Nordosten wird die Halbinsel durch das knapp 1400 Meter hoch aufragende Učka-Bergmassiv abgegrenzt, dessen Gipfel bis in hohe Lagen bewaldet sind.

Die Halbinsel Istrien teilt die Kvarner-Bucht (manchmal auch nur „der Kvarner" genannt) von der Adria ab. Am Nordende der Bucht befindet sich die größte Stadt der Region, Rijeka. Auch um Opatija sowie um Crikvenica herum ist die Küste dicht besiedelt, in Richtung Süden wird es dann zunehmend einsamer mit nur wenigen, kleinen Ortschaften. Die gesamte Kvarner-Bucht ist von zahlreichen Inseln durchsetzt, von denen Cres, Lošinj, Krk, Rab und Pag die größten sind. Dazwischen befinden sich kleinere Inseln, von denen die meisten unbewohnt sind. Oft sind die Inseln nur durch wenige Kilometer voneinander und vom Festland entfernt. Die meisten haben eine langgestreckte, küstenparallel verlaufende Form mit Höhenzügen, die bis in eine Höhe von 500-600 Metern aufsteigen. Die längliche Form der Inseln und ihre auffallende Parallelität zu den Küstenbergen ist kein Zufall: Sie sind die Bergketten eines Gebirges, dessen Täler durch den Anstieg des Meeresspiegels nach der letzten Eiszeit versanken.

Die Inseln sind überwiegend karstig und karg.

Dass die kroatischen Inseln ursprünglich dicht bewaldet waren, kann man sich heute kaum noch vorstellen: Auf den ersten Blick sieht man nicht viel mehr als kahle, fast schon wüstenhaft anmutende Hänge. Für diesen Zustand ist historisch gesehen vor allem der Raubbau der venezianischen Epoche (➤ Seite 20) verantwortlich; die Winderosion durch die Bora (➤ nächste Seite) und eine intensive Beweidung mit Schafen verhinderten vor allem in den windexponierten Hochlagen und an den Osthängen der Inseln eine Erholung der Wälder. Einiges ist aber dennoch geblieben, so gibt es etwa auf den Inseln Cres, Lošinj und Krk größere mediterrane Nadel- und Mischwälder.

Die Ostküste der Kvarner-Bucht wird von der Gebirgskette des Velebit mit Gipfelhöhen um die 1500 bis 1700 Meter überragt. Der Velebit-Hauptkamm verläuft parallel zur Küste, höchster Gipfel ist der Vaganski Vrh im Nationalpark Paklenica (➤ Seite 161) mit einer Höhe von 1751 Metern. Das Hinterland der Kvarnerküste ist überraschend waldreich: Vor allem in den Nationalparks Risnjak (➤ Seite 196) und Nördlicher Velebit (➤ Seite 228) gibt es sehr ausgedehnte, naturnahe Mischwälder, nur die Gipfel ragen als felsige Kuppen aus dem Wald heraus.

Die kroatischen Inseln und Küstenregionen bestehen aus Kalkgestein, das ausgesprochen porös und von zahllosen Spalten und unterirdischen Hohlräumen durchzogen ist. Regenwasser versickert dadurch meist sofort, Oberflächengewässer wie Bäche, Flüsse oder Seen gibt es kaum. Kalkgestein ist wasserlöslich, wodurch zahlreiche Höhlen entstanden sind, an der Oberfläche sieht man oft die für eine Karstlandschaft typischen Verwitterungsformen wie Karren und Rillen.

In den Festlandgebirgen gibt es dagegen weitflächige Wälder.

Klima und Wetter

Das nordwestliche Kroatien hat ein gemäßigt mediterranes Klima mit heißen Sommern und milden, feuchten Wintern. Der Sommer ist zumeist trocken und recht heiß mit Temperaturen um die 30 Grad, über den Küstengebirgen kommt es dann oft zu Quellbewölkung und Gewittern. Der Winter ist regenreich und windig mit durchschnittlichen Tageshöchstwerten um die 10 Grad; Frost tritt in den tiefen Lagen selten und meist nur kurzzeitig auf, in den Hochlagen der Gebirge liegt aber längere Zeit Schnee. Die Badesaison mit angenehmen Wassertemperaturen dauert von Juni bis in den September hinein. Die Hauptreisezeit sind die Monate Juli und August, dann läuft die Tourismusmaschinerie auf Hochtouren – weitaus ruhiger (mit einer um 50-70 Prozent niedrigeren Bettenauslastung!) und natürlich auch preisgünstiger sind die Monate Mai, Juni und September.

Eine meteorologische Besonderheit Kroatiens ist die **Bora**: Das ist ein ablandiger Fallwind, der im Landesinneren entsteht und die Hänge des Velebit hinunter auf die Adria und über die Inseln fegt. Die Bora ist kalt und trocken und bringt deutliche Temperaturstürze, aber keinen Regen. Sie ist außerordentlich kräftig und erreicht regelmäßig Sturmstärke mit Windgeschwindigkeiten um die 100 km/h, was für Lastwagen und Wohnwagengespanne, insbesondere auf der Küstenstraße sowie den Brücken nach Krk und Pag, problematisch werden kann. In seltenen Fällen wurden schon Windgeschwindigkeiten von bis zu 250 km/h gemessen – damit zählt die Bora zu den stärksten Winden der Erde! Auf der Adria bilden sich dann dennoch nur kleine Wellen, die Gischt wird in Wolken über das Wasser getrieben – ein eindrucksvolles Schauspiel, das man durchaus genießen kann; sofern man nicht gerade in ei-

In den Gebirgen liegt im Winter Schnee.

Tipp

Wettervorhersage
www.meteo.hr

Eine detaillierte und zuverlässige Wettervorhersage für alle Regionen des Landes veröffentlicht der kroatische Wetterdienst auf *www.meteo.hr*.

nem Boot unterwegs ist, denn dann ist die Bora wirklich gefährlich. Sie kann zu jeder Jahreszeit auftreten, ist im Winter jedoch viel häufiger und auch dauerhafter: Während sie im Sommer meist nur einige Stunden oder maximal einen Tag lang anhält, können es im Winter durchaus eine oder zwei Wochen sein, oft bringt sie dann sogar Frost in die Küstenregionen.

Baden

Kroatien hat enorm viel Küste, und auch wenn weite Teile davon unzugängliche Steilküste sind, bleibt eine Unzahl an Stränden, die großartige Bademöglichkeiten bieten! Viele Strände liegen geschützt in schönen Buchten, nahezu jeder Küstenort hat mindestens einen Strand. Eines ist jedoch Mangelware in Kroatien: Sandstrände. Die weitaus meisten Strände bestehen aus mehr oder weniger feinem Kies, was immerhin den Vorteil hat, dass das Wasser sehr klar ist. Ganz so komfortabel wie ein Sandstrand ist das natürlich nicht, daher empfiehlt es sich, Badeschuhe mitzubringen.

Ein großes Thema in Kroatien ist FKK: Schon 1936 wurde auf der Insel Rab ein offizieller FKK-Strand eröffnet, der im selben Jahr vom britischen Kurzzeit-König Edward VIII. und seiner Geliebten Wallis Simpson genutzt wurde. Was damals ein Skandal war, wurde in der jugoslawischen Ära zur beliebten Normalität und hat sich bis heute erhalten. Es gibt sogar Campingplätze, die ganz oder teilweise als FKK-Plätze ausgewiesen sind.

Die meisten Strände bestehen aus feinem Kies.

Wandern

Kroatien ist kein klassisches „Wanderland“, mit seinen Küstengebirgen, den ausgedehnten Waldgebieten sowie den kleineren Gebirgszügen auf den Inseln aber eine sehr reizvolle Destination für einen Wanderurlaub! Anders als in Deutschland oder Österreich ist das Wandern in Kroatien kein großer Volkssport, so dass man oft eine beeindruckende Einsamkeit erleben kann. Für einen Wanderurlaub sind vor allem Frühjahr und Herbst ideal; im Sommer kann es in den tiefen Lagen recht heiß werden, in den Küstengebirgen wird dann die hohe Gewitterwahrscheinlichkeit zum Problem. Auf den Inseln sowie in Istrien kann man grundsätzlich auch im Winter wandern, es regnet dann aber häufig. In den Hochlagen der Gebirge liegt regelmäßig bis in den späten Frühling hinein Schnee.

Das Netz markierter Wanderwege ist nicht ganz so dicht, wie man es aus den Alpen oder den deutschen Mittelgebirgen gewohnt ist, es gibt aber zahlreiche Möglichkeiten für interessante Touren. Die Wege sind überwiegend einfach bis mittelschwer, oft aber recht steinig, so dass gute Wanderschuhe in jedem Fall nötig sind. Steile Passagen gibt es meist nur im unmittelbaren Gipfelbereich der Berge, hier muss man hin und wieder auch ein paar Meter klettern.

Die Qualität der Wegmarkierungen ist allerdings sehr unterschiedlich: Auf den Inseln wurden viele Markierungen und Beschilderungen in den letzten Jahren erneuert und befinden sich daher in Top-Zustand. Auf dem Festland sind dagegen die meisten Routen unzureichend markiert: Wegweiser und Markierungen sind zwar vorhanden, aber oft lückenhaft oder so stark verblasst, dass man sie leicht übersieht. Ein GPS-Gerät oder ein Smartphone mit Digitalkarte ist daher kein Luxus, viele Touren sind nur mit digitaler Unterstützung problemlos zu begehen. Benutzen Sie dabei auch die GPS-Daten zu diesem Buch (➤ Seite 178)!

In den Berggebieten auf dem Festland gibt es Berghütten; sie werden in Kroatien *Planinarski dom* oder *Planinarska kuća* genannt und vom kroatischen Bergsteigerverband HPS *(www.hps.hr)* betrieben. Mit den Hütten der Alpen sind sie allerdings nur bedingt zu vergleichen: Die kroatischen

Viele Wege sind sehr gut markiert…

Hütten sind viel einfacher ausgestattet und oft nur an bestimmten Wochentagen bewirtschaftet, in der Regel bekommt man nur Getränke und keine Speisen. Auf den meisten Touren gibt es keine Versorgungsmöglichkeiten. Gelegentlich weisen improvisierte Wegweiser wie *voda* (= Wasser) oder *izvor* (= Quelle) auf Trinkwasserquellen hin, die aber im Sommer oft austrocknen.

...andere weniger: Oft ist die Markierung völlig veraltet.

Thema: Schlangen

Das trockene und warme Klima Kroatiens ist ideal für Reptilien. Deshalb gibt es hier um die 15 verschiedene Schlangenarten, die man durchaus öfters zu sehen bekommt – vor allem, wenn sie sich bei kühlem Wetter in der Sonne aufwärmen. Die meisten von ihnen sind ungiftige Nattern. Es gibt aber zwei Arten von Giftschlangen: Die auch in Mitteleuropa bekannte Kreuzotter ist in Kroatien eher selten. Häufiger kommt hier die Europäische Hornotter (*Vipera ammodytes*, kroatisch *Poskok*) vor, die an ihrem hornförmigen Nasenaufsatz zu erkennen ist. Ihr Biss ist für erwachsene Menschen nicht lebensgefährlich, muss aber in jedem Fall sofort behandelt werden. Wie die meisten Schlangen sind auch Hornottern scheue Tiere; sie sind Menschen gegenüber nicht aggressiv, ziehen sich bei Annäherung meist sofort zurück und beißen nur, wenn sie in die Enge getrieben werden. Es kommt daher sehr selten zu Zwischenfällen mit ihnen.

Giftig, aber nicht gefährlich: die Hornotter.

Anreise mit dem Auto

Die meisten Urlauber aus Deutschland und Österreich reisen mit dem eigenen Auto an. Aufgrund der recht geringen Entfernungen ist das gut machbar: So beträgt etwa die Strecke von Frankfurt nach Rijeka 900 Kilometer, von München gut 500 Kilometer. Noch besser haben es die Österreicher, die die kroatische Adria in einer sehr gemütlichen Tagesreise erreichen können.

Autobahnen sind in Österreich, in Slowenien und in Kroatien gebührenpflichtig. Für die Durchreise durch Österreich und durch Slowenien brauchen Sie jeweils eine Vignette, die für einen bestimmten Zeitraum gilt und an die Frontscheibe geklebt werden muss. Das österreichische „Pickerl" ist an allen Tankstellen erhältlich (auch in Deutschland in Grenznähe) sowie beim ADAC in den Geschäftsstellen und im Onlineshop. Die Vignette für 10 Tage kostet derzeit für PKW 9,20 Euro, für Fahrzeuge ab 3,5 Tonnen wird die kilometerabhängige LKW-Maut fällig. Der Tauerntunnel zwischen Salzburg und Villach sowie der Karawankentunnel an der österreichisch-slowenischen Grenze kosten eine zusätzliche Gebühr (derzeit 12,00 Euro bzw. 7,40 Euro). Alle Details zur Maut in Österreich finden Sie auf *www.asfinag.at*. Auch in Slowenien braucht man eine Vignette, die man an der Grenze kaufen kann (für PKW derzeit 15,00 Euro für sieben Tage) – nicht vergessen, denn die Strafen sind hoch, und es wird nahezu ständig kontrolliert! In Kroatien wird eine streckenabhängige Autobahnmaut berechnet: Man zieht bei der Einfahrt ein Ticket und bezahlt bei der Ausfahrt an einer Personenkasse (geht auch in Euro). Der Tarif für PKW liegt derzeit bei umgerechnet etwa sechs Eurocent pro Kilometer.

Die Adriamagistrale ist eine schöne Fernverbindung.

Kroatien ist zwar seit 2013 Mitglied der EU, bislang jedoch (anders als Slowenien) nicht dem Schengen-Abkommen beigetreten. Daher finden an der slowenisch-kroatischen Grenze Kontrollen statt, die sich jedoch meist auf einen Blick in die Ausweispapiere beschränken (für deutsche und österreichische Staatsbürger ist ein Personalausweis ausreichend). An starken Reisetagen kommt es dennoch regelmäßig zu Staus an den Grenzübergängen. Lebensmittel, Alkohol und andere Waren dürfen für den Eigenbedarf zollfrei ein- und ausgeführt werden.

Seit den Neunzigerjahren wurde das **Autobahnnetz** innerhalb Kroatiens stark ausgebaut, es befindet sich jetzt auf einem international üblichen Standard. Das Streckennetz wurde aber natürlich vor allem an inländischen Bedürfnissen ausgerichtet, die Hauptstrecken in der Nordwestregion verlaufen von Zagreb nach Rijeka und weiter nach Pula sowie von Zagreb nach Zadar und weiter Richtung Split. Wenn man aus Deutschland oder Westösterreich anreist, muss man im Süden Sloweniens ein Stück auf der Landstraße zurücklegen. An der Ostküste der Kvarner-Bucht ist nach wie vor die Küstenstraße D8 die Hauptverbindung. Seit der Fertigstellung der im Inland verlaufenden Autobahn wurde die ehemals berüchtigte Adriamagistrale deutlich entlastet; heute ist sie eine durchaus angenehme, allerdings nicht allzu schnelle Fernverbindung.

Die wichtigsten **Verkehrsregeln**: In Kroatien muss auch tagsüber das Licht eingeschaltet sein, das Tagfahrlicht moderner Autos reicht aber aus. Die Alkoholgrenze liegt bei 0,5 Promille, für Fahrer unter 25 Jahren bei 0,0. Das Tempolimit liegt bei 50 km/h im Ortsgebiet, bei 90 km/h auf Landstraßen und 130 km/h auf Autobahnen.

Parkgebühren sind in Kroatien weitaus üblicher als in Deutschland oder Österreich – selbst in kleineren Städten kann man sich meistens nicht davor drücken. Immerhin sind die Preise recht moderat, sie schwanken je nach Lage zwischen 5 und 10 Kuna (ca. 0,70-1,40 Euro) pro Stunde, dazu gibt es günstige Tagestarife. Abgerechnet wird in der Regel mit Parkscheinautomaten; die meisten Automaten nehmen auch Scheine, wechseln aber nicht – es lohnt sich daher, stets eine Sammlung von Münzen und kleinen Scheinen bereitzuhalten, um nicht überbezahlen zu müssen.

Das **Tankstellennetz** ist nicht ganz so dicht, wie Sie es möglicherweise gewohnt sind: Auf den Inseln ist die Versorgung sehr gut, im Inland abseits der Küstenstraße gibt es jedoch kaum Tankstellen.

Fähren

Die Inseln der Adria sind durch Fähren mit dem Festland sowie untereinander verbunden. Die wichtigen Verbindungen werden im Sommer stündlich bedient, im Winter etwas seltener, die Fahrt dauert meist nur 20-30 Minuten. Der Preis setzt sich aus einem Betrag für das Fahrzeug (gestaffelt nach Länge und Höhe) sowie einem Betrag pro Person zusammen, wobei der Betrag für das Fahrzeug den größten Teil ausmacht. Fast alle Linien werden von der Reederei Jadrolinija betrieben; Fahrpläne und Preise kann man auf *www.jadrolinija.hr* nachsehen. Eine Ausnahme ist die Verbindung vom Festland auf die Insel Rab, die von Rapska Plovidba betrieben wird *(www.rapska-plovidba.hr)*.

Die Fährhäfen sind oft nur ein betonierter Anleger in einer Bucht, meist gibt es dort kleine Gastrobuden. Reservierungen werden nicht angenommen, man fährt einfach zum Anleger und hofft, dass man auf das Schiff passt – das ist aber fast immer der Fall, sofern man nicht gerade in der Hochsaison am Wochenende unterwegs ist. Eine Deadline gibt es nicht wirklich, oft werden Fahrzeuge buchstäblich in letzter Minute noch auf das Schiff gewunken; um Stress zu vermeiden, sollte man aber 20-30 Minuten vorher da sein. Das Prozedere ist unkompliziert: Man stellt das Fahrzeug in der Warteschlange ab, geht nach vorne zur Ticketbude und bezahlt dort.

Alle Inseln sind mit Fähren erreichbar.

Tipp: Roadtrip

Kroatien ist groß, und selbst die nördliche Küstenregion, auf die sich dieses Buch beschränkt, ist so ausgedehnt, dass man sie von einem Standort aus unmöglich vollständig erleben kann. Eine gute Idee ist es daher, die Reise als Roadtrip zu planen und überall nur ein paar Tage zu bleiben! Private Zimmer und Apartments gibt es in nahezu jedem Ort, und sofern man nicht gerade zur Hochsaison im Juli und August unterwegs ist, wird man immer auch spontan unterkommen.

Anreise ohne Auto

Flughäfen gibt es in Pula, in Zadar sowie bei Rijeka (der Flughafen von Rijeka befindet sich auf der Insel Krk). Das nordwestliche Kroatien ist allerdings kein typisches Flugreiseziel: Da die meisten Urlauber aus Deutschland und Österreich mit dem Auto anreisen, werden nicht allzuviele Verbindungen nach Rijeka oder Pula angeboten, etwas besser sieht es in Zadar aus. Eine Alternative ist ein Flug nach Zagreb und die Weiterreise mit dem Mietwagen: Rijeka ist von Zagreb aus rund 170 Kilometer entfernt, es gibt eine durchgehende Autobahnverbindung. Um den Süden der Kvarner-Region zu erreichen, kann man die Autobahn von Zagreb Richtung Zadar nehmen (rund 270 Kilometer bis Starigrad Paklenica).

Autovermietungen gibt es an allen Flughäfen sowie in Rijeka am Hafen (am Fährterminal). Für die Anmietung brauchen Sie ein gültiges Ausweisdokument und natürlich einen Führerschein, die meisten Vermieter setzen auch eine Kreditkarte voraus. Für einen Preisvergleich sind Portale wie *www.autoeurope.de* oder *www.billiger-mietwagen.de* nützlich.

Die Anreise mit dem Zug ist mühsam und langwierig und eher etwas für Eisenbahnnostalgiker, da Modernisierung und Ausbau des Zugnetzes in Kroatien bisher stark vernachlässigt wurden. Die interessanteste Alternative zu Auto und Flieger ist die **Anreise mit dem Bus:** Sowohl von Deutschland als auch von Österreich aus werden komfortable und sehr preisgünstige Fernbusverbindungen angeboten, die wichtigsten Strecken werden sogar mehrmals täglich bedient. Bei einigen Verbindungen muss man in Zagreb umsteigen. Internationale Fernbuslinien können unter *www.checkmybus.de/kroatien*, *www.eurolines.de* oder *www.flixbus.de* gebucht werden.

Auch der **öffentliche Verkehr im Inland** wird fast ausschließlich mit Bussen erledigt, da es kaum Bahnlinien gibt. Das nationale kroatische Busnetz steht seit einigen Jahren unter dem Dach des Konzerns Arriva Deutsche Bahn, der die nationalen Busbetriebe Autotrans, APP und Panturist eingekauft hat. Fahrpläne und Preise lassen sich unter *www.arriva.com.hr* abfragen, dort kann man auch gleich buchen. Von Arriva gibt es auch eine App. Die Fahrpläne sind jedoch eher dünn: So wird etwa die Hauptachse der Doppelinsel Cres-Lošinj nur mit 1-6 Fahrten pro Tag bedient, und ausgerechnet während der Sommersaison ist der Fahrplan wegen der Schulferien stark ausgedünnt.

Unterkünfte

In den Küstenorten und auf den Inseln Kroatiens gibt es eine enorme Anzahl an touristischen Unterkünften aller Preis- und Komfortklassen. Das Rückgrat des kroatischen Tourismus bilden die zahllosen privaten Zimmer und Apartments – insgesamt kommen darin mehr Touristen unter als in den Hotels des Landes! Privatunterkünfte werden in allen Touristenorten angeboten, mancherorts hängen an fast jedem Haus Schilder mit den Begriffen „Apartman“ (Apartment), „Apartmani“ (dasselbe im Plural) oder „Sobe“ (Zimmer). Die Ausstattung schwankt zwischen einfach und komfortabel, Verpflegung ist normalerweise nicht enthalten. Neben Camping sind die „Privaten“ die preisgünstigste Unterkunftsoption. Hotels spielen in Kroatien eine weniger große Rolle als in anderen Urlaubsgebieten und sind großteils im mittleren bis gehobenen Preissegment angesiedelt. Für eine Übersicht und Buchung sind Portale wie *www.booking.com* oder *www.hotel.de* hilfreich, für Privatunterkünfte funktioniert vor allem Airbnb sehr gut.

Darüber hinaus gibt es in Kroatien an nahezu jeder Ecke einen Campingplatz, viele davon in sehr schöner Lage direkt am Meer. Es gibt große Anlagen mit mehreren tausend Stellplätzen, andere sind klein und intim. Eine detaillierte Auflistung aller Campingplätze gibt es auf *www.camping.hr*, der Webseite des kroatischen Campingverbands.

Private Unterkünfte gibt es in fast jedem Ort.

Thema: Geld

Die kroatische Landeswährung ist die Kuna (abgekürzt HRK oder kn). Der Umrechnungskurs lag in den letzten Jahren recht stabil zwischen 7,00 und 7,50 kn pro Euro. Bargeld gibt es mit EC-Karte oder Kreditkarte an jedem Geldautomaten sowie bei den Wechselstuben. Größere Hotels oder touristisch ausgerichtete Läden akzeptieren oft auch Euro.

Kroatiens Küche

Der bekannte, fast überall angebotene Klassiker der kroatischen Küche sind die *Ćevapčići*, kleine Röllchen aus gehacktem Rind- oder Schweinefleisch, gegrillt oder gebraten und meist mit Pommes serviert. Die *Pljeskavica* ist fast dasselbe in etwas anderer Form: eine flache, unpanierte Frikadelle. In den Konobas, den traditionellen Gasthäusern, wird an der Küste vorzugsweise Fisch serviert, vor allem an der Westküste Istriens werden auch Muscheln und Tintenfische oft angeboten.

Aber auch gegrillte Fleischgerichte sowie Eintöpfe und Suppen nehmen in Kroatien breiten Raum ein. Spanferkel oder Lamm am Spieß werden in vielen Konobas angeboten, meist aber nur an bestimmten Tagen oder auf Vorbestellung. Das nördliche Istrien hat sich – vor allem durch die hier vorkommende Weiße Trüffel – zu einem interessanten Hotspot hochklassiger Kulinarik entwickelt (➤ Seite 34).

Das klassische Dessert sind die *Palačinke* (in Österreich eingedeutscht zu *Palatschinken*): Die dünnen Pfannkuchen werden mit unterschiedlichsten Aufstrichen von Honig bis Nutella angeboten, oft auch an Straßenständen.

Thema: Sprache

Das Kroatische ist eine slawische Sprache und für deutsche Muttersprachler nicht ganz einfach zugänglich; wer in Kroatien beruflich mit Touristen zu tun hat, spricht aber mindestens sehr gut Englisch, oft auch Deutsch. Die Informationen in Museen und Ausstellungen sind meist auf Kroatisch und Englisch verfügbar.

Ein paar Begriffe, denen man oft begegnet:

dober dan	*guten Tag*	*plaža*	*Strand*
Hvala!	*Danke!*	*prijevoj*	*Bergpass*
ulaz	*Eingang*	*rt*	*Kap*
izlaz	*Ausgang*	*samostan*	*Kloster*
crka	*Kirche*	*slap*	*Wasserfall*
grad	*Stadt*	*stari grad*	*Altstadt*
izvor	*Quelle*	*šuma*	*Wald*
kolodvor	*Bahnhof*	*trg*	*Platz (in Städten)*
most	*Brücke*	*uvala*	*Bucht*
otok	*Insel*	*voda*	*Wasser*

Thema: Kroatiens Geschichte

Antike: Illyrer und Römer

In vorgeschichtlicher Zeit war die kroatische Küstenregion von illyrischen Stämmen besiedelt, von denen griechische Schriftsteller wie Hekataios von Milet und Herodot berichten. 156 v. Chr. wurden die Illyrer von den Römern unterworfen, ihr Gebiet wurde zur römischen Provinz Dalmatia. Viele der heutigen Städte wurden in der römischen Epoche gegründet, das beeindruckendste Zeugnis in der Region ist die Arena von Pula (➤ Seite 59).

Beeindruckendes Erbe der Römer: die Arena von Pula.

925-1797: Kroatien zwischen Ungarn und Venedig

Während der Völkerwanderungszeit im 7. Jahrhundert wanderten slawische Stämme ein, die bald christianisiert wurden. 925 wurde Fürst Tomislav zum ersten König von Kroatien gekrönt; das erste kroatische Königreich umfasste bis auf Istrien, das zum byzantinischen Reich gehörte, alle Gebiete des heutigen Kroatiens. Einer von Tomislavs Nachfolgern, Dmitar Zvonimir, war mit der ungarischen Prinzessin Jelena verheiratet und starb 1089 ohne einen männlichen Erben. Die Familie seiner Witwe, die ungarische Königsdynastie, erhob daraufhin Anspruch auf sein Reich: 1102 wurde König Koloman von Ungarn zum König Kroatiens gekrönt, das so ein Teil des ungarischen Königreiches wurde.

Der Markuslöwe ist an vielen Stellen zu sehen.

An der Küste gab es jedoch einen mächtigen Gegenspieler: Schon im Jahr 1000 hatte eine venezianische Kriegsflotte einige der kroatischen Adriainseln erobert, teilweise suchten die Küstenstädte auch selbst den Anschluss an das mächtige venezianische Reich. Dieses war vor allem daran interessiert, seine Handelswege durch die Adria zu sichern: Die Befürchtung, eine feindliche Macht könnte die östliche Adriaküste beherrschen und Venedigs wichtigste Wirtschafts- und Machtgrundlage stören, war groß. Während des Mittelalters eroberte Venedig Istrien sowie nach und nach alle Inseln des Kvarner; als Letztes wurde 1480 Krk venezianisch, während das kroatische Festland Teil des ungarischen Königreiches blieb.

Die meisten der heute noch erhaltenen altstädtischen Bereiche wurden im Wesentlichen unter venezianischer Herrschaft erbaut, an vielen repräsentativen Gebäuden ist noch immer der geflügelte Markuslöwe, das Herrschaftszeichen Venedigs, zu sehen. Auch in architektonischen Details ist das Erbe Venedigs erkennbar: Typisch sind etwa die freistehenden, baulich von der Kirche getrennten Glockentürme sowie die Stadtloggien, kleine, offene Säulenhallen im Zentrum der Städte, in denen Gerichtsverhandlungen, aber auch Feste stattfanden. Venedig war jedoch wenig an einer wirtschaftlichen Entwicklung seiner kroatischen Besitzungen interessiert, sondern beutete vor allem die natürlichen Ressourcen aus: Der venezianische Schiffbau verschlang Unmengen an Holz, für das die kroatischen Wälder abgeholzt wurden – ein Raubbau, dessen Folgen noch immer sichtbar sind.

1797-1918: Die österreichisch-ungarische Epoche

1797 wurde Venedig, das in den letzten Jahrhunderten bereits massiv an Macht verloren hatte, von Napoleon erobert, die Geschichte als mächtiger Stadtstaat war damit beendet. Mit dem Friedensvertrag von Campoformio zwischen Frankreich und Österreich fielen die venezianischen Kolonien in Kroatien dem Königreich Ungarn zu, das bereits seit 1527 Teil der österreichisch-ungarischen Doppelmonarchie war.

Die Österreicher bauten Kriegshäfen und Luxushotels.

Thema: Kroatiens Geschichte

Ganz Kroatien stand nun unter der Herrschaft der Habsburger in Wien, denen es als größten Vorteil einen Zugang zum Mittelmeer verschaffte. Dieser wurde ganz unterschiedlich genutzt: Pula (➤ Seite 58) wurde zum größten Kriegshafen des Reiches ausgebaut, Rijeka (➤ Seite 79) zum Werftstandort und Wirtschaftshafen. Opatija (➤ Seite 72) hingegen wurde – unter dem italienischen Namen Abbazia – zum exklusiven Urlaubsort der vermögenden Oberschicht. Mit den ersten Eisenbahnfernverbindungen und Liniendampfschiffen wurde die Infrastruktur in der zweiten Hälfte des 19. Jahrhunderts erheblich ausgebaut.

1918-1945: Königreich Jugoslawien

Als Österreich-Ungarn nach dem Ersten Weltkrieg zerfiel, wurde der überwiegende Teil Kroatiens ein Teil des 1918 gegründeten Königreiches Jugoslawien. Nur das damals sprachlich wie kulturell italienisch dominierte Istrien sowie die Inseln Cres und Lošinj wurden 1919 im Vertrag von Saint-Germain Italien zugesprochen. Die Bevölkerung Istriens war zu dieser Zeit überwiegend italienischsprachig, zudem wurde von der faschistischen Regierung unter Mussolini eine radikale Italianisierungspolitik verfolgt, die viele Kroaten vertrieb. Rijeka (➤ Seite 79) war von 1920 bis 1924 als „Freistaat Fiume“ ein kleiner selbstständiger Staat und ging dann ebenfalls an Italien. Bis heute ist Istrien deutlich italienisch geprägt, in vielen Ortschaften gibt es eine große italienische Minderheit.

1941-1945: Deutsche Besatzung

Am 6. April 1941 wurde das Königreich Jugoslawien von der deutschen Wehrmacht angegriffen, die auf wenig Widerstand stieß: Nach nur elf Tagen kapitulierten die jugoslawischen Streitkräfte vor Hitlers Truppen. Die Existenz des Königreichs Jugoslawien war damit de facto beendet, der König ging ins Exil nach London. Es folgte ein jahrelang andauernder Partisanenkrieg, verbunden mit weitreichenden gewaltsamen Konflikten zwischen verfeindeten Fraktionen innerhalb der jugoslawischen Bevölkerung. Dabei konnten sich die von Tito geführten Kommunisten durchsetzen. 1945 dankte der ohnehin machtlose Exilkönig Peter II. ab, der Weg zur Gründung der Republik Jugoslawien war frei.

1945-1980: Die Ära Tito

Der charismatische Tito, 1892 in Kumrovec in Kroatien unter seinem eigentlichen Namen Josip Broz geboren (den Beinamen Tito nahm er in den Dreißigerjahren an), war während des Zweiten Weltkriegs angesehener und militärisch erfolgreicher Kommandant der kommunistischen Partisanen, die gegen die deutschen und italienischen Besatzer sowie gegen rivalisierende innerjugoslawische Gruppen kämpften. Schon lange vor Kriegsende hatte er im besetzten Jugoslawien begonnen, mit Gesinnungsgenossen die Gründung eines eigenständigen kommunistischen Staates vorzubereiten. Am 29. November 1945 übernahm er als Ministerpräsident offiziell die Führung der „Sozialistischen Föderativen Republik Jugoslawien", zu der auch Kroatien gehörte.

Zunächst war Jugoslawien ein treuer Bündnispartner der von Josef Stalin regierten Sowjetunion. 1948 überwarf sich Tito jedoch mit Stalin – mit weitreichenden Folgen: Die Anhänger Stalins (egal ob tatsächlich oder bloß vermeintlich) galten fortan als Staatsfeinde und wurden denunziert, gefangengehalten, gefoltert und ermordet. Nach Stalins Tod im Jahr 1953 entspannten sich die Beziehungen zur Sowjetunion ein wenig. Dennoch blieb Titos Jugoslawien auf einem politischen Sonderweg: Der Staat war zwar kommunistisch, gehörte aber nie dem von der Sowjetunion angeführten Ostblock an. Tito setzte sich für eine friedliche Koexistenz der Blöcke ein und war treibende Kraft bei der Gründung der Bewegung der blockfreien Staaten im Jahr 1961, die bis heute Bestand hat.

Sein Charisma und seine Politik, die während des Kalten Krieges auf einen Ausgleich der feindlichen Blöcke gerichtet war, trugen Tito international großes Ansehen ein. Im Inneren verfolgte er jedoch weiterhin eine

Tito (hier seine Büste in Veli Brijun) war die dominierende Figur der Nachkriegszeit.

repressive, antidemokratische Politik, auch wenn die Verhältnisse im Vergleich zu anderen kommunistischen Staaten recht locker waren. So gab es eine kontrollierte Öffnung der Grenzen für Gastarbeiter und Touristen, dazu kam ein verhältnismäßig hoher Lebensstandard. Willkürliche Verhaftungen politischer Gegner sowie lange Gefängnisstrafen in eigens dafür vorgesehenen Lagern waren in Titos Jugoslawien allerdings ebenso üblich wie in anderen kommunistischen Diktaturen (➤ Seite 144).

Um Tito wurde ein intensiver Personenkult betrieben, als „Marschall Jugoslawiens" wurde er zum nationalen Mythos hochstilisiert. Seine vier Ehen sowie die zahlreichen Affären, die ihm nachgesagt wurden, führten zusammen mit seiner Jovialität und (angeblichen) Trinkfestigkeit zu einer Legendenbildung auch im privaten Bereich. Am 4. Mai 1980, kurz vor seinem 88. Geburtstag, starb Tito. Zu seiner Beerdigung erschienen vier Könige, sechs Prinzen, 31 Präsidenten, 22 Premierminister und 47 Außenminister aus allen Teilen der Welt.

1980-1995: Der Weg in die Unabhängigkeit

Die jugoslawische Regierung hatte die Doktrin eines einheitlichen Volkes verfolgt, mit der sich die kroatische Bevölkerung niemals wirklich anfreunden konnte, insbesondere weil der jugoslawische Staat eindeutig serbisch dominiert war. Als mit dem Tod Titos die mächtige, einigende Figur verschwunden war, brachen die alten Konfliktlinien zwischen Kroaten und Serben wieder auf. Der Ruf nach nationaler Unabhängigkeit wurde wie auch im benachbarten Slowenien immer lauter.

Am 25. Juni 1991 erklärte Kroatien, zeitgleich mit Slowenien, einseitig die Unabhängigkeit von Jugoslawien. Daraufhin eskalierten kleinere Unruhen und Scharmützel zu größeren Kampfhandlungen zwischen serbischen und kroatischen Einheiten. Während in Kroatien der Krieg tobte, wurde die Unabhängigkeit des Landes schon in den Jahren 1991 und 1992 von vielen Staaten anerkannt, am 22. Mai 1992 wurde Kroatien Mitglied der Vereinten Nationen. Das kroatische Militär konnte die von serbischen Truppen besetzten Gebiete nach und nach zurückerobern. 1995 war der Krieg in Kroatien beendet, die Unabhängigkeit des Landes endgültig durchgesetzt.

Teil 1

Istrien

Die Halbinsel Istrien bildet den nordwestlichsten Abschnitt Kroatiens. Ihre Westküste ist eine der touristischen Schwerpunktregionen des Landes, hat in den großen Städten Poreč, Rovinj und Pula aber auch außergewöhnliche Kulturschätze zu bieten. Das istrische Binnenland ist im Vergleich dazu ländlich-verschwiegen – eine Rundfahrt zur Hügelfestung Motovun, zu den venezianischen Altstädten von Buje und Buzet und zur „kleinsten Stadt der Welt“ ist ein besonderes Erlebnis.

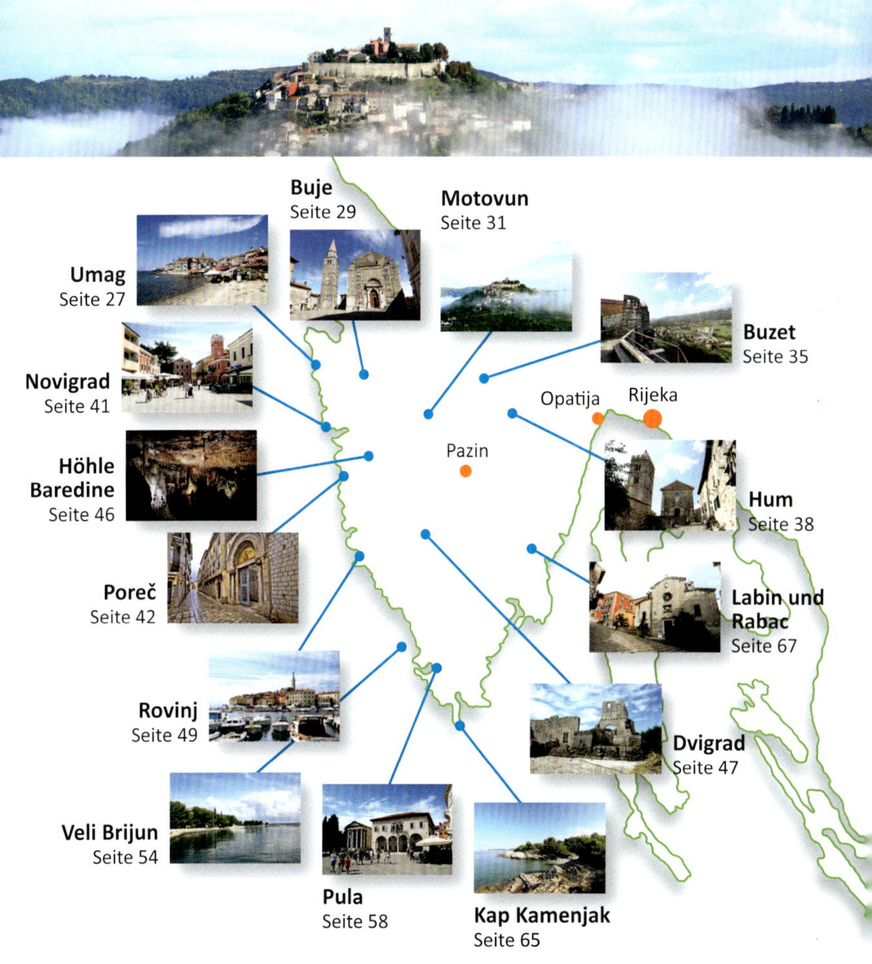

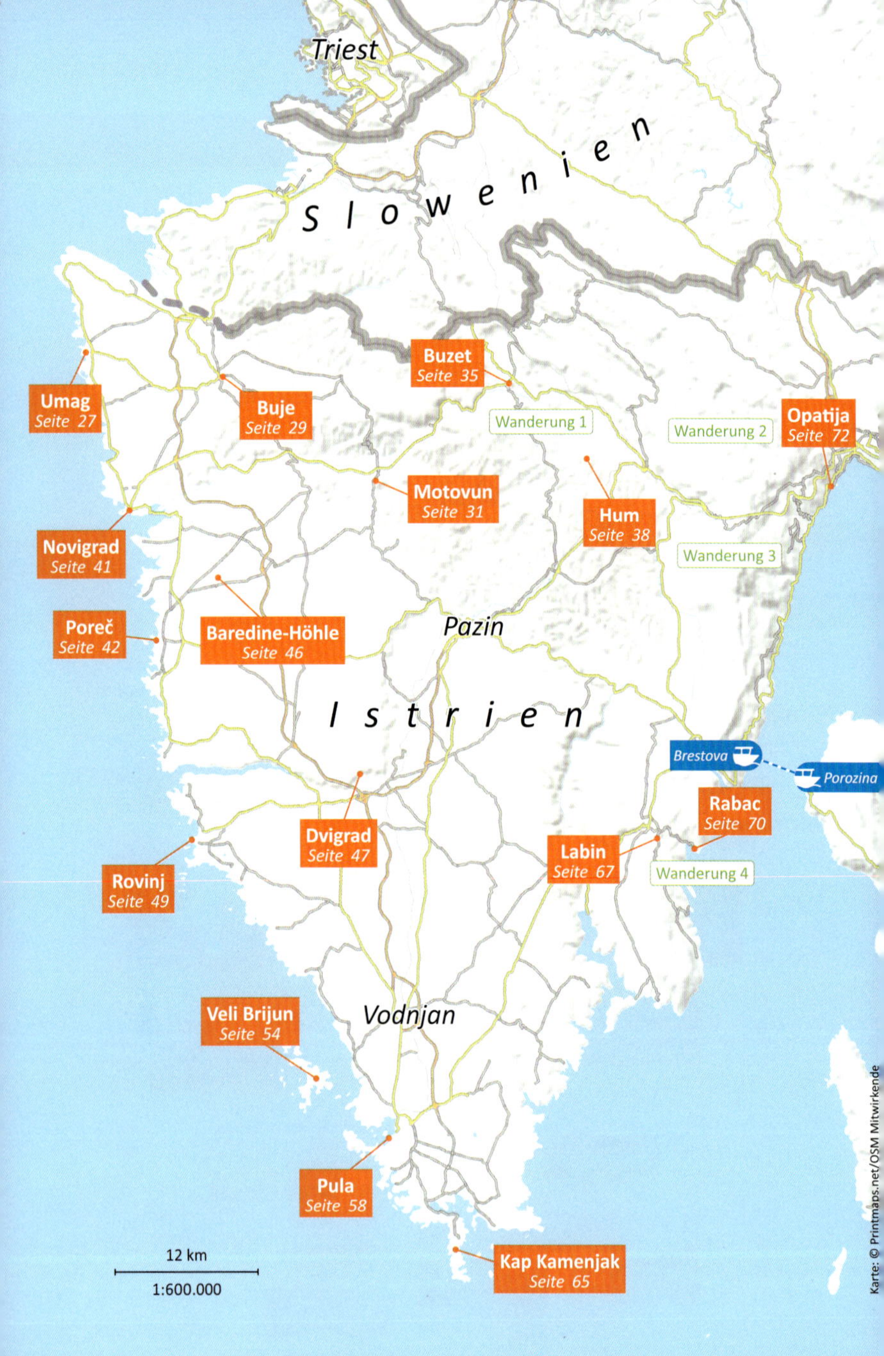

Triest
Slowenien
Buzet
Seite 35
Umag
Seite 27
Buje
Seite 29
Wanderung 1
Wanderung 2
Opatija
Seite 72
Motovun
Seite 31
Hum
Seite 38
Novigrad
Seite 41
Wanderung 3
Poreč
Seite 42
Baredine-Höhle
Seite 46
Pazin
Istrien
Brestova
Porozina
Rabac
Seite 70
Dvigrad
Seite 47
Labin
Seite 67
Wanderung 4
Rovinj
Seite 49
Veli Brijun
Seite 54
Vodnjan
Pula
Seite 58
Kap Kamenjak
Seite 65
12 km
1:600.000
Karte: © Printmaps.net/OSM Mitwirkende

Umag

Das Städtchen Umag markiert den nördlichen Beginn der istrischen Riviera und hat als Ferienort mit rund 5000 Betten durchaus einige Bedeutung. Dabei wirkt Umag auf den ersten Blick nicht besonders anziehend: Zu hässlich sind die ausgedehnten modernen Wohnviertel am Stadtrand. Das historische Zentrum ist aber durchaus recht hübsch: Auf einer schmalen Landzunge drängen sich die alten Häuser mit wenigen Gassen zusammen.

> **Pflicht oder nicht?**
>
> •••• *top, unbedingt machen!*
> ••• *sollte man erlebt haben*
> •• *nette Abwechslung*
> • *man versäumt nicht viel*
>
> *Umag ist ein nettes, charmantes Örtchen, aber keine wirkliche Sehenswürdigkeit.*

Vor der Kirche **Sveti Mise** 1 aus dem 18. Jahrhundert mit dem großen, freistehenden Glockenturm öffnet sich der recht weitläufige Platz **Trg Slobode** 2 zur nördlich angrenzenden Hafenbucht. Von der Kirche aus zieht sich die Rijecka ulica als enge Altstadtgasse parallel zum Küstenverlauf Richtung Westen. An ihrem Ende zeigt das städtische **Museum** 3 eine kleine, aber sehr interessante Ausstellung über das „Wrack von Zambratija", ein bronzezeitliches Schiff, dessen Überreste 2008 einige Kilometer nördlich von Umag gefunden wurde. An der südlich an die Altstadt angrenzenden Bucht 4 zieht sich eine ganze „Fressmeile" mit verschiedensten Gastronomiebetrieben entlang, daneben kann

Umag hat eine kleine, aber hübsche Altstadt.

man vom flachen Betonufer ins Wasser steigen. Nördlich der Altstadt-Halbinsel befindet sich die deutlich weitläufigere Hafenbucht. An ihrem nördlichem Rand liegt eine riesige Marina, die fast doppelt so groß ist wie die Altstadt, dahinter erstrecken sich weitläufige Hotelanlagen und Apartmentsiedlungen.

Wie man hinkommt

Im Innenstadtbereich gibt es mehrere kleinere Parkplätze, einen größeren kostenlosen Parkplatz gibt es an der Straße Richtung Poreč. Busse ab Rijeka und Poreč.

GPS-Wegpunkt 01 (Trg Slobode): 45,43372 13,51829

Der Trg Slobode ist weiträumig und offen.

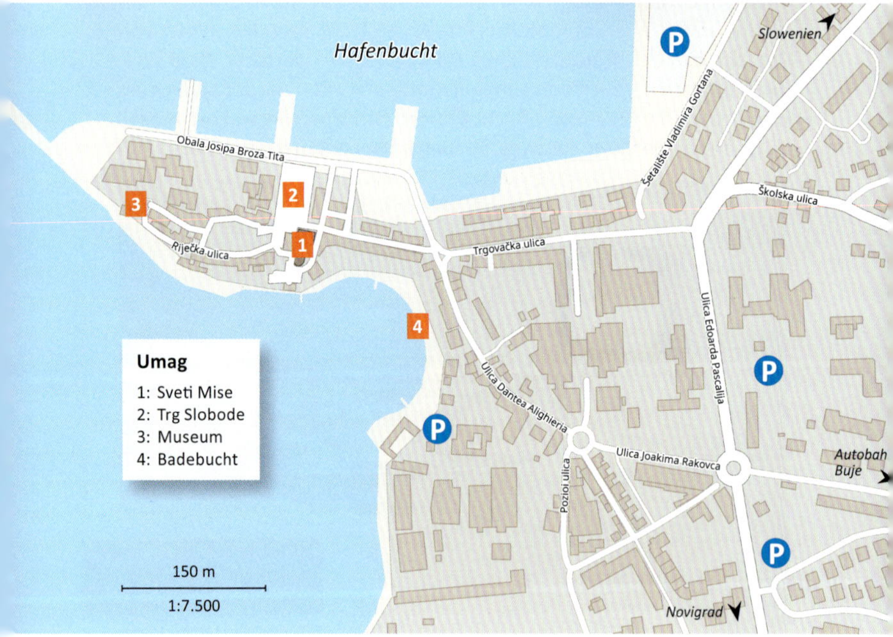

Hafenbucht
Slowenien
Obala Josipa Broza Tita
Šetalište Vladimira Gortana
Školska ulica
Riječka ulica
Trgovačka ulica
Ulica Edoarda Pascalija
Ulica Dantea Alighieria
Ulica Joakima Rakovca
Pozioi ulica
Autobah Buje
Novigrad

Umag
1: Sveti Mise
2: Trg Slobode
3: Museum
4: Badebucht

150 m
1:7.500

Buje

Wie viele Städte in Istriens Binnenland ist auch Buje auf einem Hügel errichtet worden – so hatte man einen guten Überblick und konnte das Gemeinwesen im Notfall leichter verteidigen. Buje ist touristisch weitaus weniger bekannt als das nicht weit entfernte Motovun (➤ Seite 31), obwohl es durchaus von ähnlichem Reiz ist. Das hat aber den Vorteil, dass der Trubel hier weitaus weniger ausgeprägt ist und die Stadt nicht so sehr den Charakter eines Freilichtmuseums angenommen hat. Freilich blättert hier der Putz an den Fassaden noch weitaus stärker als anderswo, der Verfall der schwer zu erhaltenden historischen Gebäude ist unübersehbar. Dennoch hat sich die Stadt eine gewisse herrschaftliche Ausstrahlung bewahren können.

Pflicht oder nicht?

- •••• *top, unbedingt machen!*
- ••• *sollte man erlebt haben*
- •• *nette Abwechslung*
- • *man versäumt nicht viel*

Buje ist eine der „unbekannten Perlen" Istriens mit einer kleinen, trotz des unübersehbaren Verfalls aber durchaus sehenswerten Altstadt.

Das historische Zentrum liegt weitgehend isoliert von den modernen Stadtteilen, die sich am Fuß des Hügels ausbreiten. Geht man von der verkehrsreichen Kreuzung unterhalb der Altstadt die Straße Ulica 1. svibnja hinauf, ist der Eindruck zunächst nicht besonders einladend, auch der zugeparkte Platz **Trg Josipa Broza Tita** 1 lohnt keinen Aufenthalt. Ist man aber

Die Kirche von Buje ist ein stolzes Gebäude.

erst einmal in den Altstadtbereich eingetaucht, nimmt Buje ebenso gefangen wie viele andere historische Städte Kroatiens! Enge Gassen ziehen sich den Hügel hinauf zum zentralen Hauptplatz mit der prächtigen Kirche **Sveti Servul** 2. Ihre Fassade aus dem 18. Jahrhundert wirkt unscheinbar, aber das Portal beeindruckt mit prächtigster Steinmetzkunst. Der Markuslöwe am großen Glockenturm erinnert an die lange Herrschaft Venedigs, ebenso wie die gotischen Fensterrahmen der umgebenden Stadtpaläste. Direkt dahinter befindet sich die alte Stadtmauer, von der aus der Blick weit ins Land hinausreicht.

Viele der alten Gebäude in Buje verfallen.

Wie man hinkommt

Die Parkplätze rund um den Trg Josipa Broza Tita sind meist belegt. Am leichtesten bekommt man das Auto am Parkplatz an der Hauptstraße Richtung Umag unter. Busse ab Rijeka, nur wenige Verbindungen täglich.

GPS-Wegpunkt 02: 45,41058 13,65629

Buje

1: Trg Josipa Broza Tita
2: Sveti Servul

Motovun

Fast schon mehr Burg als Stadt, umgeben von einer schützenden Mauer – so liegt Motovun auf der Kuppe eines Hügels über dem Flüsschen Mirna im Landesinneren Istriens. Schon in vorrömischer Zeit diente der Hügel als Fluchtburg, ab 1278 stand Motovun unter der Herrschaft der Venezianer, die die Stadtbefestigung ausbauten. Seither hat sich nicht allzu viel geändert, wesentliche moderne Bausubstanz gibt es nicht. Vor allem, wenn von der Mirna Nebel aufsteigt, wirkt Motovun wie aus der Zeit gefallen.

Pflicht oder nicht?

- •••• *top, unbedingt machen!*
- ••• *sollte man erlebt haben*
- •• *nette Abwechslung*
- • *man versäumt nicht viel*

Motovun ist ziemlich klein und touristisch überlaufen – die außergewöhnliche Atmosphäre lohnt dennoch einen Besuch.

Das Städtchen gilt vielen als Inbegriff des „alten Istriens“ und ist daher ein viel besuchtes Ausflugsziel; tatsächlich bietet es einen reizvollen Kontrast zu den lebhaften Ferienorten an der Westküste. Motovun wird touristisch intensiv vermarktet, ist aber gleichzeitig, wie viele andere historische Altstädte Kroatiens, ziemlich tot – authentisches einheimisches Leben sollte man hier also nicht erwarten. Die Schönheit und außergewöhnliche Atmosphäre des baulichen Ensembles, das sich in vornehmer Isolation weit über das Land erhebt, ist aber so außergewöhnlich, dass man die Besichtigung dennoch nicht auslassen sollte.

Motovun liegt abgeschieden auf einem grünen Hügel.

Die Oberstadt gruppiert sich um den langgestreckten Hauptplatz.

Die Altstadt von Motovun bildet einen kleinen, eng begrenzten Bereich auf der Hügelkuppe. Vom Parkplatz geht man auf der steil bergauf führenden Pflasterstraße Gradiziol durch die östliche Vorstadt hinauf, vorbei an zahlreichen touristisch ausgerichteten Läden. Durch das **äußere Stadttor** 1, ausgestattet mit dem venezianischen Markuslöwen und respekteinflößenden Verteidigungsanlagen, betritt man eine Terrasse zwischen äußerem und innerem Mauerring mit der Stadtloggia aus dem 17. Jahrhundert, der für venezianische Städte typischen kleinen Säulenhalle. Dann erst geht es durch das **Haupttor** 2 aus dem 16. Jahrhundert in das Innerste der Stadt, auf den

Novigrad
Buzet
Gradiziol
oberer Parkplatz P
Barbacan
Ulica Borgo
5007
Angelo Garbizza
Rižanske skupštine
P unterer Parkplatz
Pazin

Motovun

1: äußeres Stadttor
2: Haupttor
3: Trg Andrea Antico
4: Antoniuskirche
5: unteres Stadttor

150 m
1:7.500

langgestreckten Hauptplatz **Trg Andrea Antico** 3 mit der Kirche Sveti Stjepan aus dem 17. Jahrhundert. Der von Schwalbenschwanz-Zinnen gekrönte Glockenturm ist sichtbar älter, er stammt aus dem 13. Jahrhundert. In der Touristeninfo am Platz gibt es die Tickets, die es erlauben, die lückenlos erhaltene Stadtmauer zu betreten; umsonst ist hier wenig. Die Investition lohnt sich aber für die fantastische Aussicht auf die Umgebung – und die Vorstellung davon, was für eine privilegierte Lage die Stadt einnimmt, weit oberhalb der Mirna. Der von der Mauer umschlossene Altstadtbereich ist ziemlich klein und wurde bald nach dem Mittelalter zu eng, weshalb man unterhalb davon einen neuen Stadtteil baute. Wenn man auf der Außenseite des Haupttors auf die Ulica Borgo einbiegt und ihr bergab folgt, durchquert man die kaum weniger interessante, aber weitaus stillere Unterstadt – die meisten Besucher übersehen diesen Stadtteil einfach. Die Ulica Borgo führt vorbei an der **Antoniuskirche** 4 aus dem 15. Jahrhundert sowie durch das **untere Stadttor** 5 und trifft dann auf die Zufahrtstraße.

In der Unterstadt ist es überraschend still.

Die Gegend um Motovun ist eine der ergiebigsten Trüffelfundstellen Europas (➤ nächste Seite); das Trüffelthema ist hier daher allgegenwärtig. Mehrere Läden bieten nicht ganz billige Trüffelspezialitäten an, sogar an „Truffle hunting experiences" kann man teilnehmen. Jedes Jahr im Juli oder August ist Motovun außerdem für einige Tage Schauplatz eines internationalen Filmfestivals, das ein überwiegend junges Publikum anzieht. Alle Aufführungen finden unter freiem Himmel auf dem Hauptplatz statt.

Wie man hinkommt

Es gibt einen großen Parkplatz an der Durchgangsstraße; sofern nicht zu viel los ist, darf man bis zum Parkplatz am Friedhof hinauffahren, falls nicht, gibt es einen Shuttlebus (Auskunft an der Kasse am unteren Parkplatz). Parken 20 kn pauschal. Begehung der Stadtmauer 25 kn.

Filmfestival: *www.motovunfilmfestival.com*

GPS-Wegpunkt 03: 45,33713 13,82883

Thema: Trüffel

Das nördliche Istrien, vor allem das Dreieck zwischen Buje, Buzet und Pazin, ist eine der ergiebigsten Fundstätten für Trüffel. Insbesondere die höchst begehrte Weiße Trüffel *(Tuber magnatum pico)*, die mit einem Kilopreis von mehreren Tausend Euro zu den teuersten Spezialitäten überhaupt gehört, wird hier geerntet, in geringeren Mengen auch die nicht ganz so hochpreisige Schwarze Trüffel. Während der Erntezeit, die von Mitte September bis in den Januar hinein dauert, werden die Trüffel in den Restaurants der Region frisch verwendet, während des übrigen Jahres gibt es nur getrocknete Ware.

Trüffel sind das „weiße Gold" Istriens.

Vor allem die Gegend um Motovun ist ein ergiebiges Trüffelgebiet und hat sich in den letzten Jahrzehnten zu einer der kulinarisch interessantesten Regionen Kroatiens entwickelt – die Verfügbarkeit frischer Trüffel war Motivation zur Entwicklung einer Küche, die in der internationalen Gourmetszene viel Anerkennung findet. Als Istriens „Trüffelkönig" gilt Giancarlo Zigante, der schon in den Siebzigern mit der Trüffelsuche begann. Neben seinem hoch angesehenen Restaurant im wenige Kilometer nördlich von Motovun gelegenen Dörfchen Livade *(www.restaurantzigante.com)* betreibt Zigante eine ganze Kette kleiner Läden mit Trüffelspezialitäten, die seine eigene Firma Zigante tartufi d.o.o. herstellt, jedes Jahr im Herbst veranstaltet er außerdem eine Art Messe *(www.sajamtartufa.com)*. Trüffelgerichte werden in Istrien aber nicht nur in noblen Spitzenrestaurants wie dem von Zigante serviert, sondern auch in den Konobas der kleinen Dörfer; die einfachste Variante ist auf Basis von Fuži, der typischen hausgemachten Nudeln.

Auf www.istria-gourmet.com gibt es neben weiteren Informationen auch eine Restaurantliste und einen 132 Seiten starken Führer als PDF-Download.

Buzet

Die im Nordosten Istriens, weit im Landesinneren, gelegene Kleinstadt Buzet schmückt sich mit einem der schönsten historischen Stadtzentren der Region. Ähnlich wie Buje (➤ Seite 29) oder Motovun (➤ Seite 31) wurde die Altstadt von Buzet auf einem Hügel errichtet, von dem aus sich das Land weithin überblicken ließ. Auch hier war es vor allem Venedig, das die Stadtgeschichte entscheidend beeinflusste: Die Venezianer bauten Buzet während ihrer Herrschaft ab 1421 als Bollwerk gegen Überfälle der Türken aus; Buzet war damit Teil der venezianischen Grenzbefestigung und unterstand ab 1511 einem Capetano als verantwortlichem Kommandanten.

Pflicht oder nicht?

•••• *top, unbedingt machen!*
••• *sollte man erlebt haben*
•• *nette Abwechslung*
• *man versäumt nicht viel*

Mit seiner außergewöhnlich gut erhaltenen Altstadt ist das stille Buzet eine besonders schöne Attraktion.

Das vor allem im 16. bis 18. Jahrhundert entstandene Stadtzentrum ist bis heute weitgehend unverändert erhalten geblieben und verschafft Buzet einen Platz in der Reihe der istrischen Kleinstädte, die man gesehen haben sollte. Sogar die Stadtmauer umspannt wie eh und je das Zentrum, nur die Autos stören das historische Bild. Angenehm fällt aber auf, dass Buzet eine ausgesprochen stille Stadt ist – eine übertriebene touristische Vermarktung wie in Motovun gibt es hier nicht.

Die Altstadt liegt hoch über dem Tal der Mirna.

Das **Große Tor** **1** *(Vela Vrata)* von 1547 mit einem Relief des heiligen Georg ist heute wie damals der Haupteingang der Stadt. Dahinter geht es scharf links und dann durch verschlungene Gassen zum leider meist zugeparkten Hauptplatz vor der imposanten **Marienkirche** **2** aus dem späten 18. Jahrhundert. Wenige Schritte weiter (zweimal links) zeigt das Stadtmuseum im **Bigatto-Palast** **3** von 1639 eine kleine heimatkundliche Ausstellung mit archäologischer Abteilung – allerdings ist das Museum nicht wirklich informativ, da es kaum Beschreibungen der Exponate

Wanderungen

1 **Der Weg der sieben Wasserfälle**

Technik ●●●○○

Kondition ●●●○○

➤ *Seite 180*

gibt. Ein paar Schritte weiter in Richtung Norden umgibt ein weiterer Platz die 1788/89 im repräsentativen Rokokostil errichtete **Große Zisterne** 4 *(Vela Šterna)*. Dahinter ist bald das nördliche Ende der Altstadt erreicht, wo sich die kleine **Georgskirche** 5 aus dem 17. Jahrhundert an die Stadtmauer drückt. Diese kann hier bestiegen werden und bietet eine schöne Aussicht über das Tal. In der Nähe des Museums kann man die Altstadt durch das **Kleine Tor** 6 *(Mala Vrata)* von 1592 verlassen, das etwas versteckt auf der Westseite der Stadt liegt. Außen an der Mauer führt hier ein aussichtsreicher Spazierweg entlang, vorbei an der Kleinen Zisterne aus dem 16. Jahrhundert.

Die Große Zisterne ist aufwendig gestaltet.

Das Kleine Tor ist einer von nur zwei Zugängen.

Stille Gassen durchziehen die Altstadt.

Wie man hinkommt

In Buzet der Beschilderung Richtung „stari grad" folgen. Kostenloser Parkplatz am Friedhof, von dort 200 m bis zum Großen Tor. Vom Befahren des Altstadtbereichs wird abgeraten, es gibt kaum Parkmöglichkeiten.

Die Bushaltestelle (wenige Verbindungen ab Rijeka) befindet sich nördlich der Altstadt in der Nähe des Kreisverkehrs.

GPS-Wegpunkt 04 (Zentrum): 45,40649 13,96898
GPS-Wegpunkt 05 (Parkplatz): 45,40548 13,96683

Hum

Etwas abgelegen im nördlichen Istrien befindet sich die winzige Ortschaft Hum. Völlig unbeeinträchtigt von modernen Bauten, besteht Hum ausschließlich aus historischen Gebäuden, die zu einer geschlossenen Einheit verschmelzen, umgeben von einer vollständig vorhandenen Stadtmauer. Es ist aber nicht nur dieser Erhaltungszustand, der Hum inzwischen zu einem stark frequentierten Ausflugsziel gemacht hat, sondern vor allem die geschickte Vermarktung als „kleinste Stadt der Welt". Auch wenn die Bezeichnung „Stadt" angesichts der Größe – mehr als ein paar Häuser sind es nicht, und inzwischen lebt hier kaum noch jemand – ein wenig weit hergeholt erscheint, gibt es durchaus Dinge, die diese Etikettierung berechtigt erscheinen lassen, wie etwa das Vorhandensein einer historischen Verwaltungshoheit.

Pflicht oder nicht?

- ●●●● *top, unbedingt machen!*
- ●●● *sollte man erlebt haben*
- ●● ***nette Abwechslung***
- ● *man versäumt nicht viel*

Der Hype um die „kleinste Stadt der Welt" ist übertrieben, es gibt in Hum nicht wirklich viel zu sehen.

Hum wurde wahrscheinlich im 11. Jahrhundert gegründet und war eines der Zentren der glagolitischen Schriftkultur (➤ übernächste Seite); daran erinnern die Skulpturen entlang der Hauptzufahrt von Roč, die glagolitische Schriftzeichen darstellen und in den Siebzigerjahren als

Die Hauptkirche von Hum ist überraschend groß.

„Allee der Glagoliten“ hier aufgestellt wurden. Im Durchgang des mittelalterlichen Torgebäudes von Hum befindet sich eine kleine Sammlung von Schrifttafeln mit glagolitischen Inschriften. Der Glockenturm direkt daneben sowie die Hauptkirche, die 1802 einen älteren Vorgängerbau ersetzte, wirken für einen so winzigen Ort ziemlich imposant. An der Ecke des zentralen Gebäudekomplexes befindet sich die kleine Stadtloggia; die für kroatische Städte typische offene Säulenhalle fällt hier eher bescheiden aus.

Hum ist wirklich winzig und wirkt eher wie eine große Burganlage als wie eine Stadt; mit einem kurzen Rundgang hat man alles gesehen. In jedem Fall besichtigen sollte man weiterhin die Hieronymuskirche auf dem etwas abseits gelegenen Friedhof jenseits des Parkplatzes: Sie enthält außergewöhnlich schöne byzantinisch beeinflusste Freskenfragmente aus dem 12. Jahrhundert.

Das Etikett „kleinste Stadt der Welt“ hat Hum recht bekannt gemacht und sorgt für ein gewisses Aufkommen an Ausflüglern. Am Torgebäude gibt es eine urige Konoba mit schöner Aussichtsterrasse, und auch die sonstige touristische Infrastruktur ist mit mehreren Läden mit „traditional products“ sowie einem (natürlich kostenpflichtigen) Parkplatz, der größer ist als die ganze Ortschaft, inzwischen recht gut ausgebaut. Allzu viel gibt es aber selbst für historisch Interessierte nicht zu sehen.

In der Hieronymuskirche blieben mittelalterliche Fresken erhalten.

Wanderungen

2 Auf die Planik-Gipfel

Technik ●●●●●
Kondition ●●●●●

➤ *Seite 185*

3 Über den Vojak

Technik ●●●●●
Kondition ●●●●●

➤ *Seite 189*

Wie man hinkommt

Am besten benutzt man die Straße aus Richtung Roč, alle anderen Zufahrten sind ziemlich eng.

Großer Parkplatz (kostenpflichtig) direkt vor dem Ort. Keine Busverbindung.

GPS-Wegpunkt 06: 45,34837 14,05066

Thema: Glagolitische Schrift

Die glagolitische Schrift (auch Glagolizia) wurde im 9. Jahrhundert durch den aus Thessaloniki stammenden Priester und Missionar Kyrill von Saloniki (826-869) auf der Grundlage des griechischen Alphabets für die Missionierung der mährischen Völker in Osteuropa entwickelt. Sie ist die älteste slawische Schrift und die Grundlage der kyrillischen Schrift, die heute in Russland, Serbien, Bulgarien und einigen weiteren Ländern benutzt wird. Während die glagolitische Schrift in anderen Ländern während des Mittelalters durch die kyrillische Schrift verdrängt wurde, blieb sie in Kroatien noch längere Zeit vorherrschend; in der Region Istrien-Kvarner war sie sogar bis ins 20. Jahrhundert hinein gebräuchlich. Aufgrund der Tatsache, dass die Schrift ihre größte und nachhaltigste Verbreitung in Kroatien fand, wurde sie zu einem wichtigen Symbol nationaler Eigenständigkeit und wird heute als elementarer Teil des kroatischen Kulturerbes angesehen.

Das wichtigste Zeugnis der glagolitischen Schrift ist die **Tafel von Baška**, die 1851 in der Kapelle Sv. Lucija in Jurandvor bei Baška auf der Insel Krk (➤ Seite 102) entdeckt wurde. Die um 1100 entstandene Tafel bezeugt eine königliche Schenkung an eine Benediktinerabtei und ist eines der ältesten Schriftzeugnisse der kroatischen Sprache. Das rund einen Meter hohe und zwei Meter breite Original befindet sich heute im Palais der Kroatischen Akademie der Wissenschaften und Künste in Zagreb, in Jurandvor sowie auf der Insel Veli Brijun (➤ Seite 54) wurde Kopien aufgestellt. Darüber hinaus findet man an vielen Stellen in Kroatien – vor allem in und an Kirchen – weitere Tafeln mit glagolitischen Inschriften.

In vielen Städten (hier in Omišalj) findet man glagolitische Inschriften.

Novigrad

Die an der Küste nördlich von Poreč gelegene Kleinstadt Novigrad ist heute eines der kleineren Ferienzentren der istrischen Küste, hat aber auch historische Wurzeln: Die Stadt geht auf eine griechische Kolonie zurück und war von 524 bis 1831 sogar Bischofssitz. Mit dem riesigen Jachthafen zieht Novigrad vor allem Bootsbesitzer an. Dennoch ist die Atmosphäre im Zentrum, das sich auf einer kleinen Halbinsel gruppiert, angenehm beschaulich geblieben.

Der Hauptplatz ist von hübschen Adelspalästen und Bürgerhäusern mit bunten Fassaden umgeben. Die Kirche geht auf das 5. Jahrhundert zurück, wurde aber so oft umgebaut, dass von der ursprünglichen Substanz kaum noch etwas übrig ist; der eindrucksvolle Turm wurde 1883 neu errichtet, die Hauptfassade ist von 1935. Nur eine kleine Parkanlage trennt die Kirche vom Meer, hier sind noch Teile der Stadtmauer erhalten.

Pflicht oder nicht?

- •••• *top, unbedingt machen!*
- ••• *sollte man erlebt haben*
- •• *nette Abwechslung*
- • *man versäumt nicht viel*

Novigrad ist keine besondere Sehenswürdigkeit, wirkt mit der Mischung aus modernem Ferienbetrieb und historischer Urbanität aber durchaus reizvoll.

Wie man hinkommt

Große Parkplätze gibt es in der Nähe des Jachthafens. Novigrad wird von den Bussen von Umag nach Poreč angefahren.

GPS-Wegpunkt 07:
45,31616 13,55881

Bunte Fassaden umgeben den Hauptplatz von Novigrad.

Poreč

Poreč ist mit rund 17.000 Einwohnern eine der größeren Städte an der Westküste Istriens und eines der großen Touristenzentren Kroatiens: Die Küste im weiten Umkreis ist von großen Hotelanlagen mit Zehntausenden Betten gesäumt, die während der Hochsaison gut gefüllt sind. Darüber hinaus ist die Altstadt von Poreč aber auch eine besondere Sehenswürdigkeit! Sie ist vor allem von der Antike geprägt: Um die Zeitenwende herum entwickelte sich an dieser Stelle eine Römersiedlung, die bald zu einer größeren Stadt heranwuchs. Mit ihrer Hauptstraße, dem Decumanus, gibt sie der Altstadt bis heute ihr Grundmuster vor. Im 3. Jahrhundert gab es hier eine erste frühchristliche Gemeinde, kurz nach dem Toleranzedikt von 313 wurde die Stadt Bischofssitz. Von 539 bis 788 stand Poreč unter der Herrschaft von Byzanz.

Pflicht oder nicht?

- ●●●● *top, unbedingt machen!*
- ●●● *sollte man erlebt haben*
- ●● *nette Abwechslung*
- ● *man versäumt nicht viel*

Die Altstadt von Poreč und vor allem die Basilika sind außergewöhnliche Sehenswürdigkeiten.

Die Altstadt befindet sich auf einer in die Adria hinausgreifenden Landzunge, die modernen Stadtteile sind an der Küste entlang und ins Landesinnere hinein gewachsen. Den Beginn der Altstadt markiert der dreieckige Platz **Trg Slobode** 1, der an seiner westlichen Seite spitz zuläuft und die zahlreichen Besucher wie ein Trichter hineinzieht in den **Decumanus** 2, die zentrale Straße der Stadt. Deren Beginn wird vom

Römer und Byzantiner hinterließen in Poreč ihre Spuren.

Fünfeckigen Turm 3 *(Peterokutna kula)* bewacht, der heute eines der zahlreichen Restaurants der Innenstadt beherbergt. Der Decumanus wird gesäumt von touristisch ausgerichteten Läden, Restaurants und Bars und ist während der sommerlichen Hochsaison ausgesprochen lebhaft. Diese Hauptachse endet nach 350 Metern im relativ weiträumigen Platz **Trg Marafor** 4, dem ehemaligen Forum der Römerstadt. Hier – wie auch an vielen anderen Stellen der Stadt – lohnt der Blick auf die Details der Fassaden, denn viele der Häuser sind Adelspaläste aus dem 15. bis 18. Jahrhundert und zeigen großartige Details, wie etwa der **Palazzo Zuccato** 5 aus dem 15. Jahrhundert. Deutlich älter ist das romanische Haus an der Ecke zum Trg Marafor mit dem auffällig auskragenden Obergeschoss aus Holz.

Der Decumanus durchzieht die Altstadt.

In einer Seitengasse des Decumanus fällt ein goldglänzendes Mosaik ins Auge: Es schmückt das Portal der **Euphrasianischen Basilika** 6. Sie ist eine der großen kunsthistorischen Sehenswürdigkeiten Kroatiens, ihre außerordentliche Bedeutung wird seit 1997 mit dem Titel als UNESCO-Weltkulturerbe gewürdigt. Der Ursprung dieses Bauwerks geht auf das 4. Jahrhundert zurück, als es hier einen

Die Euphrasianische Basilika ist ein einzigartiger Kunstschatz.

ersten Versammlungsraum einer frühchristlichen Gemeinde gab, die ihre Aktivitäten noch geheimhalten musste. In der ersten Hälfte des 5. Jahrhunderts wurde eine erste Kirche gebaut. Bereits um 550 wurde diese erste Kirche unter Bischof Euphrasius abgerissen und durch die neue, heute noch existierende ersetzt. Dieses Bauwerk ist also mehr als 1500 Jahre alt – rund doppelt so alt wie etwa der Kölner Dom! Ein ganz außergewöhnliches Alter selbst für Sakralbauten, denn die meisten wurden später neu errichtet oder umgebaut.

Die Euphrasianische Basilika ist umgeben von einigen Nebengebäuden; sie bilden einen Sakralkomplex, der wie eine kleine Stadt in der Stadt nach außen hin durch eine Mauer abgeschlossen ist. Bei der Besichtigung – die Gebäude sind ohne Führung zugänglich – betritt man zunächst das Atrium, einen kleinen Vorhof. Besonders schön und kunstvoll ausgearbeitet sind hier die Kapitelle der Säulen. Dem Atrium direkt angeschlossen ist das Baptisterium, eine Taufkapelle mit achteckigem Grundriss und einem in den Boden eingelassenen Taufbecken

aus der Anfangszeit im 5. Jahrhundert. Die zweite Station des Rundgangs ist der ehemalige Bischofspalast, dem das Diözesanmuseum mit sakraler Kunst und liturgischen Gegenständen angeschlossen ist. Danach geht es weiter in das Lapidarium, eine Sammlung von Mosaikfragmenten und Steinmetzarbeiten aus älteren Bauwerken. Dann geht es weiter zu einigen Überresten der ersten Basilika, bis schließlich zuletzt die Kirche selbst folgt: Vor allem ihr Chorbereich ist mit seinen großartigen, goldglänzenden Mosaiken ein außergewöhnliches Kunstwerk! Nicht ganz so alt ist das Ciborium, der Baldachin über dem Hauptaltar: Er stammt von 1267. Aber auch die reichen Stukkaturarbeiten der Arkaden auf der Nordseite verdienen Beachtung; die südseitigen Arkaden waren ursprünglich ähnlich dekoriert, wurden jedoch bei einem Erdbeben 1440 zerstört.

Goldglänzende Mosaike schmücken die Basilika.

Die Kapitelle im Atrium sind kunstvoll gearbeitet.

Wie man hinkommt

Größere Parkplätze gibt es am landseitigen Altstadtrand. Der Busbahnhof befindet sich in der Nähe der Marina. Busverbindungen nach Pula, Rovinj und Rijeka mehrmals täglich.

Euphr. Basilika: *Tägl. 9:00-18:00 Uhr, Erw. 40 kn, Kinder 20 kn.*

GPS-Wegpunkte:

08 (Trg Slobode):	45,22721	13,59568
09 (Trg Marafor):	45,22821	13,59075
10 (Euphr. Basilika):	45,22850	13,59338
11 (Parkplatz):	45,22758	13,60000

Höhle Baredine

Die Höhle von Baredine ist die bekannteste und meistbesuchte Schauhöhle Istriens. Dazu trägt natürlich auch ihre Lage bei: Sie ist nur rund zehn Kilometer von Poreč (➤ vorige Seiten) entfernt und damit ein attraktives Ausflugsziel für die dort untergebrachten Urlauber. Seit 1995 kann man die Höhle auf einem 300 Meter langen Weg besichtigen. Über teilweise recht steile Stahltreppen geht es dabei rund 60 Meter in die Tiefe; man durchsteigt fünf Säle, wobei die Sinterformationen nach unten hin immer eindrucksvoller werden. In der untersten Halle kann man sogar zwei Grottenolme aus nächster Nähe sehen: Diese blinden Amphibien kommen ausschließlich in den Höhlen östlich der Adria vor.

Pflicht oder nicht?

- •••• *top, unbedingt machen!*
- ••• *sollte man erlebt haben*
- •• *nette Abwechslung*
- • *man versäumt nicht viel*

Die Höhle ist ein schönes Ausflugsziel und vor allem bei schlechtem Wetter interessant.

In unmittelbarer Nachbarschaft der Höhle wurde vor wenigen Jahren „Traktor Story“ eröffnet, eine Ausstellung mit historischen Traktoren und anderen Landmaschinen. Die Sammlung von rund 50 Maschinen – neben Traktoren vor allem Dreschmaschinen – wird durch eine Ausstellung über die traditionelle Landwirtschaft der Region ergänzt. Ein Shop mit regionalen Spezialitäten (natürlich mit Verkostungsmöglichkeit) ergänzt die Ausstellung.

In der Höhle gibt es eindrucksvolle Sinterformationen.

In der Nähe von Nova Ves, die Zufahrt ist von dort aus beschildert. Keine Busverbindung. Juli/August tägl. 10:00-18:00 Uhr, Mai, Juni, September bis 17:00 Uhr, April und Oktober bis 16:00 Uhr, März 11:00-14:00 Uhr. Mehrere Führungen pro Stunde, auch auf Deutsch, Dauer um 40 min. Die Temperatur liegt ganzjährig bei rund 14 Grad. Erwachsene 75 kn, Kinder von 5-15 45 kn, Senioren ab 65 65 kn, Studenten 60 kn. Kombitickets mit Traktor Story 65-90 kn.

***Traktor Story:** Öffnungszeiten wie Höhle, schließt aber jeweils eine Stunde früher. Letzter Einlass 45 min vor Schließung. Erwachsene 35 kn, Kinder von 5-15, Senioren ab 65 und Studenten 30 kn.*

www.baredine.com, www.traktorstory.com

GPS-Wegpunkt 12: 45,27027 13,66197

Wie man hinkommt

Dvigrad

Tief im zentralen Istrien, in der Nähe des Ortes Kanfanar, befindet sich eine außergewöhnliche Sehenswürdigkeit: die mittelalterliche Ruinenstadt Dvigrad. Sie wurde im frühen Mittelalter gegründet, der erste Nachweis stammt aus dem Jahr 879. Während der folgenden Jahrhunderte war Dvigrad ein bedeutendes Handelszentrum mit rund 1000 Einwohnern. Durch die Pestepidemien des 17. Jahrhunderts wurde die

Dvigrad ist die größte Ruinenanlage in Istriens Binnenland.

Stadt jedoch weitgehend entvölkert; um 1700 war Dvigrad vollständig verlassen und verfiel danach zu Ruinen.

Heute ist Dvigrad die größte Ruinenanlage im Binnenland Istriens. Schon auf den ersten Blick, von der nahe vorbei führenden Straße aus, erkennt man die eindrucksvollen Wehranlagen: Zwei mächtige Türme und eine massive Mauer bilden die südliche Front. Beim Betreten durchquert man mehrere Tore, die noch mehr oder weniger intakt sind. Die Ruinen sind zwar gesichert, aber (abgesehen von einer Gastrobude am Parkplatz) nicht wirklich touristisch erschlossen. Verwachsene Pfade führen durch die recht ausgedehnte Anlage, der Besuch ist daher ein wenig abenteuerlich. Die imposante Ruine der Kirche im hinteren Bereich ist das eindrucksvollste Gebäude. Wenn man sich von dort nach vorne zu den Wehrtürmen durchschlägt, kann man einen nahezu intakten Brotofen finden.

Pflicht oder nicht?

- •••• *top, unbedingt machen!*
- ••• *sollte man erlebt haben*
- •• *nette Abwechslung*
- • *man versäumt nicht viel*

Dvigrad ist eine außergewöhnliche Sehenswürdigkeit: eine mittelalterliche Ruinenstadt gibt es selten zu sehen!

Wie man hinkommt

Nordwestlich von Kanfanar, ab dem westlichen Ortsrand Kanfarnars beschildert. Keine Busverbindung. Frei zugänglich.

GPS-Wegpunkt 13:
45,12642 13,81305

Von vielen Gebäuden sind die Grundmauern erhalten.

Schon beim Betreten fallen die Verteidigungsanlagen auf.

Rovinj

Die an der südlichen Westküste Istriens gelegene Stadt Rovinj gilt als schönste Stadt Istriens – und das völlig zu Recht! Poreč (➤ Seite 42) und Pula (➤ Seite 58) sind großartige Sehenswürdigkeiten, aber mit der bezaubernden Schönheit Rovinjs können beide nicht mithalten. Heute ist Rovinj durch die zahlreichen großen Hotelanlagen in der Umgebung – einige davon auf den kleinen vorgelagerten Inselchen – eines der großen touristischen Zentren Istriens. Kein Wunder also, dass die Stadt stark vom Tourismus dominiert wird, ursprüngliches Lokalkolorit sollte man hier eher nicht erwarten. Dennoch sollte man Rovinj in jedem Fall besuchen!

Pflicht oder nicht?

- •••• *top, unbedingt machen!*
- ••• *sollte man erlebt haben*
- •• *nette Abwechslung*
- • *man versäumt nicht viel*

Die Bezeichnung „schönste Stadt Istriens“ ist absolut berechtigt: Nirgendwo sonst in der Region gibt es eine so schöne Altstadt!

Über Jahrhunderte trug die Stadt ihren italienischen Namen Rovigno; die kroatische Variante Rovinj ist ziemlich neu, sie gilt erst seit 1945. Überhaupt ist Rovinj ausgesprochen italienisch geprägt, was vor allem der sehr langen Zugehörigkeit zu Venedig zu verdanken ist: In diese Epoche, die von 1283 bis 1797 dauerte, fällt die Blütezeit der Stadt. Damals lag Rovinj noch auf einer Insel; erst 1763 wurde diese durch Auffüllen des trennenden schmalen Kanals mit dem Festland

Die Altstadt Rovinjs drängt sich auf einer Halbinsel.

verbunden, wo sich zwischenzeitlich ein neuerer Stadtteil gebildet hatte. Anfang des 19. Jahrhunderts verfügte Rovinj über den größten Hafen an Istriens Westküste, erst nach 1850 verlor die Stadt den Konkurrenzkampf gegen Triest und Rijeka (➤ Seite 79).

Das alte Zentrum belegt einen Hügel, der als leicht zu verteidigende Halbinsel ins Meer hineinragt und nur durch einen schmalen, flachen Isthmus mit dem Festland verbunden ist. Hier befinden sich, einander gegenüberliegend an der Nord- und Südseite, die beiden dreieckigen Plätze **Trg Valdibora** 1 und **Trg Maršala Tita** 2. Letzterer, der Tito-Platz, bietet sich als Ausgangspunkt für eine Besichtigung an, denn dort befindet sich der eigentliche Eingang zur Altstadt: Das trotz seines

prunkvollen Barockgiebels überraschend unauffällige **Balbi-Tor** 3 von 1680 ist nach dem damaligen Bürgermeister benannt. Das **Stadtmuseum** 4 in der Nähe zeigt eine kleine und eher enttäuschende Ausstellung von historischen Kunstgegenständen mit lokalem Bezug sowie wechselnde Sonderausstellungen. Hinter dem Balbi-Tor führt die zentrale Altstadtgasse **Grisia** 5 über blitzblank poliertes Pflaster mit vielen Stufen und einigen Kurven bergauf. Während die Altstadt von Poreč durch römische Regelmäßigkeit auffällt, ist das Zentrum Rovinjs ein ebenso verwirrendes wie faszinierendes Labyrinth kleiner Gassen.

Wie in stark touristisch geprägten Altstadtbereichen üblich, sind die Gassen auch hier bis zum letzten Meter gesäumt mit Kunsthandwerks-, Souvenir- und Spezialitätenläden, die immerhin ein gewisses Niveau haben. Die Grisia ist dafür die Toplage der Stadt, denn sie ist quasi der Flaschenhals, den jeder Besucher Rovinjs durchquert. Immer wieder zweigen kleinere Gassen von der Grisia ab und führen bergab zu den Gassen, die die Altstadt ringförmig umschließen.

Mit vielen Stufen steigt die Grisia bergauf.

Die Grisia endet am höchsten Punkt der Altstadt, vor der imposanten Kirche **Sveta Euphemia** 6, deren Glockenturm weithin sichtbar das Bild Rovinjs bestimmt.

Gassen und Durchgänge bilden ein reizvolles Labyrinth.

Die Kirche wurde 1736 vollendet; in der rechten Seitenapsis wird der Sarkophag der heiligen Euphemia aufbewahrt, der laut der Legende auf dem Meer nach Rovinj getrieben sei. Etwas älter als die Kirche selbst ist der 60 Meter hohe Glockenturm, der im 17. Jahrhundert nach dem Vorbild des Markusturms in Venedig erbaut wurde und von einer Statue der Heiligen gekrönt wird. Über eine ziemlich durchsichtige und für Höhenängstliche herausfordernde Treppe kann er bestiegen werden, die Aussicht ist fantastisch! Vor der ausladenden Fassade der Kirche zieht sich eine nach der Enge der Altstadtgassen überraschend großzügige Parkanlage bis zum weitgehend naturbelassenen Ufer hinunter.

Auf seiner Südseite öffnet sich der Platz Trg Maršala Tita zum Hafen hin. Die hier beginnende Obala Pina Budicina bildet zunächst einen breiten Boulevard, ehe sie von einer meerseitigen Häuserzeile vom Wasser getrennt wird und in die Ulica Svetog Križa übergeht. Bei der **Heiligkreuzkapelle** 7 *(Crkvica Sv. Križa)* gibt es einen kleinen Badeplatz

Die Kirche krönt den Altstadthügel.

Nur an wenigen Stellen öffnet sich der Blick aufs Meer.

am felsigen Ufer. In der Nähe des Kaps wird die Straße wieder zur einer zum Meer hin offenen Promenade, auf den Felsen am Wasser gibt es weitere schöne **Badeplätze** 8. Auf der Nordseite setzt die Ulica Vladimira Švalbe den meerseitigen „Altstadtring" fort. Hier zeigt sich die Stadt weitaus weniger offen, die äußere Häuserzeile grenzt direkt ans Meer, einen Blick aufs Wasser gibt es nur mehr hin und wieder durch schmale Lücken zwischen den Häusern.

Rund um den **Hafen** 9, der sich südlich der Halbinsel befindet, zieht sich ein weiterer Altstadtbereich mit einer geschlossenen Front historischer Fassaden, gesäumt von einem großen Angebot an Straßengastronomie. Dieser Stadtteil ist nicht ganz so alt wie das Viertel auf der Halbinsel und etwas großzügiger angelegt. Hinter der Häuserfront zieht sich die **Ulica Carera** 10 als breiter Boulevard mit vielen Geschäften parallel zur Küstenlinie entlang.

Auf der Nordseite trennt eine Häuserzeile die Stadt vom Wasser.

Wie man hinkommt

Es gibt einen großen Parkplatz nördlich der Altstadt am Hafen, die Zufahrtsstraße von der Autobahn (D303) führt direkt darauf zu. 900 m weiter oben an der Straße gibt es noch einen zweiten, etwas billigeren Parkplatz. Der Busbahnhof befindet sich am südöstlichen Altstadtrand.

Achtung: *Die Altstadtgassen sind teilweise steil und mit einem groben, ziemlich glatten Pflaster bedeckt. Flache Schuhe mit griffiger Sohle werden empfohlen!*

GPS-Wegpunkte:

14 (Trg M. Tita):	*45,08193*	*13,63451*
15 (Sv. Eufemia):	*45,08323*	*13,63056*
16 (Parkplatz):	*45,08508*	*13,63561*

Veli Brijun

Wenige Kilometer vor der istrischen Westküste liegt der Archipel von Brijuni (italienisch Brioni), eine Ansammlung von 14 kleinen Inseln, die 1983 zum Nationalpark erklärt wurden. Die mit 5,6 Quadratkilometern größte der Inseln, Veli Brijun, kann vom Küstenort Fažana aus im Rahmen von Tagesausflügen besucht werden. Angesichts der Tatsache, dass es sich um einen Nationalpark handelt, sollte man erwarten, dass die Inseln eine weitgehend naturbelassene Landschaft haben. Dem ist aber nicht so: Vor allem die große Hauptinsel Veli Brijun wurde schon in der Römerzeit intensiv genutzt. Im Jahr 1893 kaufte der österreichische Industrielle Paul Kupelwieser den gesamten Archipel; er ließ die verwilderte Hauptinsel in einen Landschaftspark verwandeln und ein erstes Hotel errichten, um Veli Brijun als exklusiven Urlaubsort für die gesellschaftliche Elite von Österreich-Ungarn zu etablieren. Nach dem Ersten Weltkrieg, als die Inseln zusammen mit Istrien zu Italien gehörten, konnte diese Erfolgsgeschichte fortgesetzt werden: In den Zwanzigerjahren kam ein Golfplatz hinzu, und das elitäre Publikum wurde mit Segelregatten und Poloturnieren unterhalten.

Pflicht oder nicht?

- •••• *top, unbedingt machen!*
- ••• *sollte man erlebt haben*
- •• *nette Abwechslung*
- • *man versäumt nicht viel*

Landschaftlich ist Veli Brijun nicht besonders interessant – der Ausflug lohnt sich eher für geschichtlich Interessierte.

Der Hafen ist das „Zivilisationszentrum".

1947, nachdem Istrien jugoslawisch geworden war, wählte Josip Broz Tito (➤ Seite 23) die Hauptinsel Veli Brijun als Sommersitz. Der Staatschef des kommunistischen Jugoslawiens ließ den Gebäudebestand aus Kupelwiesers Zeit um einige Villen ergänzen und machte die Inseln zum Sperrgebiet. Über einen Zeitraum von mehr als 30 Jahren hielt er sich regelmäßig hier auf und empfing Staatsgäste wie Leonid Breschnew, Willy Brandt oder Queen Elisabeth II., aber auch Filmstars wie Gina Lollobrigida oder Sophia Loren. Der Cadillac von 1953, mit dem er seine Gäste höchstselbst über die Insel zu kutschieren pflegte, steht noch immer dort. Kommunistischer Diktator auf der einen Seite, charismatischer Lebemann auf der anderen – auf Veli Brijun zeigte Tito vor allem letztere Seite. Heute gibt es auf den Inseln keine privaten Wohnsitze mehr; die drei Hotels rund um den Hafen von Veli Brijun sind nach wie vor in Betrieb, die übrigen Inseln sind unbewohnt. Obwohl Teil des Nationalparks, ist Veli Brijun eher eine Parklandschaft als ein Naturraum und vor allem aus historischer Sicht – als Denkmal der Ära Tito – interessant.

Sofern man nicht in einem der drei Luxushotels residiert, kommt man nur mit den von der Nationalparkverwaltung angebotenen Tagesausflügen auf die Insel, die auch eine ausführliche Führung beinhalten. Nach der nur etwa 15 Minuten dauernden Überfahrt von Fažana erreicht man den von den drei Hotels umgebenen **Hafen** 1 von Veli Brijun. Dort besteigt man einen kleinen Touristenzug zu einer ausgedehnten Rundfahrt. Der Zug durchquert zunächst den **Golfplatz** 2 und erreicht dann den **Safaripark** 3. Hier sind einige Tiere – beziehungsweise deren Nachkommen – untergebracht, die Tito von fremden Staatsgästen als Geschenke erhielt, darunter eine einzelne, inzwischen ziemlich alte Elefantenkuh sowie einige Zebras. Der Safaripark ist allerdings unspektakulär und eher eine Kuriosität als eine Attraktion.

Mit einem Bähnchen geht es über die Insel.

Nach einer Pause neben den Tiergehegen geht es vorbei an Titos Residenz, der **Weißen Villa** 4, die heute dem kroatischen Staat gehört und nicht zu besichtigen ist. Interessanter sind die römischen Ruinen rund um die **Verige-Bucht** 5: Hier gab es einen ganzen Komplex von Luxusgebäuden inklusive Therme und Tempel, die erhaltenen Überreste sind durchaus eindrucksvoll.

Nach einer guten Stunde ist die Rundfahrt zu Ende, die Führung setzt sich danach noch mit einer Besichtigung der kleinen Kirche sowie des Museums in Hafennähe fort. Das Museum zeigt im Untergeschoss eine naturkundliche Ausstellung mit einer größeren Sammlung ausgestopfter Tiere – ebenfalls Geschenke an Tito – und im Obergeschoss eine

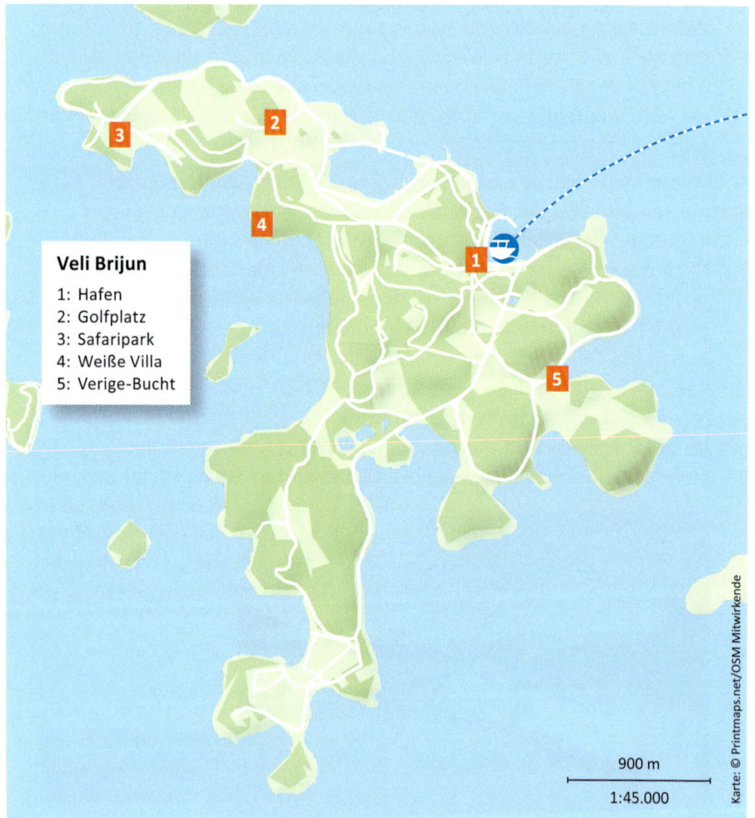

weitaus interessantere Ausstellung über den Staatsmann selbst. Im Bootshaus (vom Hafen am Hotel Neptun vorbei) gibt es eine kleine, sehr moderne Ausstellung über die Geschichte der Inseln und ihre Ökologie. Das gesamte Führungsprogramm dauert (mit zwei Pausen) rund drei Stunden, ist aber durchaus spannend und kurzweilig.

Anders als es auf den ersten Blick scheint, kann man sich auf Veli Brijun durchaus frei bewegen – die Teilnahme an der Führung ist nicht verpflichtend, wer will, kann sich nach der Überfahrt sofort absetzen. Zumindest die Rundfahrt sollte man aber mitmachen, um sich zunächst mal einen Überblick zu verschaffen, und im Preis ist sowieso alles enthalten. Nach der Führung kann man den Aufenthalt beliebig verlängern (das letzte Schiff fährt am späten Abend) und Fahrräder oder Golfmobile für eine Rundfahrt auf eigene Faust ausleihen. Auch Baden ist möglich – besonders schön dafür ist die nur einen Kilometer vom Hafen entfernte Verige-Bucht.

In der Verige-Bucht blieben römische Ruinen erhalten.

Wie man hinkommt

Veli Brijun ist von Fažana aus im Rahmen von Tagesausflügen mit Führung erreichbar (auch auf Deutsch). Tickets sind im Büro der Nationalparkverwaltung in Fažana (Brionska 10, die direkt zur Hafenmole führende Straße) erhältlich. Individualreisende werden normalerweise auch spontan mitgenommen, es wird aber eine vorherige Reservierung empfohlen: www.np-brijuni.hr, izleti@brijuni.hr, Tel. 00358 52525 883.

Überfahrten im Sommer alle 1-2 Stunden von 9:00-23:00 Uhr. Im Juli und August Erwachsene 210 kn, Kinder von 4-14 105 kn, in der Nebensaison etwas weniger. Im Preis enthalten enthalten sind die Überfahrt, die Führung mit Rundfahrt sowie alle Museen.

Busse ab Pula nach Fažana, Fahrpläne auf www.pulapromet.com.

GPS-Wegpunkt 17 (Hafen Fažana): 44,92723 13,80259
GPS-Wegpunkt 18 (Hafen Veli Brijun): 44,91663 13,76798

Pula

Pula ist mit fast 60.000 Einwohnern die größte Stadt sowie das Verwaltungszentrum von Istrien. Wenn man das großartige Rovinj (➤ Seite 49) und das kaum weniger schöne Poreč (➤ Seite 42) kennt, wirkt Pula auf den ersten Blick enttäuschend: Die Altstadt ist längst nicht so malerisch wie in den beiden kleineren Städten, der größte Teil der Bausubstanz auch im Zentrum besteht aus Zweckbauten der Nachkriegszeit, auf einer Insel vor der Innenstadt baut sich zudem eine Werft auf.

Pflicht oder nicht?

- ●●●● *top, unbedingt machen!*
- ●●● *sollte man erlebt haben*
- ●● *nette Abwechslung*
- ● *man versäumt nicht viel*

Pula wirkt auf den ersten Blick nicht allzu beeindruckend, hat aber einige sehr interessante Bauwerke zu bieten.

Bereits zur Römerzeit gab es hier eine größere Stadt mit einem wichtigen Hafen. Zu großer Bedeutung kam Pula dann während der österreichischen Epoche: Ab 1856 wurde die Stadt aufgrund ihrer günstigen Lage in einer schützenden Bucht zum Hauptkriegshafen Österreich-Ungarns ausgebaut. Innerhalb weniger Jahre wurde Pula vom Dorf zur großen Garnisonsstadt: Zwischen 1850 und 1900 stieg die Einwohnerzahl von 900 auf über 50.000!

Der besondere Reiz der Stadt besteht in ihrem Reichtum an gut erhaltenen Gebäuden der römischen Antike, der im nordwestlichen Kroatien einzigartig ist. Da ist zunächst einmal das ganz große Glanzstück:

Das Forum ist das lebhafte Zentrum der Stadt.

die **Arena** 1 ist eines der am besten erhaltenen römischen Amphitheater! Das ovale Gebäude, das rund 23.000 Zuschauern Platz bot, hat seine ganz eigene Grandezza und beeindruckt durch seine monumentale Größe und den außergewöhnlich guten Erhaltungszustand. Der genaue Zeitpunkt des Baubeginns ist nicht bekannt, es dürfte aber um die Zeitenwende gewesen sein. Während der folgenden Jahrzehnte wurde das Amphitheater (die geläufige Bezeichnung „Arena" ist eigentlich nicht korrekt) immer wieder erweitert, die endgültige Fertigstellung lässt sich auf das Jahr 81 n. Chr. datieren. Damit ist es fast gleichalt wie das Kolosseum in Rom.

Die Zuschauerränge auf der Ostseite sind weitgehend erhalten geblieben, ebenso wie nahezu die gesamte Außenmauer mit einer Höhe von bis zu 32 Metern und eindrucksvollen Arkadenreihen. Im Sommer finden hier neben nachgestellten Gladiatorenkämpfen auch Großveranstaltungen aus Musik und Show statt, denen die Arena von Pula einen glanzvollen Rahmen verleiht. Bei aller Faszination für das Gebäude sollte man die Ausstellung, die etwas versteckt im Untergeschoß eingerichtet wurde, nicht übersehen: Hier geht es um die Exportschlager des römischen Istriens, Olivenöl und Wein. Die Ausstellung wurde mit vielen antiken Exponaten, darunter auch eine Anzahl originaler Amphoren, eingerichtet.

Die Arena ist eines der größten Amphitheater.

Pula
1: Arena
2: Zwillingstor
3: archäolog. Museum
4: Herkulestor
5: Triumphbogen
6: Santa Maria Formosa
7: Franziskanerkloster
8: Forum
9: Kathedrale
10: Kastell
11: Eingänge Zero Strasse
12: Aquarium
Bahnhof 200 m
Vodnjan
Busbahnhof 200 m
Autobahn Flughafen
Kolodvorska
Riva
Starih Statuta
Šetalište Nella Milottija
Flavijevska
Amfiteatarska
Svetog Ivana
Scalierova
Ulica Kandlerova
Carrarina
Istarska
Regionalbusse
Sergijevaca
Maksimijanova
Danteov trg
Giardini
Flaciusova ulica
Anticova ulica
150 m
1:7.500
12 Aquarium 4,0 km

Das Amphitheater lag außerhalb der römischen Stadt. Das historische Zentrum Pulas zieht sich ein Stück davon entfernt rund um einen flachen, am Meer gelegenen Hügel. Hier muss man die antiken Bauwerke ein wenig suchen, doch gibt es einige davon: Etwa das eher unauffällige **Zwillingstor** 2 direkt neben dem **archäologischen Museum** 3, das zuletzt wegen einer großangelegten Renovierung geschlossen war. Auch das **Herkulestor** 4 wirkt ein wenig verloren, wenige hundert Meter weiter eingezwängt zwischen modernen Bauten. Deutlich auffälliger ist der prachtvolle **Triumphbogen der Sergier** 5, der 29-27 v. Chr. nach dem Sieg in der Schlacht von Actium errichtet wurde und auch als „Goldenes Tor" bezeichnet wird. Ursprünglich Teil der Stadtmauer, steht Pulas schönstes Torgebäude heute mitten im Großstadtgetümmel und wirkt etwas aus der Zeit gefallen. Dahinter zieht sich die lebhafte Sergijevaca parallel zur Küste um den Hügel herum und bildet die Hauptstraße der Altstadt. Nach 200 Metern lohnt ein Abstecher Richtung Meer zur kleinen Kapelle **Santa Maria Formosa** 6, die als einziger Teil einer größeren Klosterkirche aus dem 6. Jahrhundert erhalten geblieben ist. Wenige Schritte landeinwärts führen zum kleinen **Franziskanerkloster** 7 aus dem 13. Jahrhundert, dessen Besichtigung sich für den schönen kleinen Kreuzgang und den goldenen Altar in der etwas düster wirkenden Stiftskirche lohnt.

Die Sergijevaca endet am **Forum** 8: Der weitläufige Platz ist ein lebhafter Mittelpunkt mit viel Straßengastronomie und war bereits zur Römerzeit das Zentrum der Stadt. Davon zeugt neben dem Alten Rathaus mit seiner schönen Arkadenfassade aus dem 17. Jahrhundert der um die Zeitenwende errichtete Augustustempel, der mit seiner von sechs korinthischen Säulen getragenen Vorhalle eindrucks-

Der Triumphbogen wirkt etwas aus der Zeit gefallen.

Überraschend bescheiden ist die Kathedrale.

voll archaisch wirkt. Die Hauptstraße wechselt am Forum ihren Namen und zieht sich als Ulica Kandlerova nordseitig um die Halbinsel herum zur überraschend bescheidenen **Kathedrale** 9. Sie geht auf eine Kirche aus dem 5. Jahrhundert zurück, die immer wieder umgebaut und erweitert wurde. Die Renaissancefassade stammt aus dem 16. Jahrhundert, der Glockenturm wurde 1707 fertiggestellt.

Der Hügel, den die Innenstadt umgibt, wird gekrönt vom **Kastell** 10, das 1631-1633 unter venezianischer Herrschaft errichtet wurde und heute eine Museum über Geschichte und Schifffahrt beherbergt. Die Ausstellung ist klein und eher enttäuschend; die Besichtigung des Gebäudes lohnt sich dennoch für die Aussicht von den Bastionen und vom kleinen Turm, den man besteigen kann. Ein weiteres und völlig andersartiges Monument der Militärgeschichte Pulas sind die Stollenanlagen, die vor und während des Ersten Weltkriegs eingerichtet wurden und den ganzen Innenstadthügel durchziehen. Unter dem Namen **Zero Strasse** 11 wurden die beiden kreuzförmig angelegten Hauptstollen der Öffentlichkeit zugänglich gemacht, Eingänge befinden sich beim Zwillingstor sowie zwischen Forum und Kathedrale.

Rund vier Kilometer südlich der Innenstadt wurde 1881-1886 die Festung Verudela als Teil eines mächtigen Verteidigungsringes für den Kriegshafen errichtet. Inzwischen ist sie von einem modernen Hotelkomplex umgeben, und vor einigen Jahren wurde das Gebäude einer ganz neuen Nutzung zugeführt: Es enthält das **Aquarium** 12 von Pula.

Das Aquarium wurde in einer Festung eingerichtet.

Mit einem Haibecken, einem „halbtrockenen“ Bereich mit Flussfischen und einem Alligator sowie Quallenbecken und Flachwasserbecken mit Plattfischen enthält es eine vielfältige und interessante Sammlung an Wassertieren aus aller Welt. Allerdings sind die Becken aufgrund der Gegebenheiten des Gebäudes nicht allzu groß und die Gänge so eng, dass schnell Gedränge entsteht.

Wie man hinkommt

Parkplätze sind grundsätzlich knapp in Pula, selbst auf kostenpflichtigen Plätzen ist nicht immer etwas zu finden. Die besten Chancen hat man nördlich der Innenstadt rund um den Bahnhof oder noch weiter nördlich davon. Der Busbahnhof befindet sich nordöstlich der Innenstadt, Regionalbuslinien halten auch am Innenstadtrand. Fahrpläne der Stadt- und Regionallinien auf www.pulapromet.com.

Touristeninformation: *Am Forum, www.pulainfo.hr.*

Arena: *Mai, Juni und September tägl. 8:00-21:00 Uhr, Juli und August bis 24:00 Uhr, April bis 20:00 Uhr, Winter 9:00-17:00 Uhr. Erwachsene 50 kn, Kinder 25 kn. www.ami-pula.hr*

Augustustempel: *Sommer Mo-Fr 9:00-21:00 Uhr, Sa und So 10:00-15:00 Uhr. Erwachsene 10 kn, Kinder und Studenten 5 kn.*

Kastell: *1.4.-30.9. tägl. 8:00-21:00 Uhr, Winter 9:00-17:00 Uhr, Erwachsene 20 kn, Studenten 10 kn, Kinder 5 kn. www.ppmi.hr*

Zero Strasse: *Eingänge beim Zwillingstor sowie zwischen Forum und Kathedrale. Juli und August tägl. 10:00-22:00 Uhr, Juni und September 10:00-20:00 Uhr. Erwachsene 15 kn, Studenten und Senioren 10 kn, Kinder 5 kn. www.ppmi.hr*

*Die **Pula Card** ist ein günstiges Sammelticket für Arena, Augustustempel, Kastell und Zero Strasse.*

Aquarium: *Ca. 4 km südlich des Zentrums auf der Halbinsel Verudela, weiträumig beschildert. Buslinie 2a ab Busbahnhof bis Verudela. Juli und August tägl. 9:00-22:00 Uhr, Juni und Sept. 9:00-21:00 Uhr, Mai und Okt. 9:00-20:00 Uhr, Winter 9:00-16:00 Uhr, letzter Einlass jeweils 1 Std. vor Schließung. Erwachsene 100 kn, Studenten, Senioren und Kinder von 8-18 70 kn, Kinder von 3-7 50 kn. www.aquarium.hr*

GPS-Wegpunkte:

19 (Arena):	44,87321	13,85013
20(Forum):	44,87000	13,84225
21 (Festung):	44,87031	13,84551
22 (Aquarium):	44,83517	13,83281

Pula
Kap Kamenjak
1: Mautstation
2: Schranke Hauptzufahrt
3: Schranke Nebenzufahrt
4: Campingplatz
1
2
3
4
Lokva
Pinižule
Polje
Plovanje
Njive
Portić
Debeljak
500 m
1:25.000

Kap Kamenjak

An ihrem äußersten südlichen Ende läuft die istrische Halbinsel mit dem Kap Kamenjak (kroatisch *Rt Kamenjak*) aus, einer langen, schmalen Halbinsel, die sich in Nord-Süd-Richtung über gut fünf Kilometer erstreckt. In ihrem nördlichen Teil liegt die kleine Ortschaft Premantura, die einige Ferienunterkünfte und einen Campingplatz bietet. Südlich davon ist das Kap auf einer Länge von mehr als drei Kilometern völlig unbesiedelt und mit den zahlreichen Strandbuchten, die sich auf beiden Seiten aneinander reihen, ein beliebtes und entsprechend stark frequentiertes Ziel für einen Badeausflug.

Pflicht oder nicht?

- •••• *top, unbedingt machen!*
- ••• *sollte man erlebt haben*
- •• *nette Abwechslung*
- • *man versäumt nicht viel*

Mit den schönen Strandbuchten ist Kap Kamenjak ein attraktives, allerdings auch überlaufenes Ziel für einen Badeausflug.

Die Straße endet in Premantura. Auf gut befahrbaren Schotterpisten kann man aber nahezu das gesamte Kap mit dem Auto erreichen; von der in der Mitte der Halbinsel verlaufenden Hauptpiste zweigen Seitenpisten zu den Buchten ab. Die auf der Ostseite sind weit und offen und bieten viel Platz, auf der Westseite gibt es kleine, intime Buchten, teilweise umschlossen von dichtem Pinienwald – besonders hübsch sind die Buchten Pinižule und Polje. Schöne Kiesstrände gibt es überall. Dass so leicht erreichbare Badegelegenheiten viel Publikum

An der Westküste verstecken sich lauschige Buchten.

anziehen, ist klar: Obwohl die Befahrung kostenpflichtig ist, kommt es regelmäßig zu Staus und Parkplatzknappheit.

Eine interessante Alternative zum Auto ist das Fahrrad – oder genauer: das Montainbike, denn mit einem Straßenrad kommt man nicht weit. Das MTB hat gegenüber dem Auto den Vorteil, dass man mobiler ist und leicht eine Runde über das ganze Kap von Bucht zu Bucht machen kann, die mit einer Länge zwischen 10 und 15 Kilometern (je nachdem, wie viele Abstecher man macht) genug Zeit zum Baden und Faulenzen lässt. Außerdem darf man mit dem Fahrrad die kleineren Wege benutzen, die küstennah die einzelnen Buchten miteinander verbinden und teilweise durch schönen Kiefernwald führen. In Premantura gibt es eine ganze Reihe von Fahrradvermietern; die Anmietung ist unkompliziert und nicht teuer, die Fahrräder sind oft nicht im allerbesten Zustand, aber für einen Tag reicht es. Etwas Fahrkönnen sollte man allerdings mitbringen, da die Wege ziemlich steinig sind!

Die Ostküste ist dagegen weiträumig und offen.

Wie man hinkommt

Tageskarte 80 kn pro PKW, Motorrad 30 kn, Wohnmobil 150 kn, günstige Mehrtageskarten. Für Radfahrer und Fußgänger frei. Tickets an der Bude vor Premantura (deutlich beschildert) oder an der Schranke der Hauptzufahrt. Zum Kap nimmt man am besten die Umfahrung, die beim kleinen Parkplatz am Ortseingang von Premantura nach rechts abzweigt (die Beschilderung ist leicht zu übersehen). Busse ab Pula bis Premantura, Fahrpläne auf www.pulapromet.com.

***Fahrradvermietung:** Bei der Mautstation und mehreren Anbietern in Premantura, zwischen 50 und 80 kn pro Tag.*

Touristische Informationen auf www.kamenjak.hr.

GPS-Wegpunkte 23 (Hauptzufahrt): 44,79592 13,90814

Labin und Rabac

Hoch über der großteils unzugänglich steilen Ostküste Istriens liegt die Stadt Labin. Ihr altes Zentrum befindet sich in aussichtsreicher Lage auf einem Hügel gut 300 Meter über dem Meer, die flächenmäßig weit ausgreifenden modernen Stadtteile sind ein Stück davon entfernt in die Fläche gewuchert. Die venezianische Herrschaft von 1420 bis 1797 brachte eine Blütezeit mit wirtschaftlichem Wohlstand und starker Bautätigkeit, die das heutige Stadtbild geprägt hat. Später wurde Labin zur Bergbaustadt: Vom 19. Jahrhundert bis in die Nachkriegszeit wurde in der Nähe in großem Stil Kohle und später auch das Aluminiumerz Bauxit abgebaut, in der jugoslawischen Epoche wurden außerdem mehrere große Industriebetriebe in der Stadt angesiedelt.

Pflicht oder nicht?

- •••• *top, unbedingt machen!*
- ••• *sollte man erlebt haben*
- •• *nette Abwechslung*
- • *man versäumt nicht viel*

Die venezianische Altstadt von Labin ist das schönste Stadtzentrum im Osten Istriens.

Die Altstadt auf ihrem Hügel hat diese Industrialisierung ziemlich unbeeindruckt ausgesessen und wirkt heute wie ein außerhalb gelegener Stadtteil. Das Tor zum historischen Zentrum bildet der Hauptplatz **Titov trg** 1 an einem Bergsattel. Der Platz wird durch die verkehrsreiche Durchgangsstraße zerschnitten und ist daher nicht besonders reizvoll. Auf der Westseite des Platzes, gegenüber der Altstadt, liegt das **Rat-**

Die Altstadt von Labin ist venezianisch geprägt.

haus 2 aus dem 19. Jahrhundert, direkt am Platz die Stadtloggia von 1603, die für venezianische Städte typische kleine Säulenhalle, und etwas oberhalb eine runde **Bastion** 3, Teil der Stadtmauer, die Labin einst fast uneinnehmbar machte.

Durch das **Stadttor** 4 von 1687 gelangt man über spiegelnd blankpoliertes Pflaster in die ruhige und nahezu autofreie Oberstadt. Gleich hinter dem Tor macht die steil ansteigende Hauptstraße einen Knick nach links und erreicht die Kirche **Sveta Marija** 5. Im Kontrast zu ihrer schlichten Fassade mit einem bescheidenen Rosenfenster und dem

Das Stadttor stammt aus dem 17. Jahrhundert.

Markuslöwen steht die opulente barocke Innenausstattung. Neben der Kirche steht die romanische Stephanskapelle, dann folgt der **Palazzo Battiala-Lazzarini** 6, einer der schönsten Stadtpaläste Labins. Er wurde im 18. Jahrhundert von einer einflussreichen Familie im prächtigsten Barockstil errichtet und beherbergt heute das Stadtmuseum, das auf drei Etagen eine Ausstellung über die Stadtgeschichte sowie Volkskunde und Brauchtum zeigt. Sehr spannend ist der überraschend lange künstliche Bergwerksstollen, der den Kohlebergbau erlebbar macht.

Baulich getrennt von der Kirche und nur über einen Umweg durch die Nebengassen erreichbar ist der 35 Meter hohe **Glockenturm** 7 aus dem 17. Jahrhundert, den man über eine etwas abenteuerliche Holztreppe besteigen kann. Am nordwestlichen Altstadtrand gibt es einen **Aussichtspunkt** 8, der die privilegierte Lage der Stadt vor Augen führt: Von hier aus sieht man weit auf die Kvarner-Bucht hinaus. Bei einem Streifzug durch die engen Gassen findet man noch weitere prachtvolle und oft ziemlich farbenfrohe Paläste großer Adelsfamilien wie den Scampicchio, Manzini, Negri und Francovich, die vom einstigen Reichtum der Stadt zeugen. Heute ist die Altstadt von Labin allerdings ziemlich tot, das Leben spielt sich in den ausgedehnten modernen Stadtvierteln nördlich des Hügels ab.

In den Gassen verstecken sich viele venezianische Paläste.

Unterhalb von Labin, rund vier Kilometer von der Altstadt entfernt, liegt der Küstenort **Rabac**. Hier befand sich einst der Hafen von Labin; in der Nachkriegszeit wurde Rabac zum Touristenort mit mehreren Großhotels und zahlreichen Apartmenthäusern ausgebaut. Die Atmosphäre ist ziemlich kühl, einen alten Ortskern gibt es nicht. Das Zentrum bildet die recht hübsche Promenade, die um die Hafenbucht herum bis zur Strandbucht Maslinica führt. Diese wird vom klotzigen Komplex der drei Miramar-Hotels beherrscht, daneben gibt es einen großen, schön gelegenen Campingplatz. Eine einfache Kurzwanderung führt an der waldigen Küste entlang zu weiteren Kiesbuchten (➤ Seite 193).

Wanderungen

4 **Küstenwanderung bei Rabac**

Technik ●●○○○
Kondition ●●○○○

➤ *Seite 193*

In der Bucht Maslinica befindet sich ein schöner Kiesstrand.

Wie man hinkommt

In Labin den Wegweisern zunächst ins Zentrum, dann nach Stari grad folgen. Parkplatz 100 m südlich des Hauptplatzes; weitere 800 m Richtung Süden kann man am Friedhof kostenlos parken. Fernbusse von Pula nach Rijeka fahren teilweise über Labin.

Stadtmuseum: *täglich außer So 10:00-13:00 und 18:00-22:00 Uhr, Erwachsene 15 kn, Kinder 10 kn.*

GPS-Wegpunkte:

24 (Hauptplatz Labin):	*45,08563*	*14,12284*
25 (Parkplatz Labin):	*45,08467*	*14,12184*
26 (Hafen Rabac):	*45,07925*	*14,15859*
27 (Bucht Maslinica):	*45,07935*	*14,15240*

Nördliche Kvarner-Bucht

Die Insel Krk im nördlichen Abschnitt der Kvarner-Bucht gehört mit ihren Stränden und der wunderbaren Hauptstadt zu den schönsten Urlaubsdestinationen Kroatiens, ist aber auch ein interessantes Wandergebiet. Rijeka ist die größte Stadt der Region und eine lebhafte, moderne Hafenmetropole. Das mondäne Opatija ist seit 150 Jahren Urlaubsort der gesellschaftlichen Elite, und auch in Crikvenica hat der Tourismus eine lange Tradition.

Opatija

Die Kleinstadt Opatija, die am nordwestlichen Ende der Kvarner-Bucht am Fuß des Učka-Gebirges liegt, ist der vielleicht außergewöhnlichste Ferienort Kroatiens: Opatija wurde Ende des 19. Jahrhunderts, als Kroatien Teil des österreichisch-ungarischen Kaiserreichs war, von der vermögenden Oberschicht der k.u.k.-Monarchie als touristische Luxusdestination entdeckt. Das glanzvolle Flair dieser Zeit hat sich mit zahlreichen Bauten des zeittypischen Glamourstils bis heute erhalten, ebenso wie der Status von Opatija als Urlaubsdestination für einen gehobenen Anspruch – das Preisniveau ist auch heute recht hoch. Aber auch ein Tagesausflug nach Opatija lohnt sich für die einzigartige Atmosphäre eines Nobelferienortes der Jahrhundertwende.

Um die Mitte des 19. Jahrhunderts begann sich Opatija, damals ein Dorf mit rund 250 Einwohnern, zu einem Touristenort zu entwickeln. Das Reisen war zu dieser Zeit noch aufwendig und teuer, so dass sich nur eine vermögende Oberschicht einen Urlaub leisten konnte; das Angebot war daher von Anfang an auf gehobene Ansprüche ausgerichtet. Der wirkliche Boom begann aber erst mit der Anbindung der kroatischen

Pflicht oder nicht?

- •••• *top, unbedingt machen!*
- ••• *sollte man erlebt haben*
- •• *nette Abwechslung*
- • *man versäumt nicht viel*

Die einzigartige Atmosphäre macht Opatija zu einer Sehenswürdigkeit der besonderen Art!

Das „Mädchen mit der Möwe" ist das Wahrzeichen Opatijas.

Adria an das Eisenbahnnetz: 1873 wurde die Strecke Ljubljana-Rijeka eröffnet, der nächste Bahnhof befindet sich im gut fünf Kilometer entfernten Matulji. Opatija, das damals den italienischen Namen Abbazia trug, war damit auch von Wien aus bequem erreichbar.

Die Wiener Südbahngesellschaft, die sich nicht nur als Verkehrsdienstleister, sondern auch als touristischer Entwickler betätigte, baute Opatija in den folgenden Jahren gezielt zum Nobelferienort aus und eröffnete 1884 und 1885 die ersten Luxushotels wie das Quarnero und das Imperial. 1889 wurde Opatija durch kaiserliches Dekret zum ersten heilklimatischen Kurort der Adria erklärt und konnte sich damit endgültig einen Platz unter den Top-Urlaubsorten der gesellschaftlichen Elite dieser Zeit erobern, die hier die Wintermonate verbrachte und sich in den Ballsälen der großen Hotels standesgemäß vergnügte. Sogar in die hohe Politik wurde Opatija einbezogen: 1894 fand hier ein bedeutendes Gipfeltreffen zwischen Kaiser Franz Josef I. von Österreich-Ungarn und Kaiser Wilhelm II. von Preußen statt. Und auch technisch war man auf der Höhe der Zeit: 1896/97 wurden alle Hotels und öffentlichen Gebäude der Stadt mit elektrischem Licht ausgestattet, der Bahnhof Matulij war von 1908 bis 1933 durch eine elektrische Straßenbahn mit Opatija verbunden.

Der Glamour der Jahrhundertwende prägt die Stadt.

In Opatija hat sich der Glamour der Wiener Kaiserzeit bis an die Adria ausgebreitet, zahlreiche Bauten aus der großen Zeit als „Seebad Abbazia" prägen bis heute das Stadtbild. Das Zentrum gruppiert sich rund um die Landzunge, die überwiegend vom recht großen, mit dem dichten Bestand an exotischen Bäumen aber dennoch intim wirkenden **Park Angiolina** eingenommen wird. Der Mittelpunkt des Parks ist die **Villa Angiolina** 1; das herrschaftliche Gebäude wurde 1844 durch den reichen Unternehmer Iginio von Scarpa aus Rijeka errichtet, der es als Ferienquartier und Gästehaus nutzte. Heute befindet sich darin das kleine, aber absolut sehenswerte Tourismusmuseum, das die Geschichte des elitären Tourismus in Opatija nachzeichnet. Es ist außerdem auch ein stadtgeschichtliches Museum, das die engen Verbindungen zwischen Opatija und Wien verdeutlicht (alle Informationen auch auf Deutsch). Wenige Schritte weiter wurde um 1875 von den damaligen Besitzern der Villa das **Schweizerhaus** 2 als Nebengebäude im ländlichen Cottage-Stil erreichtet; bis vor Kurzem befand sich hier eine weitere Ausstellung des Museums, die inzwischen in die Hauptausstellung integriert wurde. An der Nordseite der Landzunge befindet sich der kleine **Jachthafen** 3,

Die Villa Angiolina bildet den Mittelpunkt des Parks.

Der Juraj-Šporer-Pavillon ist heute eine Kunstgalerie.

dessen Umgebung jedoch vergleichsweise unattraktiv ist. Deutlich schöner ist die Südseite der Halbinsel: Hier bildet die charmante Statue des **„Mädchens mit der Möwe“** 4, die 1956 eine ältere Madonnenstatue ersetzte, ein beliebtes Fotomotiv, daneben erstreckt sich der **Lido Beach** 5.

Hier, südlich des Parks Angiolina, schließt sich das eigentliche Zentrum Opatijas an, das vom imposanten Bau des **Hotel Kvarner** 6 bestimmt wird. Das 1884 durch die Südbahngesellschaft errichtete Hotel war seinerzeit das erste Haus am Platz und hat diesen Status bis heute behaupten können. Deutlich bescheidener wirkt die Kirche **Sveti Jakov** 7, die auf eine Benediktinerabtei des 15. Jahrhunderts zurückgeht und um 1900 weitgehend neu errichtet wurde. Der Innenraum wurde um 1930 gestaltet und ist unübersehbar vom Stil dieser Zeit geprägt. Direkt daneben befindet sich der **Juraj-Šporer-Pavillon** 8, der um 1900 als

Seit 1884 das erste Haus am Platz: Hotel Kvarner.

Slatina Beach ist die größte Badeanlage im Zentrum.

Opatija
1: Villa Angiolina
2: Schweizerhaus
3: Jachthafen
4: Mädchen mit der Möwe
5: Lido Beach
6: Hotel Kvarner
7: Sveti Jakov
8: Juraj-Šporer-Pavillon
9: Park svetog Jakova
10: Slatina Beach
11: Grand Hotel Palace
12: Volosko
Rijeka
12 Volosko
über Lungomare 1,2 km
Ulica maršala Tita
Lungomare (Nordstrand)
D66
Park Angiolina
Lovran
Park Margarita
Busbahnhof
150 m
1:7.500

Zuckerbäckerei gebaut wurde und heute für wechselnde Kunstausstellungen genutzt wird, sowie der hübsche **Park svetog Jakova** 9. Die Bucht neben dem Park war im 19. Jahrhundert die Anlegestelle kleiner Ausflugsboote – den Barkajol, den Bootsführern, hat man hier sogar ein Denkmal gesetzt. Daran schließt sich die großzügige Badeanlage **Slatina Beach** 10 an. Einen echten Strand darf man sich darunter freilich nicht vorstellen: Opatijas größte Badeanlage besteht aus flachen Betonplattformen, die in Form dreier Buchten angelegt wurden – die Architektur darf durchaus als gelungen bezeichnet werden. Slatina wird von weiteren edlen Hotels gesäumt, unter denen das **Grand Hotel Palace** 11 mit seiner opulenten Fassade im zeittypischen Zuckerbäckerstil hervorsticht. Die Durchgangsstraße Ulica Maršala Tita verläuft küstenparallel als schicke, allerdings ziemlich verkehrsreiche Einkaufsstraße, gesäumt von den Shops internationaler Luxusmarken.

> **3 Über den Vojak**
> *Technik* ●●●○○
> *Kondition* ●●●○○
> ➤ *Seite 189*
> Wanderungen

Vom Zentrum Opatijas erstreckt sich die großartige Küstenpromenade **Lungomare**, die später nach Kaiser Franz Josef I. benannt wurde, zwei Kilometer in Richtung Norden bis nach Volosko und sieben Kilometer in Richtung Süden bis nach Lovran. Der Nordteil, der sogenannte „Nordstrand“, wurde 1889 eröffnet, im selben Jahr, als Opatija offiziell den Titel eines Luftkurortes erhielt. Der „Südstrand“ von Opatija bis Lovran folgte 1911. Zusammen bilden die beiden Abschnitte die wohl schönste Küstenpromenade Kroatiens; insbesondere der Nordstrand beeindruckt mit originalem k.u.k.-Flair und schlängelt sich vorbei an

Flanieren wie zu Kaisers Zeiten: der Lungomare.

prächtigen Villen, hübschen Pavillons und intimen Badebuchten mit kleinen Kiesstränden. Zahlreiche Bänke laden zu entspannten Pausen ein, abends ist der Weg beleuchtet. Der Lungomare endet gut zwei Kilometer nördlich vom Zentrum Opatijas in **Volosko** 12 . Einst ein winziges Fischerdorf, wurde Volosko schon früh in den Tourismusbetrieb Opatijas eingebunden, mit dem es längst zusammengewachsen ist. Volosko hat sich dennoch eine außergewöhnliche Atmosphäre von malerischer Intimität bewahren können: Die kleine Hafenbucht, die das Zentrum bildet, ist von geradezu kitschiger Schönheit!

Das Zentrum Voloskos ist fast schon kitschig.

Wie man hinkommt

Parkplätze sind in Opatija grundsätzlich knapp, an der Straße ist kaum etwas zu finden. Kleinere Parkplätze und Parkhäuser gibt es entlang der Maršala Tita.

Die Buslinie 32 verkehrt 2-3 Mal pro Stunde von Rijeka über Volosko und Opatija bis nach Lovran. Der Busbahnhof befindet sich am Südrand des Slatina-Strands (beim Hotel Imperial landeinwärts), eine weitere Haltestelle im nördlichen Zentrumsbereich an der Maršala Tita.

www.visitopatija.com

Tourismusmuseum: *In der Villa Angiolina. Tägl. außer Mo 10:00-18:00 Uhr, Erwachsene 15 kn, Studenten 7 kn. www.hrmt.hr*

GPS-Wegpunkte:

28 (Villa Angiolina):	45,33546	14,30876
29 (Sveti Jakov):	45,33400	14,30727
30 (Slatina Beach):	45,33304	14,30473
31 (Volosko):	45,34752	14,32020

Rijeka

Die am äußersten nördlichen Ende der Kvarner-Bucht am Fuß steiler Berghänge gelegene Stadt Rijeka ist mit rund 130.000 Einwohnern die größte Stadt der Region Istrien-Kvarner und die drittgrößte Kroatiens. Durch die wechselvolle und nicht immer glücklich verlaufene Geschichte ist der Bestand an historischen Gebäuden gering, ein geschlossenes Altstadtzentrum wie in den meisten anderen kroatischen Küstenstädten ist hier nicht vorhanden. Eine touristische Attraktion ersten Ranges ist Rijeka daher nicht, und wer eine Stadt erwartet, die auf den ersten Blick „schön“ ist, wird enttäuscht werden. Die Stadt hat aber dennoch ihren Reiz als lebhafte Metropole ohne die museale Atmosphäre, die man oft in historischen Stadtzentren findet.

Pflicht oder nicht?

- •••• *top, unbedingt machen!*
- ••• *sollte man erlebt haben*
- •• *nette Abwechslung*
- • *man versäumt nicht viel*

Rijeka ist eine lebhafte Metropole mit einem schönen Innenstadtbereich, allerdings ohne echten historischen Stadtkern.

Bestimmend für die Geschichte Rijekas ist der riesige Hafen, der sich die gesamte Küstenlinie im Zentrum entlangzieht. Heute ist er der größte Handelshafen Kroatiens, in der 2. Hälfte des 19. Jahrhunderts war er – neben Triest – einer der beiden großen Häfen von Österreich-Ungarn. Zahlreiche Industriebetriebe, darunter einige Werften, trugen in dieser Zeit zur enormen wirtschaftlichen Bedeutung der Stadt, die damals noch ihren italienischen Namen Fiume trug, bei. Einen weiteren wichtigen Impuls gab die Fertigstellung der Zugverbindung nach

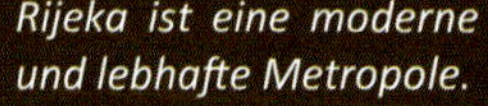

Rijeka ist eine moderne und lebhafte Metropole.

Wien, Zagreb und Budapest im Jahr 1873. Weitaus weniger glücklich verlief die Zwischenkriegszeit: Nach einer kurzen Episode als Freistaat wurde Rijeka 1924 zusammen mit Istrien italienisch, während das übrige Kroatien Teil des neu gegründeten Königreiches Jugoslawien war (➤ Seite 22). Die Staatsgrenze verlief entlang des Flusses Rječina am östlichen Rand der Innenstadt – die einstige Handels- und Wirtschaftsmetropole wurde so zu einer geteilten Stadt an der äußersten Peripherie Italiens. Die Vierzigerjahre brachten einen massiven wirtschaftlichen Niedergang, Bombardierungen durch die deutsche Wehrmacht im Jahr 1945 taten ein Übriges. Erst 1947 ging Rijeka an Jugoslawien.

Die Hauptachse der Innenstadt ist der Korzo, der sich als breiter Boulevard parallel zur Küstenlinie über eine Länge von gut 500 Metern vom Platz Ante Starceviza bis zum Jadranski trg zieht. Der Korzo ist heute Rijekas Haupteinkaufsstraße und als Fußgängerzone Zentrum des innerstädtischen Lebens, gesäumt von prachtvollen Gebäuden aus dem 19. Jahrhundert. Der **Platz der Republik Kroatien** 1 *(Trg Republike Hr-*

Der Hafen hat Rijeka schon immer geprägt.

Der Korzo ist die Hauptachse des Zentrums.

vatske) öffnet den Blick zum Hafen und bildet einen lebhaften städtischen Mittelpunkt mit vielen Straßencafés. Auch die parallel zum Korzo verlaufende, ziemlich verkehrsreiche Küstenstraße Riva lässt mit ihren gründerzeitlichen Häuserfronten die große Zeit Rijekas noch erahnen. Das bedeutendste und schönste Gebäude am Korzo ist der **Stadtturm** 2 *(Gradski toranj)* mit seiner prächtigen Barockfassade mit dem habsburgischen Doppeladler und der auffälligen Uhr. Er war als Hafentor der „Haupteingang" der Stadt – bis 1750, als ein Erdbeben die Küstenlinie durch eine geologische Hebung verlagerte und vor der Altstadt neues Land entstand. Der Durchgang durch das Gebäude führt in die Altstadt nördlich des Korzo, die durch den Verlust der meisten historischen Gebäude freilich kaum noch als solche zu erkennen ist. Nur das labyrinthische Gewirr aus kleinen Gassen und Plätzen verrät, dass man sich hier im „alten" Rijeka befindet.

Etwas versteckt am nördlichen Rand der Altstadt befindet sich die **St. Veits-Kathedrale** 3 *(Katedrala sv. Vida)*. Ihre Form ist ungewöhnlich: Sie wurde ab

Der Stadtturm war einst der Zugang zum Hafen.

Die Kathedrale hat eine ungewöhnliche Form.

1638 als barocker Rundbau mit säulengetragener Kuppel errichtet und ist das einzige Bauwerk dieser Art in Kroatien. Etwas auffälliger liegt die **Kirche Mariä Himmelfahrt** 4 mit barockem Innenraum und klassizistischer Fassade sowie einem separat stehenden Glockenturm, der durch den instabilen Boden in Schieflage geraten ist, am östlichen Rand der Innenstadt. Der nahegelegene Platz **Jelačićev trg** 5 bildet das Entree der Innenstadt am Ufer des Mrtvi kanal. Einige Straßen südlich davon, schon fast im Hafenbereich, zeigt das **Nationaltheater** 6 eine präch-

tige Fassade aus dem 19. Jahrhundert mit einem kleinen Park davor. Wenige Schritte weiter befinden sich die um die selbe Zeit errichteten **Markthallen** 7.

Den westlichen Rand der Innenstadt bildet die **Kapuzinerkirche** 8 mit ihrer auffälligen quergestreiften Fassade, die erst 1908-1929 in neogotischem Stil gebaut wurde. Direkt davor liegt der zentrale Busbahnhof, der Haltepunkt der nationalen und internationalen Fernbuslinien ist. Noch weitere 650 Meter in Richtung Westen führen zum Bahnhof, der

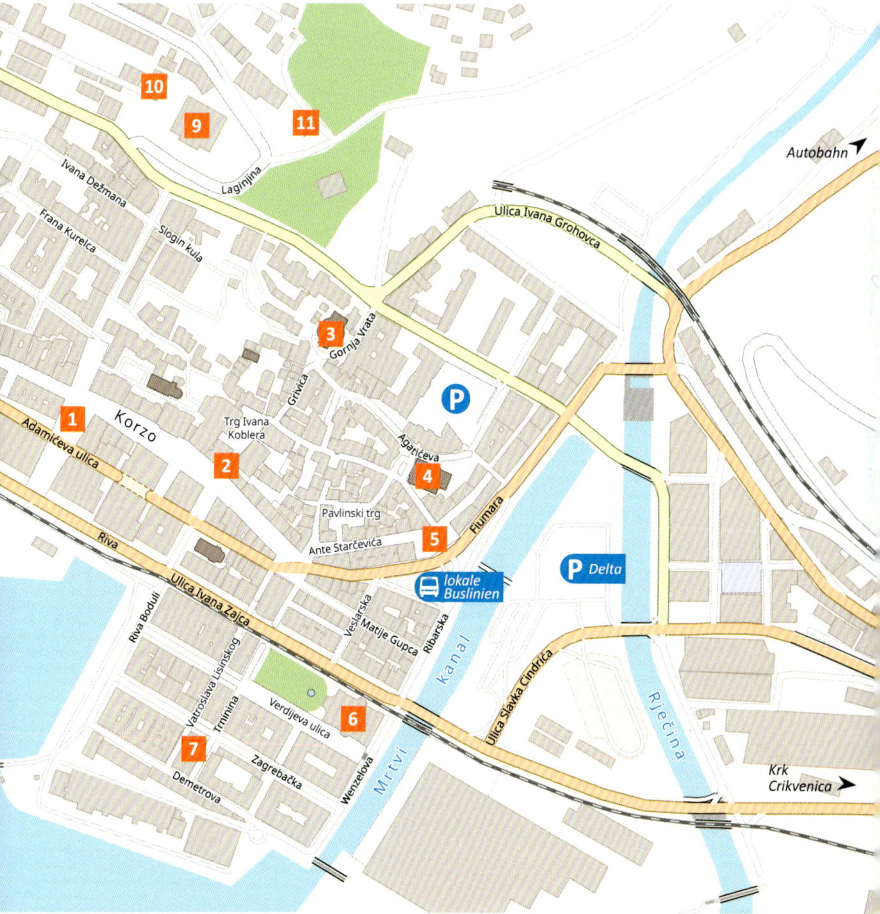

keine allzu große Bedeutung mehr hat, weil der öffentliche Verkehr heute großteils mit Bussen abgewickelt wird.

In hügeligem Gelände nördlich der Innenstadt befinden sich inmitten kleiner Parkanlagen gleich drei Museen: Das größte ist das **Seefahrts- und Geschichtsmuseum** 9 *(Pomorski i povijesni muzej)* im ehemaligen Gouverneurspalast; das Gebäude ist auch innen pompös, die Ausstellung allerdings ziemlich in die Jahre gekommen und nicht sonderlich informativ. Direkt daneben befindet sich das vergleichsweise bescheidene **Stadtmuseum** 10 *(Muzej grada Rijeke)* mit einer sehr kleinen Ausstellung über die Stadtgeschichte mit Schwerpunkt auf den Jahren um den Zweiten Weltkrieg, auf der anderen Seite, etwas versteckt, das **Naturkundemuseum** 11 *(Prirodoslovni muzej)* mit einem kleinen Aquarium. Wirklich lohnend ist freilich keines der drei Häuser.

Wanderungen

5 **Zwei-Gipfel-Tour im Nationalpark Risnjak**

Technik ●●●●●
Kondition ●●●●●

➤ *Seite 196*

Wie man hinkommt

Mit dem Auto parkt man am besten auf dem großen Parkplatz „Delta" auf der Insel zwischen Rječina und Mrtvi kanal (Zufahrt von der Ulica Slavka Cindrica).

Regionalbuslinien fahren am Jelačićev trg am östlichen Innenstadtrand ab, Fernbuslinien am Busbahnhof (Autobusni kolodvor) vor der Kapuzinerkirche. Der Bahnhof befindet sich 650 m weiter in Richtung Westen. Details zu Stadt- und Regionallinien: www.autotrolej.hr.

Seefahrts- und Geschichtsmuseum: *Mo 9:00-16:00 Uhr, Di-Sa 9:00-20:00 Uhr, So 16:00-20:00 Uhr, Erwachsene 20 kn, Kinder 15 kn. www.ppmhp.hr*

Stadtmuseum: *Mo-Sa 10:00-19:00 Uhr, So 10:00-15:00 Uhr, Feiertage geschlossen. Eintritt 15 kn. www.muzej-rijeka.hr*

Naturkundemuseum: *Mo-Sa 9:00-19:00 Uhr, So 9:00-15:00 Uhr, Feiertage geschlossen. Erwachsene 10 kn, Kinder, Studenten und Senioren 5 kn. www.prirodoslovni.com*

GPS-Wegpunkte:

32 (Stadtturm):	*45,32649*	*14,44303*
33 (Kathedrale Sv. Vid):	*45,32763*	*14,44437*
34 (Seefahrtsmuseum):	*45,32937*	*14,44254*
35 (Parkplatz Delta):	*45,32467*	*14,44673*
36 (Busbahnhof):	*45,32791*	*14,43688*

Crikvenica

Die Kleinstadt Crikvenica ist das größte Tourismuszentrum an der Ostküste der Kvarner-Bucht und Hauptort der „Riviera von Crikvenica“, zu der außerdem noch die angrenzenden Orte Dramalj und Selce gezählt werden. Der Tourismus hat in Crikvenica eine lange Geschichte: 1888 wurde ein erstes öffentliches Strandbad eröffnet, 1895 ein erstes Hotel (das heute noch existierende und nach wie vor äußerst noble Kvarner Palace), 1901 folgte der Titel „Luftkurort“. Linienschiffe aus Rijeka verschafften den frühen Touristen eine bequeme Anreise mit Zuganschluss. Ähnlich wie das gegenüber am istrischen Ufer gelegene Opatija (➤ Seite 72) wurde Crikvenica so zu einem bevorzugten Urlaubsort der gesellschaftlichen Elite des österreichisch-ungarischen Kaiserreichs.

Pflicht oder nicht?

- •••• *top, unbedingt machen!*
- ••• *sollte man erlebt haben*
- •• *nette Abwechslung*
- • *man versäumt nicht viel*

Crikvenica ist ein angenehmer Urlaubsort mit urbanem Flair und tollen Stränden.

Ein wenig atmet Crikvenica den Geist dieser großen Vergangenheit noch heute, ein wesentlicher Bestand an historischen Gebäuden ist aber nicht vorhanden – an den Glamour Opatijas reicht die Stadt nicht heran. Crikvenica ist dennoch ein angenehmer, in der Hauptsaison recht lebhafter Ferienort mit leicht urbaner Atmosphäre. Das Angebot an Unterkünften in allen Preisklassen ist groß, auch das Nachtleben kann sich mit zahlreichen Bars, Clubs und Veranstaltungen sehen lassen.

Das Zentrum hat eine leicht urbane Atmosphäre.

Wie man hinkommt

Zwischen Haupthafen und Dubračina-Mündung gibt es einen großen Parkplatz, in der Nähe befindet sich der Busbahnhof. Drei Stadtbuslinien fahren zwischen Dramalj und Selce über Crikvenica, außerdem wird Crikvenica von Fernbuslinien angefahren.

Touristeninformation: *am Trg S. Radića. www.rivieracrikvenica.com*

GPS-Wegpunkt 37 (Trg S. Radića): 45,17313 14,69027
GPS-Wegpunkt 38 (Parkplatz): 45,17219 14,69185

Die verkehrsreiche Adriamagistrale ist als Schnellstraße oberhalb am Zentrum vorbeigeführt und hält dieses einigermaßen verkehrsarm. Neben dem **Haupthafen** 1 – hier werden auch Ausflugsfahrten angeboten – liegt der große, angenehm aufgeräumt wirkende Hauptplatz **Trg Stjepana Radića** 2 mit reichlich Straßengastronomie, überschattet vom bemerkenswert hässlichen Gebäudekomplex mit dem **Hotel International** 3.

Punkten kann Crikvenica vor allem mit den fantastischen Bademöglichkeiten: Kilometerlange Kies- und sogar Sandstrände in unmittelbarer Zentrumsnähe hat kaum ein anderer Ort der Region zu bieten! In Richtung Norden schließen sich an den Hafen eine ganze Reihe von Pinien beschattener Strandbuchten an. Im vorderen Abschnitt sind die Strände feinkiesig und von einer schönen Promenade begleitet, dahinter folgt ein Sandstrand. Insgesamt ist die Badezone nordwestlich des Zentrums über einen Kilometer lang! Weitaus ruhiger ist der Bereich vom Zentrum in Richtung Südosten; hier folgen auf den Hafen ein kleiner Park sowie ein großer Parkplatz, dann die Flussmündung der Dubračina, die von einer elegant geschwungenen Fußgängerbrücke überquert wird. Am Südostufer liegt der mit einem Rundturm befestigte Komplex des ehemaligen **Paulinerklosters** 4 aus dem frühen 15. Jahrhundert, das heute ein Hotel ist, direkt davor ein Kiesstrand. An den **Jachthafen** 5 schließen sich weitere, kleinere Kiesstrände an.

Wanderungen

6 **Der Liebespfad von Crikvenica**

Technik ●●○○○
Kondition ●●○○○

➤ *Seite 200*

Im Stadtgebiet gibt es eine ganze Reihe von Stränden.

A6
Rijeka
Seite 79
Kraljevica
Krčki most
Omišalj
Seite 90
Biserujka-Höhle
Seite 92
Wanderung 6
Crikvenica
Seite 85
Šilo
Malinska
Seite 93
Novi Vinodolski
Beli
Seite 108
Vrbnik
Seite 100
D8
Krk
D102
Punat
Seite 98
Valbiska
Krk
Seite 94
Wanderung 7
Wanderung 9
Merag
Cres
Seite 111
Stara Baška
Baška
Seite 102
Wanderung 8
Cres
7 km
1:350.000
Karte: © Printmaps.net/OSM Mitwirkende

Insel Krk

Die im Nordosten der Kvarner-Bucht gelegene Insel Krk ist mit einer Fläche von 405 Quadratkilometern neben der gleich großen Nachbarinsel Cres (➤ Seite 107) eine der beiden größten Inseln Kroatiens. Anders als die übrigen kroatischen Inseln hat Krk keine ausgeprägt langgestreckte Form: Die Nord-Süd-Ausdehnung beträgt etwa 38 Kilometer, die Ost-West-Ausdehnung rund 21 Kilometer.

Mit rund 17.000 Einwohnern und mehreren größeren Ortschaften, die sich vor allem an den Küsten befinden, ist Krk dicht besiedelt. Die hervorragend ausgebaute touristische Infrastruktur sowie die leichte Erreichbarkeit über die 1980 erbaute, fast 1,5 Kilometer lange Brücke zum Festland ist Krk eine der Haupturlaubsinseln Kroatiens. Die touristischen Hauptorte sind die gleichnamige Inselhauptstadt im Südwesten, das nahegelegene Punat sowie Malinska im Norden und Baška im Süden der Insel.

Die Hauptverkehrsachse, die D102, verläuft von der Brücke an Malinska und Krk vorbei bis nach Baška, ein Abzweig führt zum Fähranleger Valbiska. Nebenstraßen erschließen den Osten der Insel mit kleineren Ortschaften wie Šilo oder Vrbnik. Mit den Nachbarinseln Cres und Rab ist Krk durch Fährlinien verbunden.

Das Innere der Insel ist leicht hügelig und teilweise mit recht dichter Vegetation bedeckt. Der überwiegende Teil der Küstenlinie ist die für die kroatischen Inseln typische flache Felsküste, unterbrochen von kiesigen Buchten. Der höchste Punkt der Insel ist die 568 Meter hohe Obzova, Teil des langgestreckten Höhenzuges im Westen des Tals von Baška.

Wie man hinkommt

*Die Insel ist an ihrem äußersten nördlichen Ende durch die **Krk-Brücke** (Krčki most) mit dem Festland verbunden. Die Brücke ist mautpflichtig (39 kn pro PKW), allerdings nur in Richtung vom Festland nach Krk; die Fahrt zurück aufs Festland ist mautfrei.*

*Im Norden, in der Nähe der Brücke, befindet sich der **Flughafen Rijeka** mit nationalen und internationalen Verbindungen, davon auch einige aus Deutschland.*

*Von der Bucht Valbiska im Westen von Krk bestehen **Fährverbindungen** nach Merag auf der Insel Cres (alle 1 ½ Stunden, im Winter etwas seltener) sowie nach Lopar auf der Insel Rab (im Sommer 4x täglich). Fahrpläne auf www.jadrolinija.hr.*

Omišalj

Eingezwängt zwischen Flughafen, Raffinerie und Tanklager, hat die Stadt Omišalj am Nordende der Insel Krk von der Lage her nicht gerade das große Los gezogen. Die meisten Besucher der Insel brummen demzufolge an der Stadt, die etwas abseits der Hauptverkehrsstraße liegt, vorbei. Keine Frage, Omišalj zählt nicht zu den ganz großen Attraktionen Krks, ein Abstecher lohnt sich aber durchaus: Die Stadt hat ein zwar kleines, aber recht charmantes Zentrum!

Pflicht oder nicht?

- •••• *top, unbedingt machen!*
- ••• *sollte man erlebt haben*
- •• *nette Abwechslung*
- • *man versäumt nicht viel*

Wenn man ohnehin in der Nähe ist, lohnt ein Rundgang durch das kleine Zentrum.

Die Altstadt von Omišalj wurde auf einem Hügel angelegt, der sich rund 80 Meter über die Küste erhebt. Wenn man vom „Haupteingang" beim Kreisverkehr in das komplett autofreie Zentrum geht, stößt man auf den hübschen Hauptplatz mit zwei Straßencafés. Dahinter erhebt sich die Kirche Sv. Marija, die das interessanteste Bauwerk der Stadt ist. Die dreischiffige romanische Basilika geht auf das frühe 13. Jahrhundert zurück und wurde in den folgenden Jahrhunderten mehrfach erweitert, der Glockenturm kam Anfang des 16. Jahrhunderts hinzu. Bemerkenswert sind die Tafel mit glagolitischer Inschrift (➤ Seite 40) an der Hauptfassade der Kirche und die kleine Kapelle St. Helena daneben. Vom Platz führen schmale Gassen zum südlichen Rand der Altstadt hinunter, von

Das Zentrum von Omišalj ist charmant kleinstädtisch.

wo aus man einen schönen Blick auf das tief unten liegende Meer hat. Ein steiler Fußweg führt zur Bucht mit einem Jachthafen und zwei Stränden, einem sehr kleinen und einem etwas größeren. In Richtung Norden zieht sich eine moderne Siedlung mit einigen Apartments die Küste entlang, die touristische Infrastruktur ist allerdings nicht allzu umfangreich.

Für archäologisch Interessierte lohnt ein Abstecher auf die Halbinsel Mirim westlich des Stadtzentrums: Dort befinden sich, direkt neben einem mit Stacheldraht umzäunten Tanklager, die Ruinen von **Fulfinum Mirine**, der Keimzelle von Omišalj. Fulfinum war eine römische Siedlung, die im ersten nachchristlichen Jahrhundert entstand, Anfang des 5. Jahrhunderts kam der frühchristliche Komplex Mirine mit einer Basilika von recht beeindruckender Größe hinzu. Das Ruinengelände ist frei zugänglich; interessant sind vor allem die Kirche, von der große Teile erhalten geblieben sind, sowie die Grundmauern und Säulenstümpfe des vergleichsweise bescheidenen Forums.

In Fulfinum Mirine blieb eine frühchristliche Kirche erhalten.

Wie man hinkommt

Am Eingang zum Zentrum befindet sich ein kleiner Kreisverkehr, dort halten die Busse. Zwei Parkplätze gibt es wenige Schritte nördlich davon (beim Restaurant Kaštel).

GPS-Wegpunkt 39 (Kirche): 45,21168 14,55388
GPS-Wegpunkt 40 (Parkpl. Altstadt): 45,21148 14,55737

Fulfinum Mirine: *Am südlichen Stadtrand Richtung JANAF, kurz vor der versperrten Einfahrt links Richtung Fulfinum Mirine bis zum Parkplatz am Meer. Frei zugänglich. Vom Parkplatz bis zur Basilika 250 m am Meer entlang.*

GPS-Wegpunkt 41: 45,20598 14,54313

Biserujka-Höhle

Die im Norden der Insel Krk gelegene Biserujka-Höhle ist die einzige Schauhöhle der Insel. Sie erstreckt sich im flachen Gelände, wo man kaum eine interessante unterirdische Formation erwarten würde, in geringer Tiefe unter der Oberfläche. Mit einer Länge von 111 Metern ist sie nicht allzu groß, enthält aber sehr schöne Tropfsteinformationen von winzigen Zäpfchen bis hin zu meterhohen Säulen. Während des geführten Rundgangs geht es zunächst über Treppenstufen sechs Meter in die Tiefe, dann durch den Großen Saal und den „Saal der Brücken" bis in den „Zypressensaal". Die Höhle ist nicht so leblos, wie sie auf den ersten Blick scheint: Insgesamt konnten Biologen hier 28 verschiedene Tierarten finden, freilich überwiegend Insekten, Spinnen, Asseln und andere wirbellose Tiere. Ein winziger Krebs ist hier sogar endemisch, er kommt also weltweit nur in dieser einen Höhle vor.

Pflicht oder nicht?

- •••• *top, unbedingt machen!*
- ••• *sollte man erlebt haben*
- •• *nette Abwechslung*
- • *man versäumt nicht viel*

Die Höhle ist eine schöne Abwechslung und auch für Kinder spannend.

In der Höhle gibt es eindrucksvolle Tropfsteinformationen.

Wie man hinkommt

Nördlich der Ortschaft Rudine, Zufahrt weiträumig beschildert. Keine Busverbindung. April und Oktober 10:00-15:00 Uhr, Mai und Juni 9:00-17:00 Uhr, Juli und August 9:00-18:00 Uhr, September 10:00-17:00 Uhr. Nur mit Führung (mehrmals stündlich je nach Bedarf, Dauer ca. 30 min.). Die Temperatur liegt ganzjährig bei 13-15 Grad. Erwachsene 30 kn, Kinder von 5-12 20 kn.

www.spilja-biserujka.com.hr, Tel. 00385 98 211 630

GPS-Wegpunkt 42: 45,18743 14,60979

Malinska

Der rund 2000 Einwohner zählende Ort Malinksa ist das größte Tourismuszentrum im Norden Krks. Vor allem in den Siebzigerjahren sind hier großflächige Apartmentsiedlungen entstanden; dennoch hat sich Malinksa einen intimen, gemütlichen Charme bewahren können. Ein weiterer Pluspunkt sind die recht üppigen Bademöglichkeiten an den Kiesstränden, die fast die gesamte Küste im Ortsbereich säumen.

Das Zentrum bildet die kleine Hafenbucht im nördlichen Ortsbereich, die vom leicht abblätternden Charme der Nachkriegsjahrzehnte geprägt ist. Im Süden schließt sich eine ausgedehnte Badezone an, die überwiegend aus flachen Betonplatten besteht, unterbrochen von kurzen, feinkiesigen Strandabschnitten. Eine zweite, nicht ganz so schöne Badezone befindet sich nördlich der Hafenbucht.

Pflicht oder nicht?

- •••• *top, unbedingt machen!*
- ••• *sollte man erlebt haben*
- •• *nette Abwechslung*
- • *man versäumt nicht viel*

Malinska ist ein unspektakulärer, aber durchaus hübscher Urlaubsort mit schönen Stränden.

Wie man hinkommt

Gebührenpflichtige Parkplätze gibt es in der Nähe der Hafenbucht. Busse fahren ab Rijeka über Malinska nach Baška.

Touristische Informationen auf www.tz-malinska.hr.

GPS-Wegpunkt 43 (Hafenbucht): 45,12415 14,52827

Die Hafenbucht bildet das Zentrum Malinskas.

Stadt Krk

Die gleichnamige Inselhauptstadt ist mit rund 3700 Einwohnern die größte Siedlung auf der Insel Krk und gleichzeitig eines ihrer großen Tourismuszentren. Die Altstadt von Krk ist eine der schönsten in der Kvarner-Region, sie besteht aus einem nahezu vollständig erhaltenen Bestand historischer Gebäude und ist außerdem autofrei. Die Stadtmauer hat die Jahrhunderte überstanden und zieht eine scharfe Grenze zu den weitflächigen modernen Apartmentsiedlungen, die das Zentrum umgeben und zahllose Gästebetten bereithalten. Im Sommer geht es in der Altstadt daher durchaus lebhaft zu, in den kleinen Gassen sind Restaurants und Souvenirläden ganz auf die Feriengäste eingestellt.

Pflicht oder nicht?

- •••• *top, unbedingt machen!*
- ••• *sollte man erlebt haben*
- •• *nette Abwechslung*
- • *man versäumt nicht viel*

Die ummauerte Altstadt von Krk ist eines der schönsten historischen Stadtzentren der Kvarner-Region.

Gegenüber des **Jachthafens** 1 am südwestlichen Altstadtrand gibt es außerhalb der Mauern einen schönen Promenadenbereich mit reichlich Straßengastronomie, dazwischen gewährt das schmale **Seetor** 2 Einlass ins Gassenlabyrinth innerhalb der Mauern. In der Nähe zeigt der niedrige sechseckige **Hafenturm** 3 von 1407 ein römisches Relief mit zwei Köpfen. Wenige Schritte in Richtung Norden führen zum „Haupteingang" ins historische Zentrum,

Die Vela Placa ist der größte Platz der Altstadt Krks.

der vom mächtigen **Stadtturm** 4 aus dem 15. Jahrhundert bewacht wird. Direkt dahinter öffnet sich der gemütliche Hauptplatz **Vela Placa** 5. Der Name „großer Platz" ist relativ zu verstehen: Die Innenstadt von Krk ist eng, dicht drängen sich die historischen Gebäude aneinander, nur schmale Gassen führen zwischen ihnen hindurch. Selbst die parallel zur Küste verlaufende Hauptstraße Ulica Strossmayera ist nur wenige Meter breit.

Unterhalb dieser Straße, im südlichen Altstadtbereich, befinden sich die interessantesten historischen Bauwerke: Die **Marienkathedrale** 6 geht auf eine Basilika aus dem 5. Jahrhundert zurück. Das heutige Gebäude stammt im Wesentlichen aus dem 12. und 13. Jahrhundert, der auffällige Zwiebelturm kam im 15. Jahrhundert hinzu. Der Hauptkirche ist ein kleines Museum mit sakralen Gegenständen angeschlossen. Nur ein schmaler Durchgang, in dem sich auch der Eingang befindet, trennt sie von der direkt nebenan stehenden kleineren Kirche **Sveti Kvirin** 7, die im 10./11. Jahrhundert in romanischem Stil gebaut wurde. Gegenüber, auf der meerseitigen Straßenseite, vervollständigt der **Bischofspalast** 6 den sakralen Komplex.

Wenige Schritte entfernt öffnet sich der vergleichsweise große Platz Trg Kamplin, der von der imposanten, etwas düster wirkenden Ostfassade der Kirche begrenzt wird. Im Sommer finden hier gelegentlich

Nur schmale Gassen führen zwischen den Häusern hindurch.

Konzerte und andere Aufführungen statt. Südseitig wird der Platz von der abweisenden Mauer des **Kastells 7** begrenzt: Die Festung war Hauptsitz der mächtigen Frankopanenfürsten, die vom späten 12. Jahrhundert bis Ende des 18. Jahrhunderts eine bedeutende Rolle in der Geschichte Kroatiens spielten, und wacht seit dem Mittelalter über die Stadt und ihren kostbaren Hafen. Eine Besichtigung des Gebäudes verschafft Zugang zu einer kleinen Ausstellung über die Frankopanen sowie zu den Mauern, die einen schönen Blick bieten.

Krk

1: Jachthafen
2: Seetor
3: Hafenturm
4: Stadtturm
5: Vela Placa
6: Marienkathedrale
7: Sveti Kvirin
8: Bischofspalast
9: Kastell
10: Benediktinerkloster
11: Franziskanerkloster
12: Aquarium
13: Strand Porto Pižana
14: Strand Punta di Galetto
15: Strand Porporela

Vom unteren Altstadtbereich führen stille, von uralten Mauern gesäumte Gassen bergauf, mit jedem Schritt wird es in dieser Richtung ruhiger. In der Oberstadt befindet sich ein zweiter sakraler Komplex mit dem **Benediktinerkloster** 10 und dem größeren **Franziskanerkloster** 11 , die beide auf das 13. Jahrhundert zurückgehen. Am westlichen Altstadtrand zeigt das überraschend große **Aquarium** 12 eine Sammlung von Fischen und Reptilien. Zentrumsnahe Bademöglichkeiten bieten die kleinen Strände **Porto Pižana** 13 , **Punta di Galetto** 14 und **Porporela** 15 in der Umgebung der Altstadt.

Der Kamplin-Platz wird vom Kastell überragt.

Wie man hinkommt

Größere Parkplätze westlich der Altstadt (Beschilderung Richtung Zentrum), kleinere Parkplätze an der Durchgangsstraße beim Franziskanerkloster sowie beim Strand Porto Pižana. Krk wird mehrmals täglich von Fernbussen angefahren (Haltstelle beim Jachthafen).

Touristeninformation: *An der Vela Placa. www.tz-krk.hr*

Kastell: *Täglich 9:00-21:00 Uhr, Erwachsene 22 kn.*

Sakralmuseum: *Neben der Kathedrale. Täglich außer So 9:30-13:00 Uhr, Eintritt 10 kn.*

Aquarium: *Ulica Stjepana Radića 2c, am westlichen Altstadtrand. April und Oktober 10:00-15:00 Uhr, Mai und September 9:00-17:00 Uhr, Juni 9:00-21:00 Uhr, Juli und August 9:00-22:00 Uhr. Erwachsene 40 kn, Kinder von 5-12 20 kn. www.aquariumkrk.com*

GPS-Wegpunkte:

44 (Vela Placa):	*45,02622*	*14,57396*
45 (Kastell):	*45,02580*	*14,57640*
46 (Parkplatz):	*45,02710*	*14,57327*

Punat und Košljun

Östlich der Hauptstadt schneidet sich die Bucht von Punat wie ein Fjord tief in die Küste der Insel Krk ein. Am Ostrand der Bucht bildet die Ortschaft Punat ein weiteres großes Tourismuszentrum. Schon der erste Anblick deutet darauf hin, dass man hier auf eine spezielle Klientel eingestellt ist: Die Marina ist mit 780 Liegeplätzen eine der größten Kroatiens und fast so groß wie die gesamte Ortschaft! Für alle, die nicht mit dem eigenen Boot unterwegs sind, hat Punat eher wenig zu bieten: Es gibt eine ganz nette Promenade mit einem kleinen Park, aber keine Strände in weitem Umkreis.

Pflicht oder nicht?

- ●●●● *top, unbedingt machen!*
- ●●● *sollte man erlebt haben*
- ●● *nette Abwechslung*
- ● *man versäumt nicht viel*

Nur für Punat müsste man nicht kommen, aber die Insel Košljun ist einen Ausflug wert!

Der Weg nach Punat lohnt sich vor allem für den Besuch der **Klosterinsel Košljun**: Auf der fast kreisrunden und nur etwa 300 Meter durchmessenden Insel, die wenige hundert Meter vor Punat liegt, wurde im 12. Jahrhundert ein Benediktinerkloster errichtet. Im 15. Jahrhundert übernahm der Franziskanerorden die Anlage. Seitdem konnten die Franziskaner, von denen bis heute einige auf der Insel leben, eine bedeutende Sammlung von sakralen Kunstschätzen und wertvollen Schriften anlegen.

Die winzige Insel ist ein beliebtes Ausflugsziel, zu dem regelmäßig Boote von Punat hinüberfahren. Dem Charakter als Klosterinsel entspre-

Der Kreuzgang ist der Mittelpunkt des Klosters von Košljun.

chend ist die Atmophäre ruhig und kontemplativ, Gastronomie gibt es nicht, Baden ist nicht erlaubt. Sehr schön ist der Kreuzgang im Zentrum der Klosteranlage, daneben liegt die um 1480 durch die Franziskaner errichtete Kirche. In den Gebäuden wurden mehrere kleine Museen eingerichtet: Es gibt eine Sammlung religiöser Kunstwerke, eine volkskundliche und eine naturkundliche Sammlung, eine kleine Ausstellung über Seefahrt sowie über eine über Archäologie. Nach der Besichtigung der Klosteranlage lohnt sich noch ein kleiner Spaziergang: Zwei Drittel der Insel sind von naturnahem Laubwald bedeckt, in dem sich zwei Kapellen verstecken. Eine komplette Umrundung der Insel, bei der man auch den hübschen Olivenhain auf der Südseite sieht, dauert nicht einmal eine Viertelstunde. Insgesamt kann man in einer Stunde alles besichtigen, wer sich etwas mehr Zeit lassen will, bleibt zwei bis drei Stunden.

Die winzige Insel strahlt kontemplative Ruhe aus.

Wie man hinkommt

Punat: *Die Küstenstraße ist im Zentrumsbereich eine Einbahnstraße in Richtung Norden. An der Straße gibt es Parkplätze. Der Busbahnhof befindet sich ein Stück südlich des Zentrums.*

Touristische Informationen auf www.tzpunat.hr.

GPS-Wegpunkt 47 (Zentrum): 45,02202 14,62828

Insel Košljun: *Individuelle Überfahrten ab Punat 80-100 kn, bei Anschluss an eine Gruppenfahrt 20-40 kn pro Person. Es gibt keine fixen Fahrpläne, gefahren wird nach Bedarf, man muss im Hafenbereich von Punat herumfragen (die meisten Bootsführer sprechen Deutsch, mindestens Englisch). Auch Fahrten von Krk aus werden angeboten. Mo-Sa 9:30-17:00 Uhr, So 10:30-12:30 Uhr. Eintritt zur Insel mit allen Museen: Erwachsene 20 kn, Kinder 10 kn.*

GPS-Wegpunkt 48: 45,02683 14,61822

Vrbnik

Die an der Ostküste der Insel gelegene Stadt Vrbnik ist heute einer der kleineren Orte Krks, hat aber durchaus eine gewisse geschichtliche Bedeutung: Während des Mittelalters war Vrbnik ein Bollwerk der mächtigen Frankopanenfürsten von Krk. Auch für die Kirche war Vrbnik ein Bollwerk, wenn auch auf andere Art: Hier wurde durch den „Glagolismus“ unter dem Symbol der glagolitischen Schrift (➤ Seite 40) die Eigenständigkeit gegenüber der byzantinischen und später römischen Zentralkirche verteidigt.

Pflicht oder nicht?

- •••• *top, unbedingt machen!*
- ••• *sollte man erlebt haben*
- •• *nette Abwechslung*
- • *man versäumt nicht viel*

Vrbnik hat eine kleine, aber durchaus sehenswerte historische Altstadt.

Die historische Altstadt von Vrbnik ist ziemlich klein, aber durchaus einen Ausflug wert: Die historischen Gebäude drängen sich auf einem Felsplateau knapp 50 Meter über dem Meer aneinander, durchzogen von schmalen Gassen mit über die Jahrhunderte spiegelglatt poliertem Pflaster. Platz war hier schon immer knapp; selbst im Vergleich zu den anderen, ebenfalls nicht gerade großzügig angelegten kroatischen Inselstädten wirkt Vrbnik eng und dunkel, die Anmutung ist noch weitaus archaischer als etwa in Krk (➤ Seite 94).

Man beginnt die Besichtigung am besten am **Trg Skujica** 1, der das Tor zur Altstadt und gleichzeitig ihren einzigen nennenswerten Platz darstellt. Von dort führt die „Hauptstraße“ geradeaus zur Kirche **Mariä Himmelfahrt** 2, die im 16. Jahrhundert einen Vorgängerbau aus dem frühen Mittelalter ersetzte. Zwischen der Kirche und dem großen, se-

Vrbnik wirkt eng und etwas düster.

parat stehenden Glockenturm hindurch erreicht man einen **Aussichtspunkt** 3 am nördlichen Stadtrand mit schönem Blick auf die nicht weit entfernte Festlandsküste um Crikvenica. Nach rechts geht es entlang einiger kleiner Gärten zurück, vorbei an einer speziellen Attraktion: Die Gasse **Klančić** 4 hielt jahrelang den offiziellen Guiness-Rekord als „engste Gasse der Welt“, bis in Reutlingen ein noch schmalerer Durchgang dokumentiert wurden. Ganze 43 Zentimeter misst die finstere Passage zwischen zwei Häusern an ihrer engsten Stelle – wer nicht gerade außergewöhnlich schmal gebaut ist, muss sich seitwärts hindurchschieben. In der modernen Siedlung rund um die Altstadt gibt es einige Apartments, baden kann man am kleinen **Hafenstrand** 5 sowie in der Bucht **Zgribnica** 6.

Eine bekannte Spezialität Vrbniks ist der Weißwein der Traubensorte Žlahtina, der in der Umgebung angebaut wird – und nur hier sowie an der Festlandsküste um Crikvenica, denn diese Traubensorte ist hier autochton. Viele kleine Erzeuger bieten den Wein in der Stadt an.

Wie man hinkommt

Am südlichen Altstadteingang gibt es einen kleinen Parkplatz.

Touristische Informationen auf www.vrbnik.hr.

GPS-Wegpunkt 49: 45,07627 14,67463

Baška

Die am südlichen Ende der Insel gelegene Ortschaft Baška (gesprochen *Baschka*) ist eines der großen Tourismuszentren Krks. Die landschaftliche Lage ist außergewöhnlich attraktiv: Baška liegt in einer weiträumigen Bucht am Ende eines langgezogenen, fruchtbaren Tals zwischen zwei Höhenzügen, die den Ort vor den zuweilen kräftigen Küstenwinden schützen. Die Bucht von Baška wird zum großen Teil vom 1,4 Kilometer langen feinkiesigen Strand Vela plaža eingenommen, einem der größten Strände der Kvarner-Region. Diese privilegierte Lage lockte schon Ende des 19. Jahrhunderts die ersten Touristen nach Baška, 1906 wurde ein erstes Hotel gebaut. Federführend beim Aufbau des frühen Tourismus war der Prager Druckereibesitzer Emil Geistlich, der ab 1909 die touristische Infrastruktur in Baška förderte und eine Werbekampagne im österreichisch-ungarischen Kaiserreich begann.

Pflicht oder nicht?

- •••• *top, unbedingt machen!*
- ••• *sollte man erlebt haben*
- •• *nette Abwechslung*
- • *man versäumt nicht viel*

Baška ist eines der großen Touristenzentren Krks, hat sich seine dörfliche Atmosphäre aber bewahren können.

Heute ist Baška eines der größten Tourismuszentren Krks mit mehreren großen Hotels, zahllosen Apartments und gleich drei Campingplätzen: Am westlichen Ortsrand, direkt hinter dem langen Kiesstrand, liegen das große Baška Beach Camping Resort (früher Camping Zablaće) und

Baška hat einen der längsten Strände Krks.

dahinter der viel kleinere Platz Kamp Mali, am gegenüberliegenden östlichen Ortsrand spricht der Nudistenplatz Bunculuka mit einer kleineren Strandbucht auf dem eigenen Gelände FKK-Anhänger an. Das Angebot an Gastronomie und Sportmöglichkeiten im Ort ist groß. Aber auch für alle, die nicht nur am Strand liegen wollen, bietet Baška eine Menge: Die umgebenden Höhenzüge sind das beste Wanderrevier der Insel Krk (➤ Seiten 203 bis 214).

Im alten Zentrum am östlichen Ortsrand, rund um die Kirche, ist trotz des nicht ganz unerheblichen Trubels immer noch die gemütliche Fischerdorf-Atmosphäre des alten Baška spürbar. Am kleinen Hafen starten Taxiboote zur unbewohnten Insel Prvić sowie zu den Buchten in der Umgebung, die nur vom Wasser aus oder mit einer längeren Wanderung zu erreichen sind. An der lebhaften Küstenpromenade reihen sich Cafés und Restaurants aneinander, daneben liegen einige kleinere Kiesstrände. Die enge, altstädtisch wirkende Gasse Kralja Zvonimira führt, durch kurze Gassen verbunden mit der parallel verlaufenden Küstenpromenade, in Richtung Westen bis zur Vela plaža, dem „großen Strand“. Hier, im westlichen Ortsbereich, befinden sich der größte Teil der touristischen Quartiere sowie die beiden Campingplätze Baška Beach Camping und Mali.

Im Örtchen Jurandvor oberhalb von Baška wurde 1851 die „Tafel von Baška“ gefunden, eines der wichtigsten Zeugnisse der glagolitischen Schrift (➤ Seite 40). Daher wurde im Tal von Baška zwischen 2006 und 2009 der „glagolitische Pfad“

Im alten Zentrum geht es gemütlich zu.

7 **Über das Obzova-Plateau**	8 **Von Baška zur Vela Draga**	9 **Durch die Vrženica-Schlucht**
Technik ●●●○○	*Technik* ●●●○○	*Technik* ●●●●○
Kondition ●●○○○	*Kondition* ●●●○○	*Kondition* ●●●○○
➤ Seite 203	*➤ Seite 207*	*➤ Seite 211*

Wanderungen

angelegt: Zwischen dem Pass Treskavac, über den die Straße nach Krk führt, und dem Endpunkt beim Hafen von Baška sind die 34 glagolitischen Schriftzeichen als große steinerne Monumente, gestaltet von verschiedenen kroatischen Künstlern, aufgebaut. Viele davon befinden sich im Ortsgebiet von Baška. Bei der Touristeninformation in Baška oder online unter *www.tz-baska.hr* gibt es einen Folder mit detaillierten Informationen.

Wie man hinkommt

Parkplätze sind in Baška knapp; am besten benutzt man den Parkplatz beim Hotel Atrium Residence im westlichen Ortsbereich: Aus Richtung Krk kommend kurz hinter Jurandvor zunächst rechts Richtung Zentrum in die Kralja Zvonimira (links geht es zum Hafen), dann an einer Gabelung noch einmal rechts Richtung Atrium Residence in die Zdenke Čermakove. Im östlichen Ortsbereich (um den Hafen herum) gibt es praktisch keine öffentlichen Parkplätze.

Busse fahren ab Krk, teilweise ab Rijeka. Die Haltestelle befindet sich nördlich des Zentrums.

Touristeninformation: *Kralja Zvonimira 114, zwischen Zentrum und Hotelsiedlung. www.tz-baska.hr*

GPS-Wegpunkt 50 (Zentrum): 44,97022 14,75873
GPS-Wegpunkt 51 (Parkplatz): 44,96884 14,75043

Westliche Kvarner-Bucht

Die beiden langgestreckten, nur durch den schmalen Kanal von Osor getrennten Inseln Cres und Lošinj nehmen den westlichen Teil der Kvarner-Bucht ein. Ihre Städte Cres, Mali Lošinj und Veli Lošinj sind lauschige Urlaubsorte mit Geschichte, Dörfer wie Beli, Valun oder Lubenice laden zu Ausflügen ein. An vielen Stellen gibt es abgeschiedene Buchten mit schönen Kiesstränden, und die Wälder der Inseln laden zu Wanderungen ein.

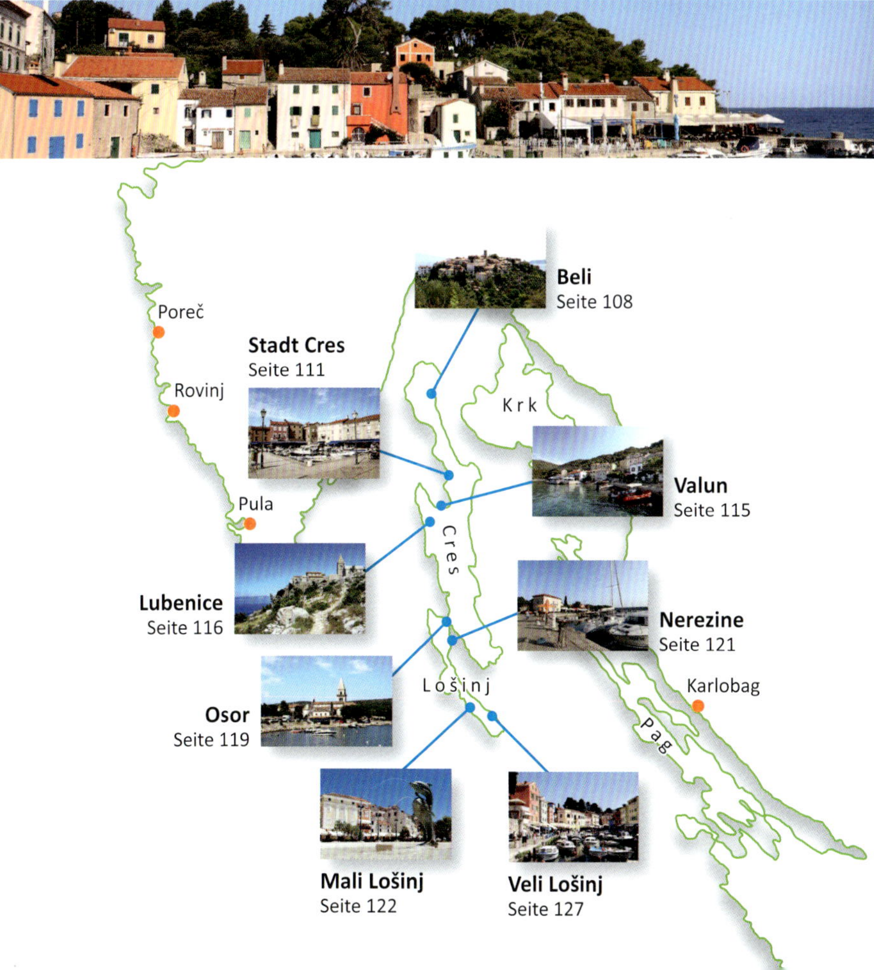

Brestova
Porozina
Wanderung 10
Labin
Seite 67
Beli
Seite 108
Rabac
Seite 70
Krk
Krk
Seite 94
Punat
Seite 98
Valbiska
Vodice
Merag
Cres
Seite 111
Plavnik
(unbewohnt)
Valun
Seite 115
Orlec
Vrana-See
Lubenice
Seite 116
Lopar
Cres
Rab
Belej
Kanal von Orsor
Osor
Seite 119
Unije
Seite 130
Wanderung 11
Nerezine
Seite 121
Lošinj
Veli Lošinj
Seite 127
Mali Lošinj
Seite 122
9 km
1:450.000
Susak
Seite 131
Wanderung 12
Ilovik
Seite 132
Karte: © Printmaps.net/OSM Mitwirkende

Inseln Cres und Lošinj

Im Nordwesten der Kvarner-Bucht liegen die beiden langgestreckten Inseln Cres (gesprochen *Zres*) und Lošinj (gesprochen *Lóschin* mit weichem Sch) direkt übereinander. Sie sind nur durch den wenige Meter breiten, künstlich angelegten Kanal von Osor voneinander getrennt, bilden geografisch also eigentlich eine einzige Insel. Die nördliche der beiden, Cres, ist rund 65 Kilometer lang und nur 2-12 Kilometer breit; mit rund 405 Quadratkilometern Fläche ist Cres genau gleich groß wie die quasi nebenan gelegene Insel Krk, hat aber eine völlig andere Form: Cres ist eine schmale, langgestreckte Landmasse, ebenso wie das sich südlich anschließende Lošinj, das mit 30 Kilometern Länge und 74 Quadratkilometern Fläche deutlich kleiner ist. Cres ist gebirgig und im Grunde ein einziger, langgestreckter Bergrücken, die Küste ist größtenteils felsig und steil und nur an wenigen Stellen vom Land aus zugänglich. Lošinj ist großteils flacher. Die höchsten Gipfel sind der 648 Meter hohe Gorice im Nordteil von Cres und die 588 Meter hohe Televrina am Nordende von Lošinj.

Mit insgesamt rund 10.000 Einwohnern (davon 3200 auf Cres und 7800 auf Lošinj) ist die Doppelinsel eher dünn besiedelt. Die größten Ortschaften und touristischen Schwerpunktregionen mit zahlreichen Unterkünften sind die Hauptstadt Cres sowie die Orte Mali Lošinj und Veli Lošinj im Süden der Insel Lošinj.

Wie man hinkommt

Es gibt zwei Fährverbindungen nach Cres: Von Brestova an Istriens Ostküste zur Bucht Porozina im äußersten Norden sowie von Valbiska auf der Insel Krk zur Bucht Merag an der mittleren Ostküste. Beide Verbindungen werden von Mitte April bis Ende September alle 1 ½ Stunden bedient, im Winter etwas seltener. Fahrpläne auf www.jadrolinija.hr.

Lošinj hat keine Fährverbindung und ist nur über Cres sowie die kurze Brücke über den Kanal von Osor erreichbar. Die Brücke wird täglich um 9:00 und um 17:00 Uhr für 30-50 min gesperrt, damit Boote den Kanal passieren können.

1-3x täglich fahren Busse von Rijeka über Cres bis Veli Lošinj; Details auf www.arriva.com.hr/de-de. Der kleine Flughafen von Mali Lošinj wird nicht von Linienmaschinen angeflogen.

Allgemeine touristische Informationen auf www.tzg-cres.hr/de und www.visitlosinj.hr.

Beli

Das im Nordosten der Insel inmitten dichter Wälder gelegene Dorf Beli war in historischen Zeiten eine der wichtigsten Ortschaften von Cres: „Caput Insulae", also „Kopf der Insel", nannten die Römer ihre Siedlung, die sie hier im ersten vorchristlichen Jahrhundert anlegten, und auch im Mittelalter war Beli eine bedeutende Stadt. Heute ist das kaum mehr vorstellbar: Beli hat den Anschluss an die Moderne weitgehend verloren und ist eine der abgelegensten Ortschaften der Insel, erreichbar nur über eine fünf Kilometer lange einspurige Straße. Moderne Ortsteile gibt es nicht und auch nur eine Handvoll touristischer Unterkünfte.

Pflicht oder nicht?

- •••• *top, unbedingt machen!*
- ••• *sollte man erlebt haben*
- •• *nette Abwechslung*
- • *man versäumt nicht viel*

Beli ist ein schönes Ausflugsziel, wenn man die abgelegene, ruhige Seite der Insel Cres kennenlernen will.

Die idyllische Lage macht Beli aber zu einem attraktiven Ziel für einen Tagesausflug: Das alte Dorf liegt abgeschieden auf einer Hügelkuppe gut 100 Meter über dem Meer. Im Zentrum thront die Kirche aus dem 18. Jahrhundert, umgeben von stillen Gassen mit glattpoliertem Pflaster. Allerdings wirkt die Idylle ziemlich tot: Die meisten der alten Häuser sind unbewohnt, in Beli leben heute nur noch ein paar Dutzend Menschen. Am Ortseingang gibt es immerhin eine schöne Konoba und mit der Pension Tramuntana auch einen Unterkunftsbetrieb.

Etwas lebhafter geht es am Hafen unterhalb des Ortes zu, der über eine schmale, steile Straße erreichbar ist. Direkt neben dem winzigen

Beli ist eine der abgelegensten Ortschaften der Insel.

Hafenbecken liegen nämlich ein schöner Kiesstrand und ein idyllisch gelegener kleiner Campingplatz, dazu ein paar einfache Restaurants. Über schmale, steinige Pfade kann man in Richtung Süden an der Küste entlanggehen zu zwei weiteren Kiesbuchten.

Sehenswert ist auch das Besucherzentrum am Ortseingang: Es zeigt eine sehr moderne und informative Ausstellung (alles auf Kroatisch und Englisch) über die regionale Geschichte, die Geologie der Gegend sowie über die Gänsegeier, von denen auf Cres eine größere Population lebt (➤ nächste Seite). Hinter dem Haus steht eine Voliere, in der verletzt aufgefundene Geier aufgepäppelt werden, um sie später wieder auswildern zu können. Um die Tiere nicht an Menschen zu gewöhnen und keinem unnötigen Stress auszusetzen, ist die Voliere nicht zu besichtigen; einige Monitore in der Ausstellung erlauben einen Blick mit Livecams.

Wanderungen

10 Von Beli in die Tramuntana

Technik ●●○○○
Kondition ●●○○○

➤ *Seite 215*

In der Hafenbucht gibt es einen schönen Strand.

Wie man hinkommt

Es gibt einen Parkplatz vor dem alten Ortskern. Die Straße zur Hafenbucht zweigt unmittelbar vor dem Dorf nach links ab; unten gibt es einen kleinen Parkplatz. Zu Fuß rund 10 min. Keine Busverbindung.

Besucherzentrum: *Oberhalb des Parkplatzes. Juni bis August täglich 10:00-18:00 Uhr, April, Mai und Oktober täglich außer Mo bis 16:00, Winter tägl. außer Mo bis 14:00 Uhr. Erwachsene 40 kn, Kinder von 7-14 20 kn. www.ju-priroda.hr*

GPS-Wegpunkt 52 (Dorf): 45,11057 14,35518
GPS-Wegpunkt 53 (Hafenbucht): 45,10739 14,35705

Thema: Gänsegeier

Gänsegeier gehören mit einer Spannweite von bis zu 2,80 Metern zu den größten Vögeln Europas. Die Art ist lückenhaft über Südeuropa und Nordafrika sowie im südlichen Asien verbreitet. In Mitteleuropa gibt es derzeit keine Brutvorkommen, in der Balkanregion sind sie dagegen nicht allzu selten. In der Kvarner-Bucht ist die Art an mehreren Stellen heimisch: Auf Cres leben in zwei Schutzgebieten insgesamt rund 80 Brutpaare, weitere Brutvorkommen gib es auf Krk und den unbewohnten Inseln Prvić und Plavnik.

Gänsegeier sind recht gesellig und brüten in Kolonien, vorzugsweise in steilen, für Menschen unzugänglichen Felsregionen. Auch bei der Nahrungssuche sind sie oft in Gruppen unterwegs; wie für Geier typisch, kreisen sie dabei nahezu ohne Flügelschlag in warmen Aufwinden. Mit den breiten Flügeln und den deutlich aufgespreizten, an Finger erinnernden Schwungfedern sind sie im Flug leicht zu erkennen. Gänsegeier ernähren sich ausschließlich von Aas – zumeist verendete Weidetiere, vor allem Schafe. Die traditionelle offene Weidewirtschaft, bei der die Tiere das ganze Jahr über im Freien bleiben, kommt ihnen daher entgegen.

Im Flug sind Gänsegeier leicht zu erkennen.

Wegen des weißen Kopfes werden sie auch Weißkopfgeier genannt.

Stadt Cres

Die gleichnamige Hauptstadt der Insel Cres liegt an der Westküste in einer tief eingeschnittenen Bucht. Die Stadt geht auf die Antike zurück, eine größere Entwicklung kam jedoch erst im 15. Jahrhundert in Gang, nachdem Cres den Status als Inselhauptstadt von Osor (➤ Seite 119) übernommen hatte. Von 1409 bis 1797 stand die Stadt Cres – wie die gesamte Insel – unter venezianischer Herrschaft. Das historische Zentrum, das im Wesentlichen aus dieser Epoche stammt, ist bis heute nahezu lückenlos erhalten und macht Cres zu einer der schönsten Städte der Kvarner-Region. Cres hat sich einen altertümlichen Grundriss mit sehr engen Gassen bewahrt: Die Altstadt ist ein labyrinthisches Gewirr aus engen und engsten Durchgängen. Viele davon sind Sackgassen, nur wenige Straßen führen durch die gesamte Innenstadt hindurch.

Pflicht oder nicht?

- •••• *top, unbedingt machen!*
- ••• *sollte man erlebt haben*
- •• *nette Abwechslung*
- • *man versäumt nicht viel*

Das Stadtzentrum verbindet die Atmosphäre der venezianischen Epoche mit moderner Entspanntheit.

Mehr Freiraum gibt es nur um den Hafen: Dieser teilt sich in mehrere, unterschiedlich große Becken ein, um die sich die alten Gebäude ein Stück herumziehen – mit dem Boot kann man hier weitaus stadtnäher parken als mit dem Auto. Der **Petrić-Platz** 1 *(Trg Frane Petrića)*

Die Altstadt umgibt das innere Hafenbecken.

umgibt das kleine innere Hafenbecken mit einer schönen Freifläche. Mit dem modernen Brunnen in der Mitte, zahlreichen Restaurants und Cafés und der angenehm entspannten Atmosphäre ist der Petrić-Platz sicherlich der schönste Ort der Stadt!

Wenige Schritte führen durch den prächtigen Uhrturm – einst der Hauptzugang vom Hafen aus – hinein in die Altstadt zur **Marienkirche** 2 aus dem 15. Jahrhundert mit einem nach venezianischem Stil freistehenden Glockenturm. Ein Stück weiter südlich steht die winzige Kirche **Sveti Sidara** 3 aus dem 14. Jahrhundert mitten im finsteren

Herzen der Stadt, umgeben von einem Labyrinth aus engen, dunklen Gassen, von denen die meisten nach wenigen Metern enden. Etwas luftiger wird es nur in Hafennähe: Der kleine, mit seinen spätgotischen Maßwerkfenstern sehr hübsche Palast der Händlerfamilie Arsan ist das Geburtshaus des Philosophen und Schriftstellers Franjo Petrić (1529-1597), dessen Statue den kleinen Platz vor dem Gebäude ziert. Im Inneren zeigt das **Stadtmuseum** 4 eine kleine, aber sehr interessante Ausstellung über die Stadtgeschichte und die typische Bauweise der örtlichen Häuser. Zum Hafen hin öffnet sich nebenan ein zweiter größerer Platz, die **Riva creskih Kapetana** 5.

Von der einstigen Stadtmauer sind nur noch zwei der prächtig verzierten **Stadttore** 6 erhalten. Ohne die sie einst umgebende Mauer stehen sie heute etwas verloren am landseitigen Altstadtrand und erinnern mit dem Markuslöwen an die lange Herrschaft Venedigs. Außerdem gehörte noch der etwas außerhalb nordwestlich der Altstadt gelegene **Wehrturm** 7 zur Befestigung. Er kann bestiegen werden und bietet eine schöne Aussicht über die Stadt und die Hafenbucht. Etwas außerhalb der Innen-

Der Uhrturm war einst der Haupteingang der Stadt

Rund um den Hafen gibt es schöne Freiflächen.

stadt liegt das um 1300 gegründete **Franziskanerkloster** 8 mit einem schönen Kreuzgang.

Darüber hinaus ist die Stadt Cres das größte Tourismuszentrum der Insel: In der Siedlung Melin westlich der Altstadt werden zahlreiche private Apartments angeboten, dahinter liegt das große Hotel Kimen, dem man seinen Ursprung in der jugoslawischen Ära noch ein wenig anmerkt. Das Kap westlich der Stadt belegt der riesige Campingplatz Kovačine, der mit der Altstadt durch eine knapp zwei Kilometer lange, von Bademöglichkeiten gesäumte Küstenpromenade verbunden ist.

Das Geburtshaus von Franjo Petrić ist heute ein Museum.

Die beiden Stadttore wirken etwas verloren.

Wie man hinkommt

Parkplätze gibt es am nordöstlichen Altstadtrand (von der Hauptstraße Richtung Zentrum, dann rechts) sowie hinter dem Franziskanerkloster. Busse fahren von Rijeka nach Lošinj über Cres. Die Haltestelle befindet sich am Südrand der Innenstadt.

Touristeninformation: *Im südlichen Hafenbereich. www.tzg-cres.hr*

Stadtmuseum: *Täglich außer Mo 10:00-13:00 und 19:00-23:00 Uhr, Eintritt 10 kn.*

GPS-Wegpunkt 54 (Hafenplatz): 44,96010 14,40781
GPS-Wegpunkt 55 (Parkplatz): 44,96136 14,41007

Valun

Das Fischerdorf Valun an der Westküste der Insel Cres wurde im deutschsprachigen Raum vor allem durch die Fernsehserie „Der Sonne entgegen“ bekannt, die 1984 und 1985 hier gedreht wurde. Trotz der Popularität, die sich durch diese charmant-witzige Aussteigergeschichte entwickelt hat, wurde Valun nie vom Massentourismus überrollt. Vielmehr versucht das Dorf sich als Musterort für Individualtouristen zu inszenieren. Dazu gehören auch die charmant formulierten „Zehn Gebote von Valun“, die am Ortsrand aushängen. Das wichtigste Gebot: Valun ist weitgehend autofrei. Tagesbesucher müssen ihr Fahrzeug auf dem Parkplatz am Ortseingang abstellen, nur wer hier übernachtet, hat etwas mehr Privilegien.

> **Pflicht oder nicht?**
>
> •••• *top, unbedingt machen!*
> ••• *sollte man erlebt haben*
> •• *nette Abwechslung*
> • *man versäumt nicht viel*
>
> *Valun ist ein idyllischer, abgeschiedener Ort mit einer beschaulichen Atmosphäre.*

Sonderlich viele Straßen, auf denen man fahren könnte, gibt es aber ohnehin nicht. Das Dorf zieht sich ein paar hundert Meter die Küste der Bucht entlang und klettert ein wenig den steilen Hang hinauf, die Stimmung rund um den kleinen Hafen ist nach wie vor dörflich und sehr entspannt. Es gibt einige private Unterkünfte sowie mehrere Restaurants. Ein Stück südöstlich des Ortskerns (also nach rechts, wenn man zum Meer schaut) gibt es

Valun ist von idyllischer Abgeschiedenheit geprägt.

einen Kiesstrand und direkt dahinter den winzigen, außergewöhnlich schön gelegenen Campingplatz Zdovica. Autos und Wohnmobile sind auch hier nicht zugelassen, nur Zelte dürfen aufgestellt werden. In der entgegengesetzten Richtung führt ein Promenadenweg am Ufer entlang in wenigen Minuten aus dem Ort hinaus zu einer weiteren kleinen Kiesbucht, die vom Parkplatz auch direkt zu erreichen ist.

Wie man hinkommt

Tagesbesucher müssen ihr Fahrzeug auf dem Parkplatz oberhalb des Ortes abstellen. Von dort nach rechts ins Zentrum knapp 400 m, geradeaus zum Strand 500 m. Busse ab Cres, nur 1-2x täglich.

GPS-Wegpunkt 56: 44,90485 14,36124

Ein besonderes Kulturdenkmal ist die „Tafel von Valun", die in die Sakristeiwand der Kirche eingemauert ist: Diese Tafel, die auf das 11. Jahrhundert datiert wird, ist teilweise in glagolitischer Schrift (➤ Seite 40) abgefasst und gilt neben der Tafel von Baška als eines der ältesten Zeugnisse der kroatischen Sprache.

Lubenice

Ganz anders als im entspannten Valun (➤ vorige Seite) ist die Atmosphäre in Lubenice: Das Dörfchen thront auf einem Hügel in rund 350 Metern Höhe, selbst heute nur mühevoll erreichbar über eine endlose einspurige Straße, die immer wieder zum Ausweichen bei Gegenver-

Lubenice liegt abgeschieden hoch über dem Meer.

kehr zwingt. Ängstlich zurückgezogen, wie es scheint, drängen sich die altersgrauen Häuser auf der Hügelkuppe zusammen wie in einer Burg: Die Lage erlaubt einen weiten Überblick und ist leicht zu verteidigen – in historischen Zeiten ein enormer Vorteil. Bis heute ist die Atmosphäre bäuerlich und etwas rau, moderne Gebäude gibt es nicht. Inzwischen leben hier kaum noch Menschen, zu abgelegen ist der Ort, zu gering die Möglichkeiten für ein Auskommen. Allerdings zieht Lubenice, vor allem durch die unterhalb des Ortes gelegenen Strände, Ausflugstouristen in gar nicht so geringem Ausmaß an, die den Besuch gerne mit dem in Valun verbinden – es bietet sich an, die beiden Orte sind nicht weit voneinander entfernt.

Pflicht oder nicht?

- •••• *top, unbedingt machen!*
- ••• *sollte man erlebt haben*
- •• *nette Abwechslung*
- • *man versäumt nicht viel*

Die besondere Lage und die Strände machen Lubenice zu einem interessanten Ausflugsziel.

Der „Torwächter“ des Dorfes ist die ehemalige Kirche am östlichen Ortseingang, die so archaisch wirkt wie alles andere hier, heute aber die Besucher mit einer einfachen kleinen Bar empfängt. Außerdem gibt es im Ort eine Konoba, sogar Apartments werden vermietet. Direkt neben der Konoba, in der alten Dorfschule, informiert ein Museum über die traditionelle Schafzucht – die Ausstellung mutet etwas improvisiert an, ist aber liebevoll und informativ angelegt (alle Informationen auch auf Deutsch). Hinter dem Ort erreicht man in wenigen Minuten einen Aussichtspunkt mit fantastischem Blick auf das Meer.

Unterhalb von Lubenice liegen die Strandbuchten.

Unterhalb von Lubenice gibt es gleich zwei sehr schöne Kiesstrände, die nur zu Fuß oder mit dem Boot erreichbar sind. Die direkt unterhalb des Ortes gelegene und vom Aussichtspunkt aus sichtbare Bucht Sveti Ivan erreicht man mit einem Abstieg über einen teilweise recht steilen Kiesweg in 30-40 Minuten. Bekannter und beliebter – und auch etwas einfacher zu erreichen, weil der Weg nicht ganz so steil ist – ist die etwas weiter südlich gelegene Bucht Žanja. Direkt neben dem Strand liegt die „Blaue Grotte" *(plave grote)*, die nur schwimmend erreichbar ist und zur Mittagszeit mit ihren großartigen Lichtspielen fasziniert. Wegen der Blauen Grotte wird Žanja auch von Ausflugsschiffen angesteuert, was die Idylle ein wenig stört.

Wie man hinkommt

Die Zufahrt nach Lubenice ist sehr schmal und für größere Fahrzeuge problematisch. Großer Parkplatz am Ortseingang, in der Hauptsaison gebührenpflichtig. Busse ab Cres, nur 1-2x täglich.

Schafzuchtmuseum: *Mo-Fr 10:00-14:00 und 17:00-20:00 Uhr, Sa 9:00-14:00 Uhr. www.muzejovcarstva.org*

Strandbuchten: *Bei der Kirche halbrechts (landeinwärts blickend), nach 950 m rechts nach Sveti Ivan, geradeaus nach Žanja. Ab Parkplatz nach Sveti Ivan 2,1 km, nach Žanja 2,3 km, jeweils 30-40 min.*

GPS-Wegpunkt 57 (Lubenice): 44,88771 14,33174
GPS-Wegpunkt 58 (Sveti Ivan): 44,88595 14,32156
GPS-Wegpunkt 59 (Žanja): 44,87263 14,32411

Thema: Vrana-See

In einer tief eingeschnittenen Senke im mittleren Teil der Insel Cres befindet sich der 4,7 Kilometer lange und bis zu 1,4 Kilometer breite Vrana-See (auch Vraner See, kroatisch *Vransko jezero*). Die Oberfläche des Sees liegt etwa 13 Meter über dem Meeresspiegel, seine tiefste Stelle jedoch in 74 Metern Tiefe, also rund 60 Meter unter dem Meeresspiegel – ein seltenes geologisches Phänomen, das man als Kryptodepressions-See bezeichnet. Trotz der Lage unter dem Meeresspiegel ist der See mit Süßwasser gefüllt, das von unterirdischen Quellen einfließt. Seit 1953 dient er der Trinkwasserversorgung der Inseln Cres und Lošinj und ist daher weiträumig abgesperrt.

Osor

Der kleine Ort Osor markiert das südlichste Ende der Insel Cres: Er befindet sich direkt an dem Kanal, der die ursprünglich zusammenhängenden Inseln Cres und Lošinj voneinander trennt. Schon unter den Römern wurde hier, an der engsten und schmalsten Stelle der Doppelinsel, ein Kanal gegraben, um mit den Schiffen nicht die Südspitze Lošinjs umrunden zu müssen. Die privilegierte Lage an diesem wichtigen Verkehrsweg verschaffte Osor eine große Bedeutung: Es war ab dem 6. Jahrhundert Bischofssitz und lange Zeit sogar die Inselhauptstadt; erst im 15. Jahrhundert wurde der Verwaltungssitz wegen der hier häufig auftretenden Malariaepidemien nach Cres (➤ Seite 111) verlegt.

Pflicht oder nicht?

- •••• *top, unbedingt machen!*
- ••• *sollte man erlebt haben*
- •• *nette Abwechslung*
- • *man versäumt nicht viel*

Allzuviel gibt es nicht zu sehen, aber die Lage macht Osor dennoch zu einer Attraktion.

Heute ist Osor ein verschlafenes Nest, touristische Unterkünfte gibt es abgesehen vom Campingplatz auf der Südseite des Kanals und ein paar Privatzimmern nicht. Eine Pflasterstraße zieht sich durch das kleine Zentrum, über das sich weithin sichtbar die Ende des 15. Jahrhunderts fertiggestellte Kathedrale erhebt. Am Hauptplatz, dem die Kirche ihre bogenförmige Hauptfassade zuwendet, zeigt ein kleines Museum eine archäologische Sammlung mit Funden aus der Region. Von Mitte Juli bis Mitte August findet auf dem Platz sowie in der Kathedrale ein Festival mit klassischer Musik statt (Programm auf *www.osorfestival.eu*).

Die Kathedrale überragt das uralte Osor.

Direkt neben den Resten der alten Stadtmauer befindet sich der Kanal von Osor, der Lošinj überhaupt erst zu einer eigenständigen Insel macht. Der 120 Meter lange und nur gut zehn Meter breite Kanal wird von einer Brücke überspannt, die so niedrig ist, dass sie von größeren Booten nicht unterquert werden kann. Daher springt zweimal täglich, morgens um neun und nachmittags um fünf, die Ampel auf Rot und der Brückenwärter kurbelt die Stahlbrücke, die auf einem Schwenkmechanismus ruht, zur Seite. Dann fahren von beiden Seiten die Segel- und Motorjachten hindurch, ehe der Kanal wieder geschlossen wird – ein hübsches kleines Schauspiel!

Der Hauptplatz wird von der Kathedrale bestimmt.

Zweimal täglich wird der Kanal für Boote geöffnet.

Wie man hinkommt

Parkmöglichkeiten gibt es auf der Nordseite des Kanals. Die Busse von Cres nach Veli Lošinj halten in Osor. Die Straße wird bei der Kanalöffnung täglich um 9:00 und um 17:00 Uhr für 30-50 min gesperrt.

Museum: *Im Sommer tägl. außer Mo 10:00-13:00 und 19:00-22:00 Uhr. Erwachsene 35,00 kn, Kinder 25,00 kn. www.muzej.losinj.hr*

GPS-Wegpunkt 60: 44,69352 14,39282

Nerezine

Das an der Ostküste Lošinjs am Fuß des Gebirgszuges Osoršćiza gelegene Örtchen Nerezine ist eines der kleineren Tourismuszentren der Doppelinsel; Unterkünfte gibt es in zwei Hotels, zahlreichen privaten Apartments sowie auf dem Campingplatz Rapoca. Das Zentrum, das von der Umgehungsstraße angenehm verkehrsarm gehalten wird, ist recht hübsch und in der Saison erstaunlich lebhaft, rund um den zentralen Hauptplatz Trg Studenac sind dann die Straßencafés und Restaurants stets gut belegt. Ruhiger wird es, wenn man vom Platz zum recht großen Jachthafen hinuntergeht. Schöne Bademöglichkeiten gibt es am Campingplatz. Dahinter, am nördlichen Ortsende, befindet sich das Franziskanerkloster mit dem hübschen Glockenturm aus dem 16. Jahrhundert.

Pflicht oder nicht?

●●●● *top, unbedingt machen!*
●●● *sollte man erlebt haben*
●● *nette Abwechslung*
● *man versäumt nicht viel*

Nerezine ist ein angenehmer, überschaubarer Urlaubsort mit entspannter Atmosphäre.

Wanderungen

11 **Televrina-Überschreitung**
Technik ●●●●●
Kondition ●●●●●

➤ *Seite 218*

Wie man hinkommt

Nördlich des Zentrums gibt es einen kostenlosen Parkplatz, der allerdings oft belegt ist. Busse von Cres nach Veli Lošinj.

GPS-Wegpunkt 61:
44,65882 14,39663

In der Saison wird es in Nerezine erstaunlich lebhaft.

Mali Lošinj

Mali Lošinj ist mit gut 6000 Einwohnern die größte Ortschaft der Doppelinsel Cres-Lošinj. Bis ins 19. Jahrhundert war Mali Lošinj der kleinere der beiden Orte an der Südspitze der Insel, was auch den Namen erklärt, der „Klein-Lošinj" bedeutet. Dann aber entwickelte sich Mali Lošinj intensiver, heute ist es deutlich größer als das nicht weit entfernte Veli Lošinj (➤ Seite 127). In der zweiten Hälfte des 19. Jahrhunderts war Mali Lošinj mit nicht weniger als sechs Werften einer der drei größten Standorte des Schiffsbaus in Österreich-Ungarn und nach Rijeka der zweitwichtigste Hafen der Kvarner-Region. Die hiesigen Reeder besaßen Dutzende von Hochsee-Segelschiffen und beschäftigten Hunderte von Seeleuten. Gegen Ende des 19. Jahrhunderts ging diese große Zeit langsam vorüber: Segelschiffe wurden von Dampfschiffen verdrängt, die Werften von Lošinj konnten bei dieser Umstellung nicht mithalten. Nur eine einzige ist bis heute geblieben.

Pflicht oder nicht?

- •••• *top, unbedingt machen!*
- ••• *sollte man erlebt haben*
- •• *nette Abwechslung*
- • *man versäumt nicht viel*

Mali Lošinj ist ein angenehmer Urlaubsort, der heute noch den Glamour einer großen Vergangenheit ausstrahlt.

Dafür wurde Mali Lošinj während dieser Zeit als touristische Destination entdeckt: 1887 wurde ein erstes Hotel gebaut, und 1892 wurde Mali Lošinj gemeinsam mit Veli Lošinj offiziell zum heilklimatischen

Das Zentrum atmet noch immer den Geist der Belle Epoque.

Kurort erklärt – zu dieser Zeit eine Art Ritterschlag für touristische Destinationen, wie ihn drei Jahre zuvor schon Opatija (➤ Seite 72) erhalten hatte. Anders als heute reiste man damals vorzugsweise im Winter an die Adria, um dem feuchtkalten Klima in Wien und Budapest zu entfliehen. Die frühen Touristen, unter ihnen auch immer wieder Angehörige des österreichischen Kaiserhauses, erreichten Mali Lošinj von Rijeka aus komfortabel mit ersten Linien-Dampfschiffen.

Heute ist Mali Lošinj das bedeutendste Tourismuszentrum der Inseln Cres und Lošinj. Vor allem bei Seglern ist die Stadt beliebt, weil der in einer fast drei Kilometer langen, schmalen Bucht auf der Westseite der Insel gelegene Hafen vor den oft heftigen Winden der Adria gut geschützt ist. Das Stadtzentrum gruppiert sich um die tief eingeschnittene Hafenbucht, in deren hinterstem Winkel sich der dreieckige Platz **Trg Republike Hrvatske** 1 hell, luftig und modern zum Meer hin öffnet. An den Anlegestellen neben dem Platz starten Ausflugsboote zu den kleinen Nachbarinseln Susak und Ilovik (➤ Seite 130), Treppengassen führen hinauf zur etwas abseits gelegenen **Marienkirche** 2, von deren Terrasse sich ein schöner Blick bietet.

Am Nordufer der Bucht zieht sich eine Reihe herrschaftlich wirkender Häuser im Stil der Jahrhundertwende dahin, die an die große Zeit im 19. Jahrhundert erinnern und dem Ort eine fast urbane Anmutung geben. Passend dazu geben sich die Restaurants und Cafés hier gerne eine noble Anmutung: Mali Lošinj ist heute wieder ein bevorzugtes

Mali Lošinj ist vor allem bei Seglern beliebt.

Ziel vermögender Touristen. Dazu passend zeigt das Museum im **Fritzi-Palast** 3 eine kleine Sammlung italienischer Maler des 17. und 18. Jahrhunderts sowie wechselnde Kunstausstellungen.

Noch elitärer gibt sich das **Museum Apoxyomenos** 4. Es beherbergt ein archäologisches Fundstück von solcher Außergewöhnlichkeit, dass ihm das gesamte Museum gewidmet ist: Der Apoxyomenos ist eine altgriechische Bronzestatue, die 1996 vor der Küste Lošinjs gefundenen wurde. Die leicht überlebensgroße und hervorragend erhaltene Statue eines jungen Athleten dürfte im ersten oder zweiten vorchristlichen Jahrhundert entstanden sein und kam vermutlich auf einem römischen Frachtschiff hierher. Mit einer einstimmenden Ausstellung über den Fund der Statue, ihre Bergung und Restaurierung sowie einem Film (alles auf Kroatisch und Englisch) wird man auf die Begegnung

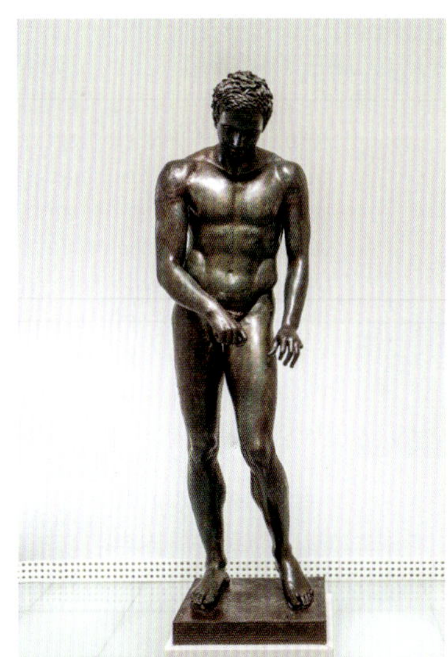

Der Apoxyomenos ist der ganze Stolz der Stadt.

vorbereitet, ehe man endlich im lichterfüllten „White Room" zu *ihm* vorgelassen wird – wie zu einer Audienz, maximal fünf Minuten und in Anwesenheit einer eigens dafür zuständigen Aufsichtsperson. Keine Frage, die Statue ist mit ihrer überlebensgroßen Präsenz ausgesprochen eindrucksvoll, aber diese Präsentation erscheint doch ein wenig überinszeniert.

Folgt man der Uferpromenade noch weiter in Richtung Nordwesten, verliert sich der Glamour des Zentrums langsam. Hinter dem Fähranleger breitet sich die kleine Werft aus, dahinter durchschneidet der kurze Privlaka-Kanal die Insel, die an dieser Stelle nur ein schmaler Landstreifen ist. Ähnlich wie der Kanal von Osor (➤ Seite 120) wird auch der Privlaka-Kanal zweimal täglich für Boote geöffnet.

Am Südufer geht es eine Spur weniger glamourös zu, die Häuser sind hier nicht ganz so schick, es gibt weniger Straßengastronomie, dafür mehr kleine Läden. Davor sind im ausgedehnten **Jachthafen** 5 die Luxussegler nebeneinander geparkt wie anderswo die Autos.

Im Jachthafen sind die Luxussegler geparkt wie Autos.

Mali Lošinj ist auch der größte Tourismusort der Doppelinsel: Im Ortsbereich werden zahlreiche Apartments vermietet, und auf der Südseite der Halbinsel Čikat südlich der Hafenbucht befinden sich mehrere große Hotelanlagen, überwiegend hochklassig mit vier bis fünf Sternen, sowie ein Campingplatz. Diesem angeschlossen ist der 2015 eröffnete große Aquapark. Auf Čikat gibt es auch schöne Kiesstrände, das Zentrum ist von hier aus allerdings ein bis zwei Kilometer entfernt.

Die Halbinsel Čikat ist das Ferienzentrum von Mali Lošinj.

Wie man hinkommt

Das gesamte Zentrum ist ab der Schranke an der Zufahrtsstraße parkgebührenpflichtig und recht teuer (zuletzt 10 kn/Std.). Deutlich preisgünstiger ist der Parkplatz direkt an der Straße nach Veli Lošinj, von dort 700 m ins Zentrum. Mehrmals täglich Busverbindung nach Cres, teilweise weiter nach Rijeka; die Haltestelle liegt in der Nähe des Fähranlegers. 1x tägl. Personenfähre ab Rijeka sowie Autofähre ab Zadar, Anleger im nördlichen Hafenbereich. www.jadrolinija.hr

***Museum Apoxyomenos:** An der nördlichen Hafenpromenade. Tägl. außer Mo 9:00-17:00 Uhr, letzter Einlass 16:00 Uhr, Führungen 12:00 und 16:00 Uhr. Im Sommer Erwachsene 75 kn, Kinder von 12-18, Studenten und Senioren ab 65 40 kn, Familien 115 kn, von November bis Ostern 50/25/75 kn. www.muzejapoksiomena.hr/en*

***Museum Fritzi-Palast:** 15.6.-15.9. tägl. außer Mo 10:00-13:00 und 19:00-22:00 Uhr, übrige Jahreszeiten kürzere Öffnungszeiten. Erwachsene 35,00 kn, Kinder von 12-18 und Studenten 25,00 kn. Günstiger Kombipreis mit Museum Osor (S. 119) und Museum Kula in Veli Lošinj (Seite 129). www.muzej.losinj.hr*

***Aquapark Čikat:** Ende Mai bis Ende September geöffnet, im Juli und August tägl. 10:00-20:00 Uhr, sonst 11:00-19:00 Uhr. In der Hochsaison Erwachsene 100 kn, Kinder von 3-6 70 kn, in der Nebensaison etwas günstiger, Campinggäste frei. www.camp-cikat.com/de*

GPS-Wegpunkt 62 (Zentrum): 44,53218 14,46860
GPS-Wegpunkt 63 (Parkplatz): 44,52898 14,47631
GPS-Wegpunkt 64 (Aquapark): 44,53705 14,44886

Veli Lošinj

Veli Lošinj ist der zweite der beiden Hauptorte an der Südspitze der Insel. Anders als das seit der Antike besiedelte Cres war die ganze Insel Lošinj bis ins Mittelalter hinein praktisch unbewohnt; um 1280 wurde ein Stück oberhalb der kleinen Bucht von Veli Lošinj eine erste Siedlung angelegt. Der Bereich am Wasser wurde sogar erst im 18. Jahrhundert bebaut und entwickelte sich schnell zu einem bedeutenden Hafenort. Veli Lošinj wurde jedoch bald von Mali Lošinj (➤ Seite 122), das mit der großen, schützenden Bucht die besseren Bedingungen für einen Hafen bot, überholt und ist heute mit rund 900 Einwohnern der deutlich kleinere der beiden Orte.

Pflicht oder nicht?

••••	*top, unbedingt machen!*
•••	*sollte man erlebt haben*
••	*nette Abwechslung*
•	*man versäumt nicht viel*

Mit seiner malerisch-beschaulichen Atmosphäre ist Veli Lošinj einer der schönsten Inselorte des Kvarner.

Das Zentrum Veli Lošinjs, das sich um die schmale, tief eingeschnittene Hafenbucht gruppiert, wirkt intimer und dörflicher als das im Vergleich fast schon urban anmutende Mali Lošinj. Auf der Ostseite steht die etwas klotzig geratene Hauptkirche **Sveti Antun** 1 direkt am Meer, begleitet von einer hübschen Reihe verschiedenfarbiger Kapitänsvillen. Vor diesen Zeugen der einstigen Größe Veli Lošinjs springen Kinder von den Hafenmauern ins Wasser. In zweiter Reihe hinter der prächtigen Häuserfront am Hafen steht der klotzige **Stadtturm Kula** 2.

Die Bucht von Veli Lošinj wirkt intim und gemütlich.

Er wurde 1455 unter venezianischer Herrschaft errichtet, um den Hafen verteidigen zu können. Heute befindet sich darin ein Museum über die lokale Geschichte mit Schwerpunkt auf der Seefahrt (Informationen auf Kroatisch und Englisch). Neben einigen Schiffsmodellen wird auch eine Kopie des Apoxyomenos von Mali Lošinj (➤ Seite 124) in nachgestellter Fundsituation gezeigt, außerdem erlaubt der Museumsbesuch das Betreten der Aussichtsplattform auf dem Dach. An der Nordseite der Bucht befindet sich das **Marine Education Center 3**, das sich dem Schutz der vor Lošinj lebenden Delfinpopulation widmet. Für Besucher wird eine kleine, allerdings nicht wirklich interessante Ausstellung über Delfi-

Wanderungen

12 Um die Südspitze Lošinjs

Technik ●●●○○
Kondition ●●●○○

➤ *Seite 223*

ne im Allgemeinen und die örtliche Population im Speziellen gezeigt. Hinter der Kirche beginnt ein 900 Meter langer Promenadenweg, der durch lockeren Kiefernwald und an einigen Bademöglichkeiten vorbei zur Nachbarbucht **Rovenska** 4 führt. Diese Bucht ist ebenfalls von schönen alten Häusern umgeben und strahlt die ruhige Atmosphäre eines kleinen Fischerdorfes aus, es geht noch um eine Stufe beschaulicher zu als im Zentrum. Gastronomie gibt es aber auch hier, und am Südostufer der Bucht findet man einen weiteren Badestrand.

In Rovenska geht es noch beschaulicher zu.

Wie man hinkommt

Die von Mail Lošinj kommende Hauptstraße endet an einem Kreisverkehr, daneben befinden sich zwei Parkplätze. Auch die Busse halten hier. Ins Zentrum ist es vom unteren Parkplatz etwas näher (links durch die Fußgängerzone, dann rechts Richtung „Centar"). Mehrmals täglich Busverbindung nach Cres, teilweise weiter nach Rijeka.

Museum Kula: *Juli und August tägl. außer Mo 10:00-13:00 und 19:00-22:00 Uhr, übrige Jahreszeiten etwas kürzere Öffnungszeiten. Erwachsene 35,00 kn, Kinder von 12-18 und Studenten 25,00 kn. Günstige Kombipreise mit Museum Osor (S. 119) und Fritzi-Palast Mali Lošinj (S. 124). www.muzej.losinj.hr*

Marine Education Center: *Juni tägl. 10:00-20:00 Uhr, Juli und August tägl. 10:00-21:00 Uhr, Mai und September Mo-Sa 10:00-18:00 Uhr, Winter Mo-Fr 10:00-14:00 Uhr. Erwachsene 20 kn, Kinder von 7-12 15 kn. www.blue-world.org*

GPS-Wegpunkt 65 (Zentrum): 44,52108 14,50173
GPS-Wegpunkt 66 (Rovenska): 44,51980 14,50613
GPS-Wegpunkt 67 (Parkplatz): 44,51738 14,50428

Tipp: Ausflug zu den Nebeninseln

Lošinj ist von einem guten Dutzend kleiner Nebeninseln umgeben. Nur die drei größten davon sind bewohnt: Auf Unije, Susak und Ilovik gibt es jeweils eine Ortschaft mit dem selben Namen wie die Insel. Alle drei Inseln sind autofrei und werden von einer kleinen Personenfähre angefahren, die Mali Lošinj allerdings schon um sechs Uhr morgens verlässt und jede Insel nur einmal täglich ansteuert. Einfacher kommt man mit einem Bootsausflug hin: Die größte Auswahl gibt es in Mali Lošinj, Unije wird auch von Cres aus angefahren. Die Ausflugsboote legen auf den Inseln im jeweiligen Hauptort an, wo es Gastronomie gibt, die auf die Tagesgäste eingestellt ist. Man hat jeweils 1-2 Stunden Zeit auf jeder Insel, was für eine Erkundung des Dorfes und einen Strandbesuch ausreicht. Darüber hinaus gibt es üblicherweise noch einen oder zwei weitere Badestopps vor einer der unbewohnten Inseln oder in einer Bucht, außerdem bestehen gute Chancen, Delfine zu sehen. Wer sich mehr Zeit nehmen möchte, kann sich in einer der privaten Unterkünfte, die auf allen drei Inseln in geringer Anzahl angeboten werden, einquartieren.

Die Personenfähre verkehrt täglich einmal ab Mali Lošinj, Fahrplan auf www.jadrolinija.hr. Tagesausflugsfahrten ab Cres, Mali Lošinj und Veli Lošinj, meist um 30-40 Euro pro Person.

Unije

Unije ist mit knapp 17 Quadratkilometern die größte der Nebeninseln. Im Hauptort an der Westküste gibt es neben dem Schiffsanleger ein Restaurant sowie ein Eiscafé. Dahinter ziehen sich stille Gassen den Hügel hinauf; in das Dorf hineinzugehen, lohnt sich aber nicht wirklich, denn abseits des Hafenbereichs

Der Strand von Unije zieht sich weit um die Bucht herum.

ist es hier ziemlich tot. Weitaus interessanter ist der ausgedehnte Kiesstrand, der direkt am Hafen beginnt und sich rund einen Kilometer weit um die Südseite der Bucht herumzieht – der größte und schönste Strand der drei Inseln! Im hinteren Abschnitt ist FKK üblich.

Susak

Susak ist von den drei bewohnten Nebeninseln am weitesten von Lošinj entfernt. Diese abgeschiedene Lage hat zur Entstehung eines eigenartigen, archaischen Dialekts geführt, der bis heute hier gesprochen wird. Berühmt ist Susak außerdem für die ziemlich eigenwillige Tracht: Die Röcke der Frauen enden oberhalb der Knie und werden zusammen mit bunt bestickten Oberteilen sowie pinken oder roten Strumpfhosen getragen, was eine ziemlich poppige Erscheinung ergibt.

Die Insel Susak besteht – anders als im Kvarner üblich – nicht aus Kalkgestein, sondern aus weichem Lössboden und ist daher recht sandig. Das hat zur Entstehung eines Sandstrands geführt, der die Hauptattraktion der Insel darstellt. Das Unterdorf mit dem kleinen Hafen befindet sich an der Nordseite einer weit geschwungenen Bucht, direkt daneben liegt der flache Sandstrand. Die touristische Infrastruktur ist nicht schlecht, es gibt mehrere Gastronomiebetriebe und sogar ein kleines Hotel. Auf einem Hügel über dem Strand liegt der älteste Ortsteil, das Oberdorf *(Gornje selo)*; von der Kirche aus hat man einen schönen Blick über die Bucht. Vom Hauptstrand kann man in etwa zehn Minuten (immer an der Küste entlang Richtung Osten) die Bucht Bok mit einem weiteren, etwas kleineren Sandstrand erreichen.

Weitere Informationen: www.otok-susak.org.

Vom Oberdorf hat man einen schönen Blick über die Bucht.

Ilovik

Die knapp sechs Quadratkilometer große Insel Ilovik liegt nur 1,6 Kilometer von der Südspitze Lošinjs entfernt und ist daher ein beliebtes Ziel für Bootsausflüge ab Mali Lošinj oder Veli Lošinj. Der winzige Hauptort – die einzige Siedlung der Insel – liegt an der Nordseite in einer geschützten Bucht gegenüber der kleinen, unbewohnten Nachbarinsel Sveti Petar, nur durch einen schmalen Kanal von dieser getrennt. Es gibt einen Minisupermarkt, einen Bäcker, mehrere Restaurants, die die recht zahlreichen Tagesgäste versorgen, sowie einige wenige Privatzimmer. Im Frühling und Frühsommer sind zahlreiche Gärten mit üppig blühenden Blumen geschmückt, für die Ilovik berühmt ist.

Der Ortsstrand nördlich des Hafens ist nicht mehr als eine bescheidene Kiesfläche. Eine schönere Alternative ist die Bucht Paržine, die sich auf der gegenüberliegenden Südseite der Insel befindet und in 20-30 Minuten erreicht ist. Sie bietet sogar einen der in Kroatien seltenen Sandstrände; dieser ist allerdings oft durch angeschwemmten Seetang beeinträchtigt. Wer noch Zeit für eine weitere Entdeckung hat, kann von der Paržine nach rechts um das Kap herumgehen und erreicht so nach 1,2 Kilometern die kleine Kiesbucht Parknu.

Zur Bucht Paržine: Vom Schiffsanleger nach links, dann den Wegweisern halbrechts landeinwärts und links an der Kapelle vorbei folgen.

Das Dorf strahlt entspannte Gemütlichkeit aus.

Ein kurzer Spaziergang führt zum Strand von Paržine.

Teil 4

Südliche Kvarner-Bucht

Die Inseln Rab und Pag im Süden der Kvarner-Bucht sind touristische Schwerpunktgebiete mit großartigen Bademöglichkeiten, ihre Hauptstädte verbinden historische Architektur mit entspannter Atmosphäre. Die Festlandküste ist in diesem Bereich kaum besiedelt, die hier verlaufende Adria-Magistrale ist eine außergewöhnlich schöne Küstenstraße. Ganz im Süden gehören die Schluchten des Nationalparks Paklenica zu den eindrucksvollsten Landschaften Kroatiens.

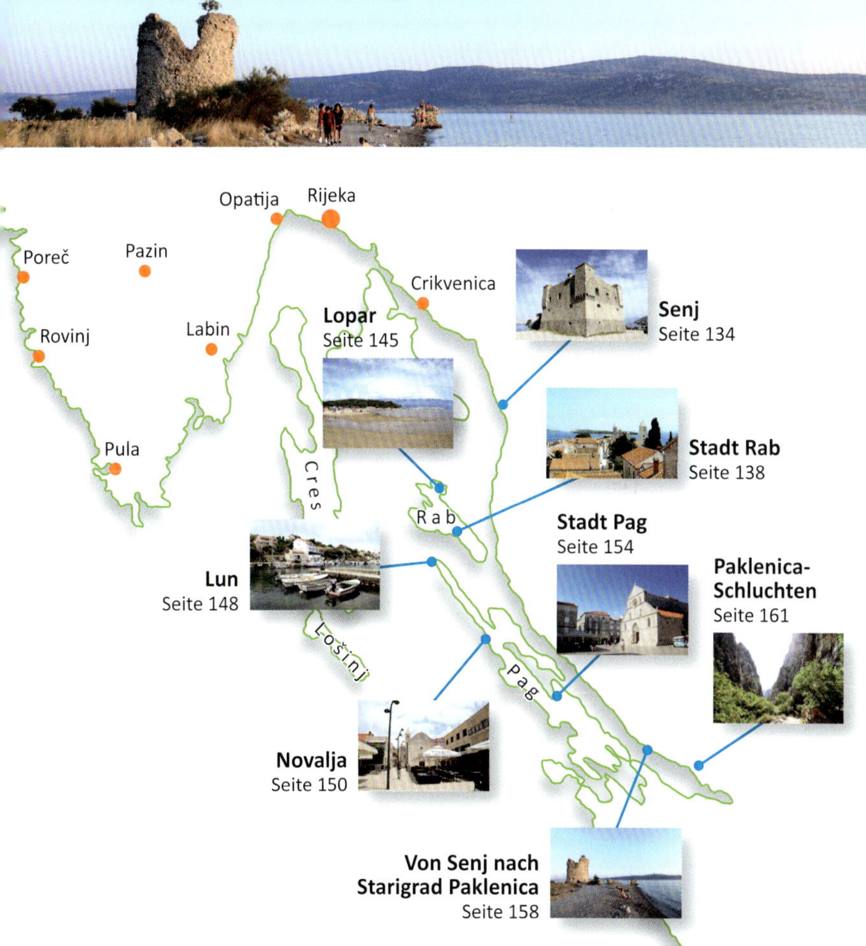

Senj

Das an der Adriaküste südlich von Novi Vinodolski gelegene Senj ist eine der größten Ortschaften an diesem dünn besiedelten Küstenabschnitt und heute eine gemütliche Kleinstadt mit bescheidenem Ferienbetrieb. In historischen Zeiten war die Bedeutung der Stadt weitaus größer: Vom Mittelalter bis in die Neuzeit war Senj eine bedeutende Hafenstadt und von einer mächtigen Mauer mit 13 Türmen umgeben, 1469 erhielt sie den Status als freie Königsstadt. Von dieser großen Zeit zeugt noch heute die überraschend große Altstadt.

Pflicht oder nicht?

- •••• *top, unbedingt machen!*
- ••• *sollte man erlebt haben*
- •• *nette Abwechslung*
- • *man versäumt nicht viel*

Die Festung Nehaj ist sehenswert; die Altstadt von Senj gibt trotz der großen Vergangenheit nicht allzu viel her.

Mit dem recht hübschen, durch Verkaufs- und Gastrobuden allerdings ziemlich verrammelten Platz Pavlinski trg öffnet sich die Altstadt zum direkt davor liegenden Hafenbecken, an dem die Adriamagistrale vorbeiführt. Dahinter zieht sich ein breiter Boulevard ein Stück in den Altstadtbereich hinein. Eine wirkliche Attraktion ist die Altstadt von Senj dennoch nicht, zumal sich die meisten der historischen Gebäude in einem bedauernswertem Zustand fortgeschrittenen Verfalls befinden.

Das interessanteste Bauwerk der Stadt befindet sich allerdings außerhalb der Innenstadt: Auf einem Hügel südlich des Zentrums, von einer

Hoch über Senj thront die Uskokenfestung.

hübschen Parkanlage umgeben, thront hoch über dem Meer die Uskokenfestung Nehaj. Mit ihrem quadratischen Grundriss und den hohen, von vier mächtigen Ecktürmen flankierten Mauern hat die 1558 fertiggestellte und vollständig erhaltene Festung eine wehrhafte, düstere Ausstrahlung. Heute befindet sich darin neben einer gemütlichen Konoba ein kleines lokalhistorisches Museum mit Schwerpunkt auf den Uskoken.

Wanderungen

13 **Auf dem Premužić-Weg in den Velebit**

Technik ●●●●●
Kondition ●●●●●

➤ *Seite 228*

Wie man hinkommt

Großer Parkplatz (gebührenpflichtig) im Hafenbereich. In Senj halten die Fernbusse der Strecke Rijeka-Zadar.

Festung Nehaj: *Zufahrt mit dem Auto vom südlichen Stadtrand, zu Fuß vom Zentrum 700 m/10 min. Mai-Oktober tägl. 10:00-18:00 Uhr, Juli und August 9:00-21:00 Uhr. Erwachsene 20 kn, Kinder 10 kn.*

GPS-Wegpunkt 68 (Zentrum): 44,98981 14,90046
GPS-Wegpunkt 69 (Festung): 44,98655 14,90349

Thema: Die Uskoken

Die Uskoken waren eine um 1500 entstandene halbmilitärische Gemeinschaft von Freischärlern, die vor den Osmanen an die kroatischen Küstengebiete geflohen waren. Von ihrem Hauptsitz, der Festung Nehaj bei Senj, kämpften sie unter Einsatz von Guerillataktiken gegen die Venezianer, die zu dieser Zeit sämtliche Inseln der Kvarner-Bucht, nicht jedoch die Ostküste beherrschten (➤ Seite 20). Im Piratenstil überfielen die Uskoken immer wieder venezianische Schiffe und stellten sich dabei so geschickt an, dass sie jahrzehntelang zum Schrecken der großen Seemacht wurden: „Es scheint, als ob ihnen die Winde, das Meer und sogar der Teufel geholfen hätten", schrieb der Venezianer Minuccio Minucci, um 1600 Erzbischof von Zadar. Gegen den gemeinsamen Feind hatten sie die Unterstützung der österreichisch-ungarischen Monarchie, zu der in dieser Zeit auch der Großteil Kroatiens gehörte. 1617 mussten sich die Uskoken einem Friedensvertrag zwischen Venedig und den Habsburgern fügen und ihre militärische Tätigkeit einstellen.

Prvić
(unbewohnt)
Sv. Grgur
(unbewohnt)
noch Valbiska (Krk)
Wanderung 15
Lopar
Lopar
Lopar
Seite 145
Goli otok
(unbewohnt)
Supetarska Draga
Kalifront
Kampor
Rab
Wanderung 14
Stadt Rab
Seite 138
Banjol
Barbat na Rabu
Dolin
(unbewohnt)
Stinica
Mišnjak
Tovarnele
Lun
Seite 148
Pag
3,5 km
1:175.000
Karte: © Printmaps.net/OSM Mitwirkende

Insel Rab

Mit einer Fläche von 91 Quadratkilometern ist Rab die kleinste der größeren Kvarner-Inseln. Gleichzeitig ist sie aber auch die am dichtesten besiedelte mit rund 9500 Einwohnern. Das sind gut 100 Einwohner pro Quadratkilometer – zum Vergleich: Selbst die ebenfalls dicht besiedelte Insel Krk kommt nur auf einen Wert von 44 Einwohnern pro Quadratkilometer. Ähnlich wie dort ist auch auf Rab der Tourismus sehr ausgeprägt, es gibt zahllose Quartiere in nahezu allen Inselorten. Zum Thema Tourismus wird die folgende Anekdote gerne erzählt: In der Bucht Kandarola wurde 1936 der erste offizielle FKK-Strand Kroatiens eröffnet, der noch im selben Jahr vom englischen Kurzzeit-König Edward VIII. und seiner Geliebten Wallis Simpson genutzt wurde.

Die Insel Rab erstreckt sich gut 20 Kilometer in Richtung Nordwest-Südost und ist von einigen kleineren, unbewohnten Inseln umgeben. Am dichtesten besiedelt ist der Zentralraum, wo die ineinander übergehenden Ortschaften Barbat na Rabu und Banjol mit der Hauptstadt Rab eine langgestreckte Siedlungszone bilden. Nordöstlich der Inselhauptstraße erstreckt sich ein kahler Höhenzug, dessen höchster Punkt der 408 Meter hohe Kamenjak ist. Im Nordosten greift die Halbinsel Lopar mit einer flachen, buchtenreichen Küste ins Meer aus, im Westen die Halbinsel Kalifront. Beide Halbinseln sind kaum besiedelt und großteils von Kiefernwäldern bedeckt. Dadurch ist Rab trotz der hohen Siedlungsdichte auch eine ausgesprochen waldreiche Insel: Insgesamt sind 49 % ihrer Fläche von Wald bedeckt!

Wie man hinkommt

Die Hauptverbindung nach Rab ist die Fähre von der Bucht Stinica zwischen Senj und Karlobag zur Bucht Mišnjak im äußersten Süden Rabs. Diese Verbindung wird von der Firma Rapska Plovidba bedient (nicht von der Jadronlinija wie die übrigen Inselverbindungen) und verkehrt im Sommer stündlich, zu den übrigen Jahreszeiten etwas seltener. Außerdem fährt 1-3 x täglich eine Personenfähre von Rab nach Tovarnele auf der benachbarten Insel Pag. Fahrpläne für diese beiden Verbindungen auf www.rapska-plovidba.hr.

Hinzu kommt eine dritte Fährverbindung von Lopar nach Valbiska auf der Insel Krk (im Sommer 4x täglich). Fahrpläne für diese Route auf www.jadrolinija.hr.

Busse fahren ab Rijeka nach Rab-Stadt.

Allgemeine touristische Informationen auf www.rab-visit.com.

Stadt Rab

Die Hauptstadt der Insel Rab gilt als eine der schönsten Inselstädte Kroatiens – völlig zu Recht: Die Atmosphäre der Raber Altstadt ist einzigartig! Der historische Stadtkern drängt sich auf dem Hügel einer Landzunge, die die Bucht von Rab begrenzt, zusammen. Auf der Westseite fällt der langgestreckte Hügel mit einem steilen Hang, der in unsicheren Zeiten willkommenen Schutz bot, zum Meer hin ab, auf der Ostseite liegt der Hafen in einer kleinen, tief eingeschnittenen Bucht. Oben auf dem Hügel reihen sich vier Kirchtürme aneinander und ergeben eine außergewöhnliche Skyline: Der Blick auf das viertürmige Rab ist eines der bekanntesten und schönsten Motive der kroatischen Inselwelt.

Pflicht oder nicht?

- ●●●● *top, unbedingt machen!*
- ●●● *sollte man erlebt haben*
- ●● *nette Abwechslung*
- ● *man versäumt nicht viel*

Lebhafte Atmosphäre und ein großartiges bauliches Erbe: Rab ist in jedem Fall eine der schönsten Inselhauptstädte Kroatiens!

Die Geschichte der Stadt reicht weit zurück: Bereits zur Römerzeit befand sich hier eine blühende Siedlung mit Badehäusern, Tempeln und einem Theater. Von 530 bis 1828 war Rab Bischofssitz und im Mittelalter ein wichtiger Flottenstützpunkt der Venezianer. Heute ist Rab ein lebhaftes touristisches Zentrum, in den engen, autofreien Gassen der Altstadt gibt es zahlreiche Restaurants, Cafés und Cocktailbars, dazu kleine Läden und Kunstgalerien. Der flächenmäßig ausladende moder-

Vier Kirchtürme reihen sich in Rab aneinander.

ne Stadtteil, in dem auch viele Privatunterkünfte vermietet werden, befindet sich von der Altstadt getrennt auf der Ostseite der Hafenbucht.

Man betritt die Stadt vom Hafen aus, der sich in der schützenden Bucht befindet. An dieser Seite öffnet sich die Stadt mit verhältnismäßig großzügigen Plätzen zum Wasser hin. Vor der Altstadt wurde der **Trg sveti Kristofora** 1 großzügig und modern gestaltet, nach rechts führt eine Freitreppe zu den Befestigungsmauern hinauf, die Rab gegen Angriffe von der Landseite schützten. Ein Stück weiter bildet der zum Wasser offene Platz **Trg Municipium Arba** 2 das lebhafte Herz der Altstadt mit mehreren Straßencafés. Der Fürstenhof und spätere Rektorenpalast Knežev Dvor aus dem 13. Jahrhundert wendet dem Platz eine Fassade mit prachtvollen gotischen und romanischen Fenstern zu. Die jenseits der ersten Häuserzeile parallel zum Hafen verlaufende Srednja ulica ist die Hauptstraße der Unterstadt und wird von den großteils aus dem 15. Jahrhundert stammenden Palästen der Grundbesitzer gesäumt. Heute wird die Srednja ulica von zahlreichen Geschäften und Restaurants belebt. Die typisch venezianische **Stadtloggia** 3 bildet mit ihrer offenen Säulenhalle, in der sich ein Restaurant befindet, einen angenehm offenen Moment in der ansonsten ziemlich gedrängten Altstadt.

Von der Stadtloggia führt die breite, mit flachen Treppenstufen repräsentativ angelegte Ulica Stjepana Radića in die Oberstadt hinauf und trifft dort auf die Gornja ulica, die „obere Straße", die quasi das Gegenstück zur parallel verlaufenden Srednja ulica ist. Der atmosphärische

Lauschige Gassen durchziehen die Unterstadt.

12 Sv. Eufemia (Straße) 2,0 km
Busbahnhof
5139
Mišnjak (Fähre)
Park Boškopini
12 Sv. Eufemia (Fußweg) 1,9 km
Park Komrčar
Biskupa Draga
Bobotine
Donja ulica
Obala kralja Petra Krešimira
Marina
Gornja ulica
Srednja ulica
Ul. St. Radića
Ul. Ivana Rabljanina
Fähre nach Pag
Stadt Rab
1: Trg sveti Kristofora
2: Trg Municipium Arba
3: Stadtloggia
4: Sveti Ivan Evanđelista
5: Sveti Justina
6: Trg slobode
7: Sveti Andrija
8: Kathedralturm
9: Sveti Marija
10: Sveti Antun Opat
11: Promenade
12: Sveti Eufemia
150 m
1:7.500

Kontrast ist ziemlich groß: Während es unten durchaus lebhaft zugeht, herrscht hier oben eine geradezu kontemplative Ruhe, passend zum sakralen Ambiente – nicht weniger als vier Kirchen und zwei Klöster reihen sich in dieser „Kirchenmeile" aneinander.

Aus Richtung Norden kommend trifft man zuerst auf die Kirche **Sveti Ivan Evanđelista** 4 , von der nur der spitze Kirchturm vollständig erhalten ist. Vom Kirchenschiff blieb nur die Apsiswand stehen sowie einige Säulen aus dem 11. Jahrhundert, die mit ihren prachtvollen Kapitellen wie ein Skulpturengarten wirken. Direkt dahinter steht die sehr kleine Kirche Sveti Križ. Wenige Schritte weiter folgt die Kirche **Sveti Justina** 5 aus dem 16. Jahrhundert mit ihrem Zwiebelturm, als einzige nicht im ortstypischen Kalkstein, sondern mit einem auffällig altrosafarbenen Verputz. Diese Kirche war Teil eines Anfang des 19. Jahrhunderts aufgelassenen Klosters, heute befindet sich hier ein Museum mit sakraler Kunst. Direkt daneben öffnet sich der kleine Hauptplatz der Oberstadt,

Von der Johanneskirche blieb nur eine Ruine.

Der Trg slobode ist das Zentrum der Oberstadt.

der **Trg slobode** 6, dessen Mittelpunkt ein ausladender Baum bildet. Darauf folgt mit einem dritten Turm das im Jahr 1018 gegründete Benediktinerinnenkloster **Sveti Andrija** 7, das bis heute von einigen wenigen Nonnen bewohnt wird. Um die Ecke steht der **Kathedralturm** 8; er ist mit 26 Metern der höchste und prächtigste der vier Türme und bietet eine großartige Aussicht über die Stadt. Die zugehörige Kirche wurde rund 70 Meter weiter errichtet: **Sveti Marija** 9 wurde 1177 vom Papst persönlich geweiht und war bis zur Auflösung des Bistums im Jahr 1828 Rabs Bischofskirche. Mit ihrer prachtvollen hochromanischen Fassade ist sie das schönste Bauwerk der Oberstadt. Dahinter versteckt sich ein weiteres Kloster, **Sveti Antun Opat** 10, das vergleichsweise unauffällig ist.

Der Kathedralturm ist der größte Turm Rabs.

Beim Blick nach unten fällt auf, dass die Stadt auf einem Felsrücken erbaut wurde, der in Richtung Westen mit einem steilen Hang abfällt. Die am Fuß des Hanges verlaufende **Promenade** 11 ist die „Bademeile" Rabs: Hier kann man sich mit Blick auf das Panorama der Kirchtürme erfrischen. Vom Trg slobode führt eine Treppe nach unten, eine zweite beginnt am nördlichen Ende der Altstadt bei den Befestigungsmauern; alle anderen Zugänge sind privat.

Die Promenade verläuft unterhalb der Altstadt.

Gut zwei Kilometer nördlich der Stadt lohnt das direkt an der Küste gelegene Kloster **Sveti Eufemia** 12 aus dem 15. Jahrhundert einen Stopp: Die gar nicht so kleine, aber dennoch intim wirkende Klosteranlage gruppiert sich um einen hübschen Innenhof, es gibt ein kleines heimatkundliches Museum. Das Kloster kann mit dem Auto erreicht werden oder mit einem Spaziergang über die Küstenpromenade, der an schönen Badegelegenheiten vorbeiführt.

Jedes Jahr vom 25. bis 27. Juli wird die Altstadt Rabs zum Schauplatz der **Rabska fjera**, des größten sommerlichen Mittelalterfestes Kroatiens. Das Fest zu Ehren der drei Stadtheiligen geht auf das 13. Jahrhundert zurück, auch wenn es nicht die ganze Zeit über kontinuierlich stattfand. Heute wird es an drei Tagen mit Kostümen aus Mittelalter und Renaissance, Demonstrationen alter Handwerkstechniken, Armbrustschießen und einem abschließenden Feuerwerk gefeiert. Die meisten Veranstaltungen finden abends bei Fackelschein statt.

Wanderungen

14 **Zu den Buchten des Dundo-Waldes**

Technik ●○○○○
Kondition ●●○○○

➤ *Seite 233*

Wie man hinkommt

Große Parkplätze gibt es vor der Altstadt, weitere Parkmöglichkeiten rund um den Hafen. Das Befahren der Altstadt ist nicht möglich. Mehrmals täglich Busverbindungen zum Festland und zu den Inselorten; der Busbahnhof befindet sich an der Durchgangsstraße beim Einkaufszentrum.

Kathedralturm: *Mo-Sa 9:30-13:00 und 19:30-21:00 Uhr, So 11:00-13:00 und 19:45-21:00 Uhr, 15 kn.*

Kloster Sveti Eufemia: *An der Straße nach Kampor, 2,5 km vom Zentrum entfernt (auch über die Promenade erreichbar). Museum 10:00-12:00 und 16:00-18:00 Uhr, 15 kn.*

Mittelalterfest Rabska fjera: *Jährlich 25.-27. Juli. Programm auf www.visit-rab.com.*

Allgemeine touristische Informationen auf www.tzg-rab.hr.

GPS-Wegpunkte:

70 (Trg sveti Kristofora):	44,75799	14,76005
71 (Trg Municipium Arba):	44,75579	14,76196
72 (Trg slobode):	44,75544	14,76054
73 (Parkplatz):	44,75991	14,76052
74 (Sveti Eufemia):	44,76872	14,74015

Thema: Goli otok

Goli otok ist eine kleine Insel zwischen Rab und der Festlandsküste. Heute ist sie unbewohnt, doch das war nicht immer so: Ab 1949, während der Ära des sozialistischen Jugoslawiens unter Präsident Tito (➤ Seite 23), befand sich hier ein „Umerziehungslager" für politisch unbequem gewordene Menschen, das zynisch als „Titos Hawaii" oder ehrlicher als „Titos Gulag" bezeichnet wurde. Zunächst kamen nur (tatsächliche oder angebliche) Anhänger Stalins hierher, ab 1955 auch andere Personen, die man zum Schweigen bringen wollte.

Auf Goli otok wurden ausschließlich Männer inhaftiert, eine ähnliche Anlage für Frauen gab es auf der benachbarten Insel Sveti Grgur. Die Gefangenen mussten in Steinbrüchen und Werkstätten Zwangsarbeit unter unmenschlichen Bedingungen leisten, Folter war an der Tagesordnung. Auf Goli otok wurden Holzmöbel, Fliesen und andere Waren hergestellt, die auf dem Festland verkauft und sogar ins Ausland exportiert wurden. Erst 1988 fand das Grauen mit der Schließung des Lagers ein Ende. Wirklich aufgearbeitet wurde die Geschichte der Gefängnisinseln nie, daher weiß man auch nicht, wie viele Menschen hier inhaftiert waren: Insgesamt sollen es zwischen 11.000 und 16.000 Personen gewesen sein, von denen Tausende während ihrer Haft ums Leben kamen.

Heute ist Goli otok öffentlich zugänglich: Von Lopar aus werden Tagesausflüge angeboten, der „Goli Express" fährt mehrmals täglich vom Hafen am Paradiesstrand ab. Mit einem Touristenbähnchen kann man auf der Insel eine Rundfahrt machen und die verfallenen Gebäude der Gefängnisanlagen besichtigen.

Goli otok war ein Straflager für politische Gegner.

Lopar

Der Ferienort Lopar im äußersten Nordosten der Insel Rab hat etwas zu bieten, was in Kroatien ausgesprochen selten ist: einen ausgedehnten Sandstrand! Der „Paradiesstrand" *(Rajska plaža)* ist mit einer Länge von fast einem Kilometer einer der größten Sandstrände Kroatiens und mit dem flachen Wasser auch gut für Kinder geeignet. Am südlichen Strandabschnitt befindet sich ein Campingplatz. Am Nordende gibt es einen kleinen Hafen, dahinter einen weiteren, deutlich kleineren Sandstrand.

Die weit auseinandergezogene Siedlung nimmt die gesamte Landenge ein, die die Halbinsel Lopar vom Rest der Insel trennt. Auf der dem Strand gegenüberliegenden Seite liegt der kleine Fährhafen mit Verbindungen zur Insel Krk. An der unbebauten Nordküste der Halbinsel gibt es weitere schöne Sandstrände, die mit einer Wanderung erreichbar sind (➤ Seite 237).

Pflicht oder nicht?

- ●●●● *top, unbedingt machen!*
- ●●● *sollte man erlebt haben*
- ●● *nette Abwechslung*
- ● *man versäumt nicht viel*

Der Strand kann sich sehen lassen, der Ort ist aber uninteressant.

Wanderungen

15 Die Strände der Halbinsel Lopar

Technik ●○○○○
Kondition ●●○○○

➤ *Seite 237*

Wie man hinkommt

Zum Strand vom Kreisverkehr in Richtung Osten, zum Fährhafen in die entgegengesetzte Richtung. Busse ab Rab.

GPS-Wegpunkt 75 (Strand): 44,82370 14,74064

Der Paradiesstrand ist einer der wenigen Sandstrände.

Rab
Tovarnele
Lun
Seite 148
Prizna
Žigljen
Cesarica
Novalja
Seite 150
Karlobag
Pager Bucht
Šimuni
Stadt Pag
Seite 154
Pag
Velo Blato
Povljana
Brücke
Vir
Nin
8 km
1:400.000
Karte: © Printmaps.net/OSM Mitwirkende

Insel Pag

Pag ist die südlichste der großen Kvarner-Inseln – je nach Definition wird sie allerdings schon nicht mehr zur Kvarner-Bucht, sondern zur südlich angrenzenden Region Dalmatien gezählt. Pag hat eine schmale, langgestreckte Form und ist fast 60 Kilometer lang, aber nur zwei bis zehn Kilometer breit und dicht vor der Festlandsküste gelegen. Auf der Ostseite zieht sich die Pager Bucht, nur durch einen schmalen Kanal mit dem Meer verbunden, tief ins Land hinein. Die Insel ist überwiegend flach und kaum bewaldet, die höchste Erhebung ist der 348 Meter hohe Sveti Vid. Im Süden der Insel liegt der flache See Velo Blato, der als Vogelschutzgebiet nicht betreten werden darf.

Mit rund 8500 Einwohnern auf einer Fläche von 284 Quadratkilometern (30 Einwohner/km^2) ist Pag ziemlich dünn besiedelt. Die größten Ortschaften sind die gleichnamige Inselhauptstadt und sowie das etwas weiter nördlich gelegene Novalja. Novalja ist das größte Tourismuszentrum Pags und mit dem nahegelegenen Strand Zrče eine bedeutende Destination für Partytourismus. Im Süden überspannt die Pager Brücke *(Paški most)* eine nur 200 Meter breite Meerenge, so dass die Insel auch ohne Fähre erreichbar ist.

Die Pager Brücke verbindet die Insel mit dem Festland.

Wie man hinkommt

Pag kann sowohl mit der Fähre von Prizna nach Žigljen im Norden der Insel (im Sommer stündlich, im Winter etwas seltener, Fahrplan auf www.jadrolinija.hr) als auch über die mautfreie Brücke im äußersten Süden der Insel erreicht werden.

Außerdem gibt es einmal täglich eine Personenfähre von Rijeka nach Novalja (www.jadrolinija.hr) sowie 1-3x täglich eine Personenfähre von Tovarnele im Norden nach Rab-Stadt (www.rapska-plovidba.hr).

Busse fahren ab Rijeka und Zadar über Pag-Stadt nach Novalja.

Allgemeine touristische Informationen auf www.pag-tourism.hr.

Lun

An ihrem nördlichen Ende läuft die Insel Pag mit einer 19 Kilometer langen, aber nur 1,5-1,8 Kilometer breiten Landzunge aus. Die Straße dorthin verläuft in rund 100 Metern Höhe schnurgerade zwischen alten Steinmauern und scheint geradewegs ins Meer zu führen. Kurz vor dem Ende der Straße stehen die wenigen Häuser der Ortschaft Lun; der etwas größere Ortsteil Tovarnele liegt unten am Meer an einer kleinen Bucht. Rund um den winzigen Hafen breitet sich eine äußerst beschauliche Fischerdorf-Atmosphäre aus, der Tourismus bleibt in bescheidenem Ausmaß – wer es im Urlaub gerne sehr ruhig und abgeschieden hat, ist hier richtig! Von der Hafenbucht aus führt ein kleines Sträßchen noch weiter in Richtung Norden zu einigen hübschen kleinen Kiesstränden.

Pflicht oder nicht?

- ●●●● *top, unbedingt machen!*
- ●●● *sollte man erlebt haben*
- ●● *nette Abwechslung*
- ● *man versäumt nicht viel*

Mit der beschaulichen Fischerdorf-Atmosphäre und dem Olivengarten ist Lun ein lohnendes Ziel für einen Ausflug.

Neben dem Ort erstreckt sich ein großer Olivenhain mit teilweise uralten Bäumen, der mit einem kleinen Spaziergang erkundet werden kann: Ein zwei Kilometer langer beschilderter Weg führt durch die Olivengärten hindurch; leider ist es kein Rundweg, man muss also auf dem selben Weg zurück. Der untere Eingang befindet sich in Tovarnele, dort sieht man einige der schönen alten Bäume direkt zu Beginn. Die ältesten von ihnen sollen zwischen

Tovarnele ist abgelegen und sehr ruhig.

1000 und 2000 Jahren alt sein – auch wenn diese Angabe zweifelhaft erscheint, sind die Bäume in jedem Fall eindrucksvoll!

Einige der Bäume sollen über tausend Jahre alt sein.

Wie man hinkommt

Der Küstenortsteil Tovarnele kann über eine ringförmige Einbahnstraße befahren werden. Parkmöglichkeiten gibt es in Hafennähe.

Olivengärten: *Haupteingang am oberen Ortsrand von Tovarnele (an der Straßengabelung links, nach 100 m noch einmal links). Einen weiteren Eingang gibt es an der Zufahrtsstraße 500 m vor dem oberen Ortsteil (beschildert, mit Parkplatz). Frei zugänglich.*

GPS-Wegpunkt 76 (Hafen): 44,69251 14,73686
GPS-Wegpunkt 77 (Olivengärten): 44,68868 14,74081

Tipp: Pager Käse

Die Haltung von Schafen ist eine der wenigen Möglichkeiten, auf der kargen Insel Pag Landwirtschaft zu betreiben: Selbst heute noch gibt es hier mehr Schafe als Menschen. Daher ist es nicht überraschend, dass ein Lebensmittel aus Schafmilch zur lokalen Spezialität geworden ist: Der Pager Käse *(Paški sir)* ist der Stolz der Pager. Er ist in ganz Kroatien in jedem größeren Supermarkt zu haben, auf der Insel wird er auch in vielen Buden an der Straße oder privaten Verkaufsstellen angeboten.

Der Pager Käse wird traditionell aus Schafmilch hergestellt, heute sind auch Sorten aus Kuhmilch oder Mischungen erhältlich. Er muss mindestens drei Monate lagern, es gibt aber auch ältere Sorten mit einer Lagerungsdauer von über einem Jahr. Mit zunehmender Reifezeit wird der Käse dunkler, härter und würziger und erhält eine etwas krümelige Konsistenz. Die reinen Schafmilchkäse sind deutlich kräftiger als die milderen Kuhmilchkäse oder Mischsorten.

Novalja

Novalja ist mit rund 2500 Einwohnern die zweitgrößte Ortschaft der Insel Pag und eines ihrer großen Tourismuszentren. Die Stadt hat einen historischen Kern, allerdings fällt dieser deutlich kleiner aus als in der Inselhauptstadt. Der eher bescheidene Altstadtbereich öffnet sich mit dem Hauptplatz **Trg Loža** 1 mit schönen Straßencafés zum Meer hin. Im hinteren Platzbereich steht die **Kirche der Hl. Mutter Gottes vom Rosenkranz** 2, der Einfachheit halber „kleine Kirche" genannt. Sie wurde im 17. Jahrhundert errichtet und wendet dem Platz eine hübsche Barockfassade zu. Ein Stück dahinter steht die etwas größere, erst 1908 erbaute **Katharinenkirche** 3.

Pflicht oder nicht?

- ●●●● *top, unbedingt machen!*
- ●●● *sollte man erlebt haben*
- ●● *nette Abwechslung*
- ● *man versäumt nicht viel*

Mit der hübschen kleinen Altstadt und den Stränden im Stadtbereich ist Novalja ein schöner Urlaubsort.

Ein Reiseziel für Kulturinteressierte ist Novalja eher nicht, dafür ist der Altstadtbereich viel zu klein. Eine historische Attraktion gibt es aber doch: Während der Römerzeit gab es hier eine bedeutende Siedlung. Im Keller des vor wenigen Jahrzehnten errichteten Rathauses hat man ein gut erhaltenes Teilstück der unterirdischen Wasserleitung gefunden, die diese Stadt einst mit einer Länge von acht Kilometern mit Wasser versorgte. Heute ist die Wasserleitung die Hauptattraktion des kleinen **Stadtmuseums** 4 *(Gradski muzej)*: Im Keller des Hauses kann man einen Blick in den schmalen, hohen Tunnel

Mit dem Trg Loža öffnet sich die Altstadt zum Meer.

werfen. Darüber hinaus bietet das Museum eine kleine Ausstellung mit einigen Fundstücken von Unterwasserarchäologen sowie Werkzeugen und Gebrauchsgegenständen aus den letzten Jahrhunderten.

Die Bademöglichkeiten im Stadtbereich sind nicht schlecht: Vor der Altstadt erstreckt sich die **Hafenpromenade** 5 mit den Anlegemöglichkeiten für Boote und Jachten, am Südrand der Bucht, rund 500 Meter vom Zentrum entfernt, liegt der ausgedehnte feinkiesige Strand **Plaža Lokunje** 6. Eine weitere Badezone schließt sich im nördlichen Stadtbereich an: Jenseits eines weiteren Jachthafens und gut einen Kilometer vom Zentrum entfernt bilden die aufeinanderfolgenden Strände Škrape, Ploče und Lokviza einen fast zwei Kilometer langen Strandabschnitt, freilich nur als schmaler Kiesstreifen.

Novalja ist aber nicht nur ein Badeziel, sondern auch einer der großen Party-Hotspots Europas. Daher zieht die Stadt überwiegend jugendliches Publikum an, auch professionelle Anbieter von Partyreisen ha-

Eine schöne Promenade zieht sich um den Hafen.

Im Stadtbereich gibt es ausgedehnte Strandzonen.

Novalja
1: Trg Loža
2: Rosenkranzkirche
3: Katharinenkirche
4: Stadtmuseum
5: Hafenpromenade
6: Plaža Lokunje
Lun
nördliche Strandzone
Ulica Marka Marulića
Ulica kralja Zvonimira
Ulica kralja Tomislava
Velebitska ulica
Dalmatinska ulica
Istarska ulica
Murvica
Riva
Pag Zrče
Zadarska ulica
Busbahnhof
Plodine
150 m
1:7.500

ben Novalja im Programm. Die nächtliche Action findet aber nicht in der Stadt selbst statt, sondern ist an den **Zrče Beach** ausgelagert worden: Einige Kilometer südöstlich der Stadt wurde ein wenige hundert Meter langer Strandabschnitt in eine Partyzone verwandelt. Eine Siedlung gibt es nicht, hinter dem Strand befindet sich nur ein großer Parkplatz. Am Vormittag strahlt der laut Eigenwerbung „größte Partystrand Europas" den Charme eines Gewerbegebiets aus, doch ab dem frühen Abend geht es nach den „After Beach Partys" in den stylischen Open-Air-Clubs Aquarius, Calypso, Papaya und Noa bis in die Morgenstunden zur Sache. Ein Shuttlebusverkehr verbindet Zrče die ganze Nacht über mit Novalja.

Zrče Beach ist einer der großen Partystrände Kroatiens.

Wie man hinkommt

Kleinere Parkplätze gibt es nördlich des Hafens sowie am Strand Plaža Lokunje. Busse fahren mehrmals täglich ab Zagreb und Zadar über Stadt Pag, der Busbahnhof befindet sich am Kreisverkehr zwischen Zentrum und Plaža Lokunje. Außerdem gibt es einen Stadtbus.

Stadtmuseum: *Ulica kralja Zvonimira 27. Tägl. 9:00-13:00 und 18:00-22:00 Uhr, So nur abends, Erwachsene 15 kn, Kinder 10 kn. www.muzej.novalja.hr*

Zrče Beach: *3,5 km südlich des Zentrums, Zufahrt beschildert. Shuttlebusse ab Zentrum im Sommer alle 30 min. https://zrce.eu*

Allgemeine touristische Informationen auf www.visitnovalja.hr.

GPS-Wegpunkte:

78 (Trg Loža):	44,55587	14,88331
79 (Stadtmuseum):	44,55804	14,88345
80 (Plaža Lokunje):	44,55114	14,88217
81 (Zrče Beach):	44,54036	14,91443

Stadt Pag

Die Hauptstadt Pag liegt ungefähr in der Mitte der Insel am Südrand der Pager Bucht. Nähert man sich der Stadt von Süden her, fällt sofort ins Auge, was hier lange Zeit der vorherrschende Wirtschaftszweig war: Direkt neben der Stadt beginnen die ausgedehnten Becken einer Saline, die wahrscheinlich schon seit vorchristlicher Zeit existiert, auch wenn der älteste gesicherte Nachweis erst aus dem frühen Mittelalter stammt. Heute ist sie mit einer Jahresproduktion von 30.000 Tonnen die größte Saline Kroatiens. Die Stadt befindet sich an einer Landbrücke, die eine flache, tief eingeschnittene Bucht bis auf einen schmalen Zufluss abriegelt – ideale Bedingungen für die Gewinnung des „weißen Goldes", das in historischen Zeiten satte Gewinne brachte und auch heute noch ein gar nicht so unbedeutender Wirtschaftsfaktor ist.

Pflicht oder nicht?

- ●●●● *top, unbedingt machen!*
- ●●● *sollte man erlebt haben*
- ●● *nette Abwechslung*
- ● *man versäumt nicht viel*

Die großartige Altstadt und die entspannte Atmosphäre machen Pag zu einer ausgesprochen reizvollen Stadt!

An der Ostseite der Landbrücke befindet sich die kleine Altstadt. Die auffallend regelmäßige Anordnung der Gassen verrät, dass es sich um eine Planstadt handelt: 1443, unter venezianischer Herrschaft, wurde nach Plänen des bedeutenden dalmatinischen Baumeisters Juraj Dalmatinac mit dem Stadtbau begonnen, nachdem eine ältere Siedlung

Der Trg Petra Krešimira IV. ist der Hauptplatz Pags.

am gegenüberliegenden Ufer aufgegeben worden war. Daher wirkt die Altstadt wie aus einem Guss und hat eine sehr einheitliche Erscheinung. Heute ist Pag ein angenehm ruhiger Ort mit entspannter Kleinstadt-Atmosphäre; der große Trubel spielt sich woanders ab, vor allem in Novalja (➤ Seite 150), obwohl es auch in Pag stadtnahe Bademöglichkeiten gibt.

Von der lebhaften **Uferpromenade** 1 mit viel Straßengastronomie führt die Vela ulica („große Straße"), gesäumt von den üblichen Touristenkitschläden, direkt zum zentralen Platz **Trg Petra Krešimira IV.** 2. Die größte Kirche der Stadt, die dreischiffige **Basilika Velika Gospa** 3, wendet dem Platz eine schöne, eher schlichte Fassade zu. Architekt war auch hier Juraj Dalmatinac, der der Stadt als künstlerischer Mastermind seinen unverkennbaren Stempel aufdrückte. Doch nicht alles lief nach Plan: Der Turm der Kirche wurde nie vollendet und bleibt daher ein bescheidener Stummel. Schräg gegenüber der Kirche liegt der Rektorenpalast, der wie viele andere Gebäude schöne Steinmetzarbeiten zeigt.

Die im rechten Winkel nach links und rechts verlaufende Ulica kralja Tomislava ist die Hauptstraße der Stadt – und eine der wenigen Gassen, die in dieser Richtung verlaufen. In kleinen Läden, teilweise auch im Privatverkauf, werden Arbeiten aus traditioneller Pager Spitze angeboten, eine Handwerkskunst, die auf der Insel eine jahrhundertelange Tradition hat. An

Bei einem Rundgang lassen sich schöne Details entdecken.

Pag
1: Uferpromenade
2: Trg Petra Krešimira IV.
3: Basilika Velika Gospa
4: Kloster Sv. Margarite
5: Sveti Frane
6: Sveti Jurja
7: Hafen
8: Salzmuseum
9: Stadtstrand
Busbahnhof
Križevačka ulica
Vangrada
Golija
Vela ulica
Ulica Kralja Tomislava
Podmir
Ulica Stjepana Radića
D106
Brücke Zadar
Novalja Fähre
150 m
1:7.500

den äußeren Enden der Stadt befinden sich drei weitere historische Gebäude, die Beachtung verdienen: Im Norden das kleine Benediktinerkloster **Svete Margarite** 4 aus dem 16. Jahrhundert neben einem letzten, ziemlich bescheidenen Rest der Stadtmauer. Am gegenüberliegenden Ende der Stadt liegt die Kirche **Sveti Frane** 5, am Nordostende, gegenüber des meerseitigen Eingangs, die Kirche **Sveti Jurja** 6. Nicht ganz so alt ist die Bebauung um den hübschen kleinen **Hafen** 7; wenige hundert Meter dahinter befindet sich ein Kiesstrand.

Allgegenwärtig: die Pager Spitze.

Von der Altstadt führt eine Steinbogenbrücke hinüber zur Landbrücke, die die Bucht abriegelt. Dort befindet sich ein Komplex aus Lagerhallen, die inzwischen kaum noch genutzt werden. In einer davon wurde ein kleines **Museum** 8 über die Salzgewinnung mit alten Gerätschaften eingerichtet. Am Nordrand der Landbrücke zieht sich der 260 Meter lange **Stadtstrand** 9 entlang.

Am nördlichen Altstadtrand liegt der Hafen.

Wie man hinkommt

Parkplätze gibt es rund um die Altstadt. Am einfachsten zu erreichen sind die beim Supermarkt sowie auf der Landbrücke in Strandnähe. Busse fahren mehrmals täglich ab Zagreb und Zadar, die Haltestelle befindet sich nördlich des Hafens. www.antoniotours.hr

***Touristeninformation:** Am Trg Petra Krešimira IV. Allgemeine touristische Informationen auf www.tzgpag.hr.*

GPS-Wegpunkt 82 (Trg P. Krešimira): 44,44382 15,05445
GPS-Wegpunkt 83 (Parkplatz): 44,44128 15,05142

Von Senj nach Starigrad Paklenica

Während die Ostküste der Kvarner-Bucht in ihrem nördlichen Abschnitt, um Crikvenica (➤ Seite 85) und Novi Vinodolski, dicht besiedelt ist, wird es südlich von Sveti Juraj immer einsamer. Die Straße zieht sich hier in einer Höhe von 200 bis 300 Metern oberhalb der Steilküste entlang, Stichstraßen schlängeln sich zu den kleinen Häfen Stinica und Prizna hinunter, wo die Fähren zu den weitaus lebhafteren Inseln Rab (➤ Seite 137) und Pag (➤ Seite 147) ablegen. Seit der Fertigstellung der weit im Inland verlaufenden Autobahn hat sich das Verkehrsaufkommen auf der ehemals berüchtigten Adriamagistrale auf ein angenehmes Maß reduziert. Mit ihrer oft fantastischen Aussicht auf die vorgelagerten Inseln ist sie in diesem Abschnitt ohne Zweifel eine der schönsten Fernstraßen des Mittelmeergebiets!

Pflicht oder nicht?

- •••• *top, unbedingt machen!*
- ••• *sollte man erlebt haben*
- •• *nette Abwechslung*
- • *man versäumt nicht viel*

Die Kvarner-Küstenstraße ist sicherlich eine der schönsten Straßen des Mittelmeergebiets!

Bei Cesarica senkt sich die Straße wieder fast auf Meeresniveau ab. Das gemütliche Städtchen Karlobag bietet ein gewisses Maß an touristischer Infrastruktur direkt am Meer und ist ein Tipp für alle, die es ruhig und entspannt mögen. Die hier abzweigende Straße nach Gospić ist eine der wenigen Überquerungen des Velebit-Hauptkamms und eine der Verbindungen zu den Plitvicer Seen (➤ Seite 167).

In ihrem südlichen Abschnitt ist die Adriamagistrale recht einsam.

Südlich von Karlobag verläuft die Straße dicht am Meer und durchquert hin und wieder kleine, verstreute Siedlungen, bis nach 50 Kilometern mit **Starigrad Paklenica** das größte Siedlungszentrum der Gegend erreicht ist. Der Straßenort zieht sich über fast drei Kilometer an der Küste entlang und ist während der sommerlichen Hochsaison ziemlich lebhaft, es gibt zahllose private Unterkünfte und ein paar Hotels. Die besten Bademöglichkeiten findet man im südlichen Ortsbereich, wo Starigrad in die angrenzende Ortschaft Seline übergeht. Hier trennt eine ausgedehnte Wiesenebene die Straße vom Meer, rund um die Ruine des mittelalterlichen Wehrturms Večka Kula erstrecken sich auf rund 1,5 Kilometern Länge schöne Kiesstrände. Starigrad Paklenica ist vor allem als Tor zum Nationalpark Paklenica bekannt: Der Eingang zur Velika Paklenica, der größten Schlucht Kroatiens, befindet sich direkt am Ortsrand (➤ übernächste Seite).

Wanderungen

16 Zu den Dabarski kukovi

Technik ●●●●○
Kondition ●●●●○

➤ *Seite 241*

17 Auf den Bojin kuk

Technik ●●●●●
Kondition ●●●○○

➤ *Seite 245*

Wie man hinkommt

Busse fahren mehrmals täglich von Rijeka über Karlobag und Starigrad Paklenica nach Zadar.

Touristische Informationen: www.rivijera-paklenica.hr

GPS-Wegpunkt 84 (Starigr.): 44,29445 15,43911

Rund um den Wehrturm gibt es die schönsten Strände von Starigrad.

Thema: **Mirila**

Eine besondere Form des traditionellen Totenkults in der Küstenregion des Velebit sind die *Mirila* (im Singular *Mirilo*), Totengedenksteine, die mit eingemeißelten Symbolen oder auch Schriftzeichen versehen sind. Wenn in historischen Zeiten – dieses Brauchtum existierte vom 17. Jahrhundert bis in die 1950er-Jahre – jemand auf einem abgelegenen bäuerlichen Anwesen starb, musste die Leiche zum nächsten Friedhof getragen werden. Dabei legten die Leichenträger an bestimmten Stellen eine Pause ein, und mit ihnen rastete dort auch der Tote, der sich so von der Sonne verabschieden konnte. Für jeden Toten wurde dann zum Gedenken ein Mirilo aufgestellt, ein Totenraststein. An den traditionellen Raststellen entstanden so mit der Zeit ganze Ansammlungen von Mirila, die mehr verehrt wurden als die Gräber. Ihrem bäuerlichen Ursprung entsprechend sind die Mirila meist sehr einfach gehalten, zeigen aber eine große Vielfalt an Motiven.

Am Hang oberhalb von Starigrad Paklenica stehen einige Mirila, die durch einen Lehrpfad erschlossen wurden. Einige sieht man gleich am Anfang in der Nähe des Parkplatzes (unterhalb der ersten Informationstafel, knapp über der Straße), eine weitere Gruppe befindet sich 1,3 km entfernt am oberen Hang. Der Weg dorthin ist ziemlich steinig, feste Schuhe sind unbedingt nötig! Allzuviel sollte man allerdings nicht erwarten, denn die Mirila sind unauffällig und gehen in der Umgebung fast unter.

In Starigrad Paklenica in Hafennähe der Beschilderung „Mirila" bis zum Parkplatz kurz nach den letzten Häusern folgen.

Die Mirila sind eine besondere Form des Totengedenkens.

Paklenica-Schluchten

Die beiden Paklenica-Schluchten gehören zu den tiefsten und eindrucksvollsten Schluchten des gesamten Balkans; dies macht sie zu einer der großen Natursehenswürdigkeiten Kroatiens, außerdem sind sie der zentrale Teil von einem der insgesamt acht Nationalparks des Landes. Die größere der beiden Schluchten, die Velika Paklenica, zieht sich von ihrem Beginn in Küstennähe bei der Ortschaft Starigrad Paklenica (➤ Seite 159) mehr als sieben Kilometer als tiefe Furche in die Gebirgsbarriere des Velebit hinein. An ihrer tiefsten Stelle ist sie fast 700 Meter tief.

Pflicht oder nicht?

- ●●●● *top, unbedingt machen!*
- ●●● *sollte man erlebt haben*
- ●● *nette Abwechslung*
- ● *man versäumt nicht viel*

Die Velika Paklenica ist eine der großen Natursehenswürdigkeiten Kroatiens.

Da die Velika Paklenica bereits in historischen Zeiten durch einen breiten Weg erschlossen wurde, ist sie leicht zugänglich. Der Weg führt stets am Schluchtgrund entlang, neben dem Bach, der im Sommer meist trocken fällt. Von der **Eingangskasse** 1 – wie bei vielen kroatischen Natursehenswürdigkeiten wird auch hier ein Eintrittsgeld verlangt – kann man auf einer Straße noch 1,5 Kilometer weit in die Schlucht hineinfahren bis zum **oberen Parkplatz** 2 (sofern man das Glück hat, auf dem nicht allzu großen Parkplatz sein Fahrzeug unterbringen zu können).

Die Velika Paklenica ist das Herz des Nationalparks.

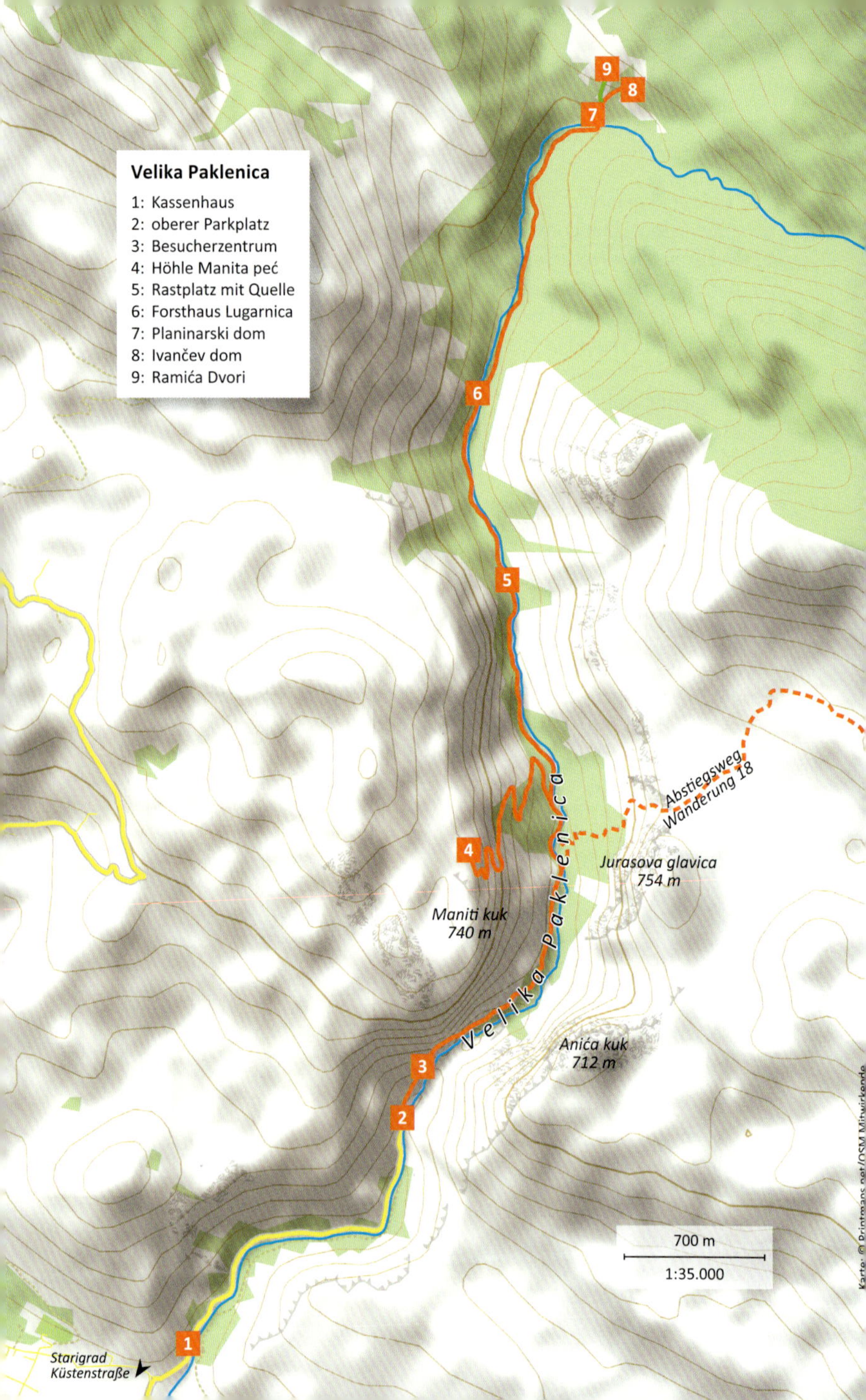

Velika Paklenica
1: Kassenhaus
2: oberer Parkplatz
3: Besucherzentrum
4: Höhle Manita peć
5: Rastplatz mit Quelle
6: Forsthaus Lugarnica
7: Planinarski dom
8: Ivančev dom
9: Ramića Dvori
Abstiegsweg Wanderung 18
Jurasova glavica 754 m
Maniti kuk 740 m
Velika Paklenica
Anića kuk 712 m
700 m
1:35.000
Starigrad Küstenstraße

Schon ein kurzes Stück weiter befindet man sich im engsten Teil der Schlucht: Die fast senkrechten Wände wachsen direkt aus dem Weg heraus und rücken bis auf wenige Meter aneinander. Ausrüstungsgeklapper und Kommandorufe lenken den Blick nach oben und verraten, dass die Velika Paklenica eine ausgesprochen beliebte Kletterdestination ist: Die Wände bieten eine unübersehbare Zahl an Routen jeglicher Schwierigkeitsgrade, von denen die allerersten schon Ende der Dreißigerjahre erschlossen wurden. Heute gilt die Velika Paklenica mit ihren unübersehbaren Möglichkeiten und der leichten Zugänglichkeit – die besten Spots sind nur ein paar Minuten vom Parkplatz entfernt – als eine der Top-Kletterdestinationen Südosteuropas.

Doch noch eine andere Nutzungsart hat es hier gegeben: 1950-1953, in der Ära Titos (➤ Seite 23), wurde in der Westwand eine ausgedehnte Bunkeranlage angelegt. Nach Jahrzehnten der Unzugänglichkeit werden die Stollen heute wieder genutzt: Es gibt ein **Besucherzentrum** 3, ein Café, einen Souvenirshop und Toiletten. Nach diesem „Zivilisationszentrum“ steigt der Weg recht steil an, das grobe, von jahrhundertelanger Nutzung stellenweise unangenehm glatt polierte Pflaster macht das Vorankommen etwas mühsam. Wer sich nicht mit den ersten wenigen hundert Metern begnügen will, kommt um den Aufstieg allerdings nicht herum. Es lohnt sich aber: Nach knapp zwei Kilometern ist die Steilstufe mit einem Höhenunterschied von gut 100 Metern überwunden, der Weg setzt sich nun als nur noch leicht ansteigender breiter Kiesweg fort. Bald plätschert überraschenderweise neben dem Weg ein Bach, der da vorher nicht gewesen ist: Wie es in Karstgebieten mit ihrem von zahlreichen Spalten durchzogenen Gestein nicht ungewöhnlich ist, versickert der Paklenica-Bach im unteren Abschnitt der

Die Schlucht zählt zu den besten Klettergebieten Südosteuropas.

Schlucht, sofern er nicht außergewöhnlich viel Wasser führt. Im 19. Jahrhundert wurde er für den Betrieb von Mühlen genutzt, deren Ruinen man an mehreren Stellen sehen kann.

In ihrem oberen Abschnitt weitet sich die Velika Paklenica nach und nach, die Felswände weichen zurück, bis schließlich von einer Schlucht kaum noch die Rede sein kann. Der Weg führt jetzt durch ein liebliches grünes Tal, begleitet vom ständigen Gluckern des Baches. Gut drei Kilometer nach dem Eingang gibt es einen schönen **Rastplatz** 5 mit Trinkwasserquelle, ein Stück weiter werden am **Forsthaus Lugarnica** 6 sogar Getränke ausgeschenkt. Dann steigt der Weg wieder stärker an, vorne wird die Gipfelkette des Velebit sichtbar, die sich wie ein gigantischer Riegel aufbaut. Nach insgesamt knapp sechs Kilome-

Nur im oberen Abschnitt führt der Bach Wasser.

Thema: Winnetou-Filme

Von 1962 bis 1968 wurden im damaligen Jugoslawien die berühmten Verfilmungen der Winnetou-Romane von Karl May gedreht: In einer Kooperation der deutschen Produktionsfirma Rialto Film mit der jugoslawischen Jadran Film entstanden insgesamt elf Kinofilme mit Pierre Brice und Lex Barker in ihren legendären Hauptrollen als Winnetou und Old Shatterhand. Die Filme wurden sofort zu einem riesigen Erfolg und gehören bis heute zu den meistgesehenen deutschsprachigen Filmen. Die Drehorte befanden sich überwiegend im heutigen Kroatien, darunter sind neben der großen Paklenica-Schlucht auch die Plitvicer Seen (➤ Seite 167).

In Starigrad Paklenica ist der Winnetou-Kult besonders lebendig: In den Räumen eines ehemaligen Motels, in dem damals die Filmcrew untergebracht war, gibt es ein privates Museum mit Original-Requisiten und anderen Erinnerungsstücken, und jährlich im Mai oder Juni findet ein Fest für Filmfans statt.

tern ist bei der Berghütte **Planinarski dom Paklenica** 7 dann endgültig das Ende der Schlucht erreicht. In der malerisch im Wald gelegenen Hütte, die der kroatischen Bergsteigergesellschaft gehört, werden nur Getränke serviert; wer etwas essen möchte, hat dazu die Möglichkeit in den privaten Hütten **Ivančev dom** 8 und **Ramića Dvori** 9, die wenige hundert Meter weiter oben am Hang liegen. In allen drei Hütten kann man auch übernachten.

Eine weitere Attraktion ist die Tropfsteinhöhle **Manita peć** 4, die weit oberhalb des Schluchtgrundes in der Westwand liegt und mit einem Aufstieg von 40-50 Minuten über einen steilen Serpentinenweg erreichbar ist. Die großräumige Höhle wurde schon in den Dreißigerjahren als Schauhöhle zugänglich gemacht. Gleich nach dem Eingang betritt man die 60 Meter lange und 35 Meter hohe Haupthalle mit Dutzende Meter hohen Sinterformationen, dahinter führen Treppen in eine weitere Halle hinunter. In jedem Fall berücksichtigen sollte man die Tatsache, dass die Temperatur im Inneren ganzjährig bei neun bis zehn Grad liegt, im Sommer ist der Kontrast zur Außentemperatur also recht groß.

Die Höhle enthält große Tropfsteinformationen.

Gegen Ende weitet sich die Schlucht zu einem waldigen Tal.

Sehr im Schatten der Velika Paklenica, der „großen Paklenica", steht die zweite Schlucht, die wenige Kilometer südlich annähernd parallel verlaufende **Mala Paklenica**: Die „kleine Paklenica" ist praktisch unerschlossen, der hineinführende Wanderweg endet bald im Geröll des Schluchtbodens. Dennoch ist sie keineswegs unzugänglich – die weitgehend weglose Durchsteigung der Schlucht ist ein kleines Abenteuer für erfahrene Wanderer (➤ Seite 250).

Wanderungen

18 Durch die Paklenica-Schluchten

Technik ●●●●●
Kondition ●●●●○

➤ *Seite 250*

Wie man hinkommt

Der Nationalpark-Haupteingang an der Velika Paklenica (Eingang 1) ist ganzjährig geöffnet. Am südlichen Ortsrand von Starigrad Paklenica 1,1 km landeinwärts (beschildert) bis zur Zahlstelle, dann noch einmal 1,5 km bis zum oberen Parkplatz. Bushaltestelle in Starigrad an der Hauptstraße; bis zum Schluchtbeginn 2,8 km.

Mitte März bis Mitte November tägl. 6:00-20:00 Uhr, im Winter 7:00-15:00 Uhr. Tageskarte Juni bis September Erwachsene 60 kn, Kinder von 5-14 30 kn, Jugendliche und Studenten sowie Senioren ab 65 40 kn, zu anderen Jahreszeiten günstiger. Außerdem Karten für 3 und 5 Tage. Einfahrt mit dem Auto zusätzlich 10 kn pro Fahrzeug.

***Toiletten** am Kassenhaus, am Besucherzentrum, am Forsthaus Lugarnica sowie an den Berghütten.*

***Manita peć:** Vom oberen Parkplatz im Talboden 2,5 km, dann noch einmal 40-50 min steiler Aufstieg auf Kiesweg. Juli bis September tägl. 10:00-13:00 Uhr, Juni und Oktober Mo, Mi und Sa 10:00-13:00 Uhr, Mai Mi und Sa 10:00-13:00 Uhr, April Sa 10:00-13:00 Uhr. Führungen nach Bedarf, normalerweise mehrmals pro Stunde, Dauer 30-35 min. Erwachsene 30 kn, Kinder 15 kn, Kasse am Höhleneingang. Achtung: Die Temperatur in der Höhle beträgt ganzjährig 9-10 Grad!*

***Nationalparkverwaltung:** www.np-paklenica.hr/de*

***Hütten:** Planinarski dom: vom oberen Parkplatz 1:30-2:00 Stunden, www.pdpaklenica.hr; Ivančev dom (www.paklenica.net), Ramića Dvori (www.ramica-dvori.com), beide ab Plan. Dom 15-20 min.*

GPS-Wegpunkte:

85 (Kasse Eingang 1):	44,29402	15,45762
86 (Höhle Manita Peć):	44,31399	15,47525
87 (Planinarski dom):	44,34575	15,48259

Plitvicer Seen

Weit von der Küste entfernt, im waldreichen Hinterland Kroatiens nahe der Grenze zu Bosnien-Herzegowina, liegt eine der ganz großen Sehenswürdigkeiten des Landes: die Plitvicer Seen (kroatisch *Plitvička jezera*). Das Flüsschen Matica hat hier eine außergewöhnliche Landschaft geschaffen: Eine ganze Kette kleiner bis mittelgroßer Seen – derzeit sind es 16 – liegen in verschiedenen Geländestufen übereinander, verbunden durch eine unübersehbare Zahl kleiner Wasserfälle und umgeben von urtümlichem, üppig grünem Wald. Kristallklares Wasser, in dem sich zahllose Fische tummeln, schimmert türkisblau und stürzt mit weißer Gischt über die Barrieren, die die Seen voneinander trennen.

Pflicht oder nicht?

- •••• *top, unbedingt machen!*
- ••• *sollte man erlebt haben*
- •• *nette Abwechslung*
- • *man versäumt nicht viel*

Die Plitvicer Seen sind sicherlich eine der schönsten Landschaften Südosteuropas – auch wenn sie überlaufen sind.

Diese einzigartige Landschaft konnte durch sehr spezielle geologische Voraussetzungen entstehen: Das Wasser des Flusses ist extrem stark mit Kalk gesättigt, den es in teilweise unterirdischen Wasserläufen aus dem Untergrundgestein gelöst hat. An Stellen, wo das Wasser ge-

Die Plitvicer Seen sind eine einzigartige Natursehenswürdigkeit.

bremst und verwirbelt wird, lagert sich der Kalk wieder ab – oft an Pflanzenteilen, die so regelrecht versteinern. Auf diese Art haben sich Barrieren aus Travertin, einem weichen Kalkgestein, gebildet. Diese Barrieren stauen den Wasserlauf zu kleineren Seen und werden von Wasserfällen überflossen, die niedrige Kaskaden und breite Schleier bilden. Das alles ist ein dynamischer Prozess, der niemals zum Stillstand kommt; daher sind die Plitvicer Seen eine Landschaft in ständigem Wandel. Immer wieder kommt es vor, dass Zuflüsse und Wasserfälle versiegen, kleine Seen abgeschnitten werden und austrocknen. Dafür entsteht anderswo Neues.

Die Plitvicer Seen wurden bereits 1949 zum Nationalpark erklärt und 1979 als eine der ersten Stätten in die Liste des UNESCO-Weltnaturerbes aufgenommen. Sie gelten als eine der ganz großen Natursehenswürdigkeiten – nicht nur von Kroatien, sondern von ganz Europa. Dass so viel Berühmtheit eine größere Anzahl von Besuchern anzieht, liegt auf der Hand. In den letzten Jahren sind die Besucherzahlen stark angestiegen und haben ein problematisches Ausmaß erreicht: Im Jahr 2017 kamen

Es lohnt sich, den Blick auf Details zu richten.

Breite Kaskaden verbinden die Seen miteinander.

1,7 Millionen Besucher, an Spitzentagen in der sommerlichen Hochsaison sind es bis zu bis zu 20.000 Personen. Aber auch an normalen Tagen wächst sich der Andrang zu einem ziemlich nervigen Gedränge aus. An den ergiebigen Fotospots gibt es dann Staus, und die Infrastruktur gerät regelmäßig an ihre Grenzen; vor allem die Bootsfahrten sind ein Nadelöhr, das längere Wartezeiten verursachen kann. Es lohnt sich in jedem Fall, möglichst früh am Tag zu kommen – dann hat man auch das beste Fotolicht, denn am Nachmittag liegen die Wasserfälle im Schatten. Die Luxusvariante ist es, in einem der drei Hotels am Haupteingang zu nächtigen und die Fälle morgens und abends zu besichtigen.

Die Plitvicer Seen teilen sich in zwei Abschnitte auf: Im Süden befindet sich der obere Abschnitt, im Norden der untere Abschnitt, getrennt durch den großen, langgestreckten Kozjak-See. Der obere Abschnitt ist mit zahlreichen kleineren Seen und spektakulären, breiten Wasserfällen der interessantere Teil; im unteren Abschnitt fallen die Kaskaden deutlich bescheidener aus, dafür gibt es hier mit dem 78 Meter hohen Veliki slap, dem „großen Wasserfall", noch einen besonderen Höhepunkt.

Die Seen sind auch ein einzigartiges Biotop.

Hölzerne Stege führen zwischen den Seen hindurch.

Slunj
Karlovac
Eingang 1
Veliki slap
untere Seenkette
ST 1
P3
Kozjak-See
Hotel Jezero
Eingang 2
ST 2
Hotel
Plitvice
Hotel
Bellevue
P2
P1
Autobahn
Otočac
Gospić
obere Seenkette
Gradinsko
Galovac
Okrugljak
Ciginovac
ST 3
Prošćansko-See
500 m
1:25.000
Karte: © Printmaps.net/OSM Mitwirkende

Wenn man schon einmal hier ist, sollte man sich aber in jedem Fall alles ansehen! Zwei Bootslinien und ein Shuttlebus erleichtern die Erkundung des ausgedehnten Geländes, das von breiten, bequemen Wegen, gelegentlich mit einigen Stufen, durchzogen ist. Große Teile des Wegenetzes bestehen aus Holzbohlenwegen, die oft direkt über das Wasser führen. Dass es strikt verboten ist, die Wege zu verlassen oder gar ins Wasser zu gehen, versteht sich von selbst: Die Landschaft ist extrem sensibel und wäre schnell zerstört.

Der Nationalpark hat zwei Eingänge: Eingang 1 befindet sich am nördlichen Ende am unteren Seenabschnitt, Eingang 2 einige Kilometer weiter im Süden in der Nähe des oberen Seenabschnitts. Wenn man aus Richtung Adriaküste kommt, erreicht man Eingang 2 zuerst, dort befinden sich auch die drei Hotels. Wenn man sich das ganze Gelände anschauen will, ist es im Grunde egal, welchen Eingang man benutzt; Eingang 1 ist jedoch etwas angenehmer, weil hier nicht ganz so viel Trubel herrscht und weil der Weg vom Parkplatz zum Wasser etwas kürzer ist.

Die Nationalparkverwaltung hat Rundwege verschiedener Länge beschildert; in der Information am Kassenhaus gibt man gerne Tipps, außerdem ist an der Bude beim Eingang eine praktische Karte erhältlich

Die untere Seenkette besteht aus kleineren Kaskaden.

(leider nicht kostenlos). Der Shuttlebus pendelt zwischen der Station ST 1 in der Nähe von Eingang 1 und der Busstation ST 3 am Prošćansko-See mit einem Zwischenstopp bei Eingang 2. Außerdem gibt es zwei Bootslinien: Die sehr kurze Überfahrt von P1 zu P2 (die praktisch unumgänglich ist, wenn man Eingang 2 benutzt) sowie die lange Überquerung des Kozjak-Sees.

Die Minimalvariante, die man unbedingt erlebt haben muss, beginnt am Eingang 2 mit der kurzen Bootsfahrt von P1 nach P2 und umrundet den Gradinsko-See – das ist der mit Abstand schönste Abschnitt der Seenkette, freilich auch der, der stets am vollsten ist. Diese Runde ist ab Parkplatz Eingang 2 rund 3,5 Kilometer lang. Den maximalen Erlebniswert hat man mit der folgenden, etwas längeren Variante: Parken am Eingang 1, dann zunächst mit einem Abstecher zum großen Wasserfall und weiter durch den unteren Kaskadenteil zum Kozjak. Von dort kann man mit dem Boot über den See fahren (von Schiffsstation P3 zu P2), durch den oberen Kaskadenteil bis zur Busstation ST 3 wandern und dann mit dem Bus zurück zum Ausgangspunkt fahren. Diese Variante ist 6,5 Kilometer lang und dauert zwei bis drei Stunden. Wer Lust auf eine etwas längere Wanderung hat, lässt die Bootsfahrt aus und geht von P3 zu P2 auf dem schönen Westuferweg (zusätzlich 4,0 Kilometer); dies ist auch eine gute Notlösung, falls die Wartezeit auf das Boot zu lang sein sollte. Der Uferweg ist nicht ganz so spektakulär wie die untere und obere Seenzone, dafür aber auch weitaus ruhiger; er verläuft stets direkt am Ufer und kann bei hohem Wasserstand stellenweise etwas feucht sein. Im oberen Seenteil kann man die Tour noch mit

Ein ruhiger Uferweg umrundet den Kozjak-See.

der einen oder anderen zusätzlichen Schleife, etwa einer Umrundung des Okrugljak-Sees, nach Belieben verlängern. Für eine große Runde kann man ganz auf Boote und Busse verzichten und über den ebenfalls schönen Ostuferweg am Kozjak entlang zurückgehen.

Von den nächstgelegenen Küstenorten – Senj und Karlobag – sind es mindestens zwei Stunden Fahrt, immerhin eine schöne, entspannende Strecke durch das ländliche und waldreiche kroatische Hinterland. Da die Seen recht nah an der Autobahn Zagreb-Zadar liegen, ist es auch eine interessante Option, sie bei An- oder Abreise zu besuchen. Die drei Hotels beim Eingang 2 bieten die Möglichkeit, über Nacht zu bleiben, außerdem werden im weiten Umkreis viele private Unterkünfte angeboten.

GPS

Eingang 1:	*PVS1*	*44,90569*	*15,61292*
Eingang 2:	*PVS2*	*44,88280*	*15,62349*
Schiffsstation P1:	*PVS3*	*44,88035*	*15,61724*
Schiffsstation P3:	*PVS4*	*44,89367*	*15,60351*
Busstation ST 1:	*PVS5*	*44,89677*	*15,61206*
Busstation ST 2:	*PVS6*	*44,88247*	*15,61805*
Busstation ST 3:	*PVS7*	*44,87085*	*15,60020*

Wie man hinkommt

Von der Adriaküste gibt es zwei Hauptzufahrtsrouten: Von Senj über Otočac und von Karlobag über Gospić (jeweils ca. 100 km/2 Std. ab Küste). Aus der Region Zadar kann man zunächst über die Autobahn Richtung Zagreb bis Gospić fahren. Die Zufahrt ist weiträumig gut beschildert. Aus Richtung Otočac und Gospić erreicht man den größeren Eingang 2 zuerst, Eingang 1 ist 3,2 km weiter entfernt. Von den größeren Ferienorten werden Busausflüge angeboten, auch viele Fernbuslinien halten an den Seen.

Öffnungszeiten: *Der Park ist ganzjährig täglich geöffnet. Anfang Juni bis Ende August 7:00-20:00 Uhr, Ende März bis Ende Mai 8:00-19:00 Uhr, September 7:00-19:00 Uhr, Winter 8:00-16:00 Uhr. Kassenschluss und letzter Einlass 2 Stunden vor Schließung.*

Eintritt: *1.6.-30.9. Tageskarte Erwachsene 250 kn, Studenten 160 kn, Kinder von 7-18 120 kn. April, Mai und Oktober 100/75/50 kn, Winter 60/50/30 kn, außerdem Mehrtageskarten. Schiffe und Shuttlebusse sind inkludiert, Parkplatz zusätzlich 7 kn/Std.*

Gastronomie und Toiletten *an allen Busstationen sowie den Schiffsstationen P1 und P3. Direkt am Eingang 2 liegen die drei Hotels Jezero, Plitvice und Bellevue.*

www.np-plitvicka-jezera.hr, Tel. 00385 53 751 015

Thema: Große Beutegreifer

In den weitflächigen, urwüchsigen Waldgebieten auf dem kroatischen Festland – etwa in den Nationalparks Risnjak und Nördlicher Velebit sowie auch bei den Plitvicer Seen – konnten bis heute nennenswerte Populationen der drei großen europäischen Beutegreifer überdauern: Es gibt hier Wölfe, Bären und Luchse.

Wolf

Anders als in Deutschland oder Österreich, wo der Wolf im 19. Jahrhundert ausgerottet wurde und sich erst in jüngster Vergangenheit wieder angesiedelt hat, sind diese Tiere in Kroatien nie ganz verschwunden. In den abgelegenen Waldgebieten auf dem Festland gibt es heute einen stabilen Bestand, Teil der Dinarischen Population, die sich über große Teile des Balkans erstreckt. Wölfe sind Rudeltiere und belegen feste Reviere; erwachsene Tiere leben aber oft jahrelang alleine und können dabei riesige Gebiete durchstreifen. Anders als landläufig angenommen, sind Wölfe für Menschen nicht gefährlich – sie sind vielmehr ausgesprochen scheu, so dass man sie nur sehr selten zu sehen bekommt.

Wölfe sind in Kroatien nie ganz verschwunden.

Braunbär

Ähnlich wie der Wolf ist auch der Europäische Braunbär in Kroatien nie ganz verschwunden und heute in einer recht stabilen Population über die dünn besiedelten Gebiete auf dem Festland verbreitet. Um die 1000 Tiere sollen es im ganzen Land sein, sie dürfen hier sogar in geringem Ausmaß bejagt werden. Bären haben ein ausgesprochen breites Nahrungsspektrum, das von größeren Tieren bis zu Früchten und sogar Insekten reicht. Ähnlich wie Wölfe sind Bären sehr scheu und für Menschen nicht gefährlich, sofern sie sich nicht an deren Nähe gewöhnen, etwa durch leicht zugängliche Abfälle.

Auch Braunbären leben in den Wäldern Kroatiens.

Luchs

Während Bären und Wölfe in Kroatien im Lauf der letzten Jahrhunderte zwar stark dezimiert und zurückgedrängt wurden, aber nie ganz verschwanden, war der Luchs hier zu Beginn des 20. Jahrhunderts ausgerottet. Die heute in Kroatien lebenden Luchse entstammen einer Population, die 1973 in Slowenien ausgewildert wurde und sich seitdem weit in Richtung Süden ausgebreitet hat. Die großen Wildkatzen sind – außer zur Paarungszeit – Einzelgänger. Dennoch sind sie in der Lage, Tiere zu erbeuten, die viel größer sind als sie selbst: Rehe und Gemsen passen ebenso in ihr Beuteschema wie Hasen.

Luchse sind aus Slowenien zurückgekehrt.

Die Wanderungen

Bei der Auswahl der 18 schönsten Wanderungen der Region waren ein hoher Erlebniswert und eine große Vielfalt die wichtigsten Kriterien, soweit wie möglich wurden Rundtouren bevorzugt. Auf dem Festland sind vor allem das nordöstliche Istrien sowie die küstennahen Berggebiete als Wanderregionen interessant. Aber auch die Inseln bieten auf ihren Höhenzügen und an den Küsten sehr interessante Möglichkeiten für kurze bis mittellange Touren.

Fortsetzung auf der nächsten Seite ➤

Mit öffentlichen Verkehrsmitteln

= gut erreichbar *= eingeschränkt erreichbar* *= nicht erreichbar*

Tipp: Wanderkarten und GPS

Viele Wanderwege in Kroatien sind nicht ausreichend markiert. Ein **GPS-Gerät** (z.B. von Garmin) oder auch ein Smartphone mit digitaler Karte vereinfacht die Orientierung erheblich – mit etwas Übung ist damit ein Verlaufen auch bei komplizierten Touren fast ausgeschlossen.

Zur Orientierung mit dem Smartphone hat sich die App **OsmAnd** bewährt, die auf den digitalen Kartendaten von OpenStreetMap basiert. OsmAnd funktioniert auch ohne Netzverbindung, wenn man die Kartendaten vorher herunterlädt.

Meine Empfehlung für digitale Kartendaten ist die **Open MTB Map**, von der es auch eine Ausgabe für Kroatien gibt. Eigentlich fürs Mountainbiking gedacht, ist diese Karte auch zum Wandern perfekt. Darüber hinaus sind Download und Verwendung kostenlos, es wird um eine Spende gebeten:

www.openmtbmap.com

Alle Wegpunkte der Wanderungen sind in diesem Buch im Format Grad/Dezimalgrad angegeben. **Datenpakete** mit Wegpunkten und Tracks können in verschiedenen Dateiformaten kostenlos heruntergeladen werden:

www.maremonto.com/gps/kroatiennordwest.zip

Tourendetails und Bewertungssystem

Der Anspruch der Wanderungen ist mit einem differenzierten Bewertungssystem dargestellt, das die Anforderungen an Kondition und Technik unabhängig voneinander in jeweils fünf Stufen bewertet.

Die Bewertung des **Anspruches an die Kondition** berücksichtigt Gehzeit, Wegstrecke und Höhenunterschied. Mit 1 sind sehr einfache Kurzwanderungen ohne wesentlichen Höhenunterschied bewertet, die für absolut jeden machbar sind. Touren der Stufe 3 sind mittelschwere Halbtageswanderungen, für die ein durchschnittliches Maß an Sportlichkeit ausreicht. Stufe 5 bezeichnet sehr anspruchsvolle Ganztagestouren, die ein hohes Maß an Fitness und Kondition voraussetzen und auch für sportliche Menschen fordernd sind.

Die Zahlen zu **Weglänge, Höhenmeter in Auf- und Abstieg sowie Gehzeit** geben detaillierten Aufschluss. Die Gehzeit versteht sich grundsätzlich ohne Pausen! Bitte beachten Sie, dass sich die Gehzeiten individuell sehr stark unterscheiden können, insbesondere bei Strecken mit großen Höhendifferenzen.

Der **Anspruch an die Technik** bewertet unabhängig davon den Schwierigkeitsgrad der Wegstrecke: Hier fließen Faktoren wie rutschige Oberflächen, komplizierte Abstiegspassagen oder Wegstrecken, die Höhenangst hervorrufen können, in die Bewertung mit ein. Mit 1 sind hier sehr einfache Wege bewertet, die auch mit leichtem Schuhwerk begangen werden können, vergleichbar mit Parkwegen. Touren der Stufe 2 sind etwas anspruchsvoller, aber immer noch für fast jeden machbar. Wanderungen der Stufe 3 erfordern ein gewisses Maß an Geländeerfahrung; ab dieser Stufe sollten Sie Wanderschuhe tragen, da hier die Strecken uneben und steil sein können. Bei Stufe 4 sind sehr steile, geröllige oder rutschige Passagen, stark ausgesetzte Wege sowie leichte Kletterstellen möglich. Stufe 5 ist das Maximum, das man noch ohne spezielle Sicherungsausrüstung verantworten kann. Diese Touren erfordern Erfahrung und ein gesundes Maß an Selbsteinschätzung, da sie über sehr komplizierte Auf- oder Abstiegspassagen, Kletterstellen und extrem ausgesetzte Wege führen können. Der Absatz **Anforderungen** erklärt ausführlicher den Wegzustand und die spezifischen Schwierigkeiten der Strecke. Wenn spezielle Ausrüstung nötig sein sollte, wird hier darauf hingewiesen.

Bitte beachten Sie, dass Bewertungen und Gehzeitangaben nur als Anhaltspunkte zu verstehen sind und Ihr persönliches Verantwortungsgefühl auf keinen Fall ersetzen können! Gehen Sie mit hohen Werten beurteilte Touren nur, wenn Sie bereits Erfahrung mit ähnlich anspruchsvollen Wanderungen haben und sich dabei sicher fühlen! Autor und Verlag übernehmen keine Haftung für Unfälle, die durch eine Fehleinschätzung aufgrund der Bewertungen entstehen.

Wanderung 1:

Der Weg der sieben Wasserfälle

Keine Strandbuchten und keine Berge, und doch eine faszinierende Wanderung – auch das gibt es in Kroatien! Der „Weg der sieben Wasserfälle“ bei Buzet im Binnenland Nordistriens ist eine halbtagesfüllende Rundwanderung durch das Tal der Mirna und ihrer Seitenbäche und führt an insgesamt sieben Wasserfällen vorbei. Auch wenn diese nicht allzu imposant ausfallen und die Wasserläufe im Spätsommer oft nur kleine Rinnsale sind, lohnt sich die Wanderung in jedem Fall, weil sie großteils unschwierig durch enge Schluchten führt, die sich mit einer ruhigen Waldlandschaft abwechseln.

Vom Beginn am Stadtrand von Buzet (➤ Seite 35) geht es in eine Seitenschlucht der Mirna hinein, wo die ersten drei Wasserfälle dicht aufeinander folgen. Dieser erste Abschnitt der Tour ist auch gleich der abenteuerlichste: Einige Abschnitte des Weges verlaufen recht ausgesetzt am steilen Hang entlang. Nach dem dritten Wasserfall verlässt der Pfad die Schlucht mit einem sehr steilen Wegstück, das immerhin mit einem Seil und Tritthilfen gesichert ist. Danach wird es komfortabler: Der Weg führt jetzt durch dichten Mischwald, bald ist mit einem

Nicht weniger als sieben Wasserfälle liegen am Weg.

Abstecher der dritte Wasserfall erreicht, Mala Peč, der einen Teich unter einer überhängenden Felswand füllt. Danach ist erstmal eine Weile Schluss mit Wasserfällen, doch eine längere schöne Waldpassage und die verwunschen wirkende „Napoleonbrücke" entschädigen dafür. Schließlich ist beim winzigen Ort Kotli wieder die Mirna erreicht, die hier, in ihrem Oberlauf, nur ein größerer Bach ist. Gleich beim Ort bildet die Mirna einen schönen Wasserfall, zwei weitere folgen wenige Kilometer weiter. Ihre Fallbecken bieten noch einmal schöne Bademöglichkeiten, ehe es auf einer breiten Fahrpiste zurück geht.

Eckdaten

Anspruch Technik: ●●●○○ *mittel*

Anspruch Kondition: ●●●○○ *mittel*

Länge: *12,0 km*

Höhenunterschied: *Auf- und Abstieg jeweils 350 m*

Gehzeit: *3:20-4:00 Stunden (ohne Pausen)*

Anforderungen: *Im ersten Abschnitt (bis Vela Peč) kurze ausgesetzte Passagen und ein sehr steiler, seilgesicherter Aufstieg aus der Schlucht. Im übrigen Verlauf einfache Waldwege, die bei Nässe rutschig sein können. Im letzten Abschnitt (ab w01-19) führt der Weg durch mehrere Furten; bei niedrigem Wasserstand kommt man über Trittsteine trockenen Fußes hinüber, sonst muss der Fluss durchwatet werden. Bei sehr hohem Wasserstand können die Flussdurchquerungen problematisch sein – achten Sie am Ausgangspunkt darauf, ob die Mirna Hochwasser führt!*

Orientierung: *Die Strecke ist durchgehend markiert, allerdings sind die Markierungen oft stark verblasst und lückenhaft, außerdem kann es durch die vielen Abzweigungen zu Komplikationen kommen. Ein GPS-Gerät wird daher empfohlen.*

Einkehrmöglichkeiten: *Konoba in Kotli.*

Anfahrt mit dem Auto: *In Buzet auf der D44 Richtung Osten, gegenüber der Tankstelle Richtung Süden abzweigen, durch die Siedlung Sveti Ivan und ein kleines Gewerbegebiet. Hinter dem Wasserwerk („Istarski Vodovod") trifft die Straße auf die Mirna. Dort nicht geradeaus über die Brücke, sondern direkt davor links auf eine Piste. Die Piste führt über einen Damm an einigen Fitnessgeräten vorbei und endet nach 1,2 km an einem Parkplatz (w01-01).*

Anfahrt mit dem Bus: *Keine Verbindung zum Ausgangspunkt.*

Wegbeschreibung

Wir folgen dem Weg vom Parkplatz aus nach links in die Schlucht eines Seitenbaches hinein. Der flache Uferweg führt über eine Brücke, dann an einem ersten Wasserfall vorbei zu einem zweiten Wasserfall (w01-02) und endet dort bei zwei vergitterten Stollen. Wir steigen vor dem ersten Stollen rechts auf einem unauffällig markierten Pfad bergauf zu einer überhängenden Felswand und dort nach links. Kurz danach führt bei einer Gabelung mit roten Wegweisern (w01-03) ein Abstecher geradeaus zum Wasserfall Vela Peč (w01-04); um die Wanderung fortzusetzen, steigen wir an der Gabelung Richtung Mala Peč auf. Der Weg verlässt die Schlucht mit einem sehr steilen, durch ein Seil gesicherten Abschnitt und trifft auf einen quer verlaufenden ebenen Weg. Hier links Richtung Mala Peč (w01-05, rechts geht es nach Grjok). Nach 250 m überqueren wir den Bach über eine Brücke (w01-06) und gehen direkt dahinter auf einem Uferpfad nach rechts. Der verwachsene Pfad trifft nach wenigen Minuten auf eine weitere Gabelung (w01-07); hier führt ein Abstecher geradeaus am Bach entlang in 200 m zum Wasserfall Mala Peč mit einem Teich unter einer überhängenden Felswand (w01-08). Von dort zurück zur Gabelung und nun rechts Richtung Napoleonov Most/Komari.

Der Pfad entfernt sich leicht ansteigend vom Bach und trifft auf eine breite Piste, der wir nach rechts folgen (w01-09). Die Piste geht bald danach in einen breiten Waldweg über. Wir folgen stets geradeaus den rot-blau-roten Markierungen (zwischendurch zweigt die Mountainbikestrecke 509 nach links ab) über die steinerne Napoleonbrücke (Napoleonov Most, w01-10). 250 m weiter treffen wir auf eine breite Schotterpiste, folgen ihr nach rechts und verlassen sie kurz darauf in einer Kehre auf einen Weg nach links (w01-11, Wegweiser nach Glistonija, Ščaveti, Kumar, Kotle, MTB-Routen 552 und 556). Die rot-blau-roten Markierungen führen an einer Hausruine vorbei und durch offenes Land. Der Weg trifft auf eine kleine Straße; hier rechts Richtung Kuhari/Kotle (w01-12). Nach dem Ortsschild von Kuhari führt die Straße nach links; wir gehen hier an einem Bildstock

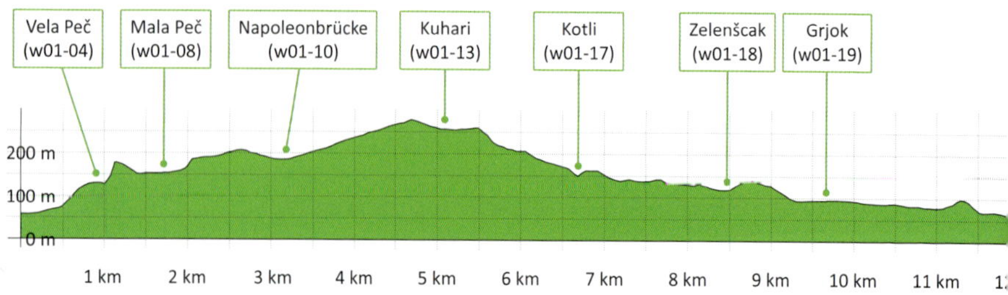

vorbei geradeaus auf einem schmalen, unauffälligen Pfad in den Wald hinein (w01-13). Der Pfad trifft bei einem verlassenen Haus auf einen breiten Fahrweg, dem wir nach rechts folgen; nach nur 80 m führen uns undeutliche Markierungen scharf links in den Wald (w01-14, die Abzweigung ist leicht zu übersehen). Der Weg führt im Wald bergab, schwenkt nach links und trifft auf eine Schotterpiste (w01-15); dort nicht der Piste folgen, sondern nach rechts auf einem Waldweg bergab. Nach 500 m trifft der Weg in Hörweite eines Wasserfalls auf einen quer verlaufenden breiten Weg (w01-16). Hier links Richtung Kotli; gleich darauf führt ein Pfad nach rechts über eine Mauer und steil zu einer Mühlenruine hinunter, von der aus man den Wasserfall von Kotli sieht (w01-17). Von dort zurück bis w01-16 und hier nun geradeaus Richtung Zelenšcak/Grjok/Buzet.

Wir gehen nun längere Zeit parallel zur Mirna flussabwärts. 1,7 km nach Kotli führt ein unauffälliger Wegweiser nach links zum neben dem Weg

Am Weg liegen verwunschene Orte wie Mala Peč (oben) und die Napoleonbrücke.

GPS

w01-01:	*45,39567*	*13,98817*	*w01-11:*	*45,38319*	*14,01187*
w01-02:	*45,39331*	*13,99187*	*w01-12:*	*45,37581*	*14,02090*
w01-03:	*45,39306*	*13,99499*	*w01-13:*	*45,37547*	*14,01801*
w01-04:	*45,39350*	*13,99586*	*w01-14:*	*45,37551*	*14,01354*
w01-05:	*45,39243*	*13,99471*	*w01-15:*	*45,37270*	*14,01565*
w01-06:	*45,39315*	*13,99736*	*w01-16:*	*45,36920*	*14,01649*
w01-07:	*45,39258*	*13,99826*	*w01-17:*	*45,36884*	*14,01620*
w01-08:	*45,39167*	*14,00042*	*w01-18:*	*45,37674*	*13,99932*
w01-09:	*45,39325*	*13,99952*	*w01-19:*	*45,37973*	*13,99592*
w01-10:	*45,38683*	*14,00985*	*w01-20:*	*45,39133*	*13,98798*

gelegenen Wasserfall Zelenšcak (w01-18). Auf dem Hauptweg erreichen wir nach 800 m eine Abzweigung; hier führt ein Abstecher nach links in 370 m zum siebten und letzten Wasserfall, dem Grjok (w01-19). Der breite Hauptweg verläuft parallel zur Mirna an einem Bildstock vorbei und durchquert drei Furten. Nach der dritten Furt macht die Fahrpiste eine Kehre und führt bergauf; wir gehen hier rechts (w01-20). Der Weg führt wieder zum Fluss hinunter und überquert ihn über zwei Steinbrücken. Kurz danach kommt auf der gegenüberliegenden Seite der Parkplatz in Sicht. Über eine Wehranlage kann man den Fluss queren; falls der Wasserstand zu hoch dafür ist, muss man 1,2 km geradeaus bis zur Brücke gehen.

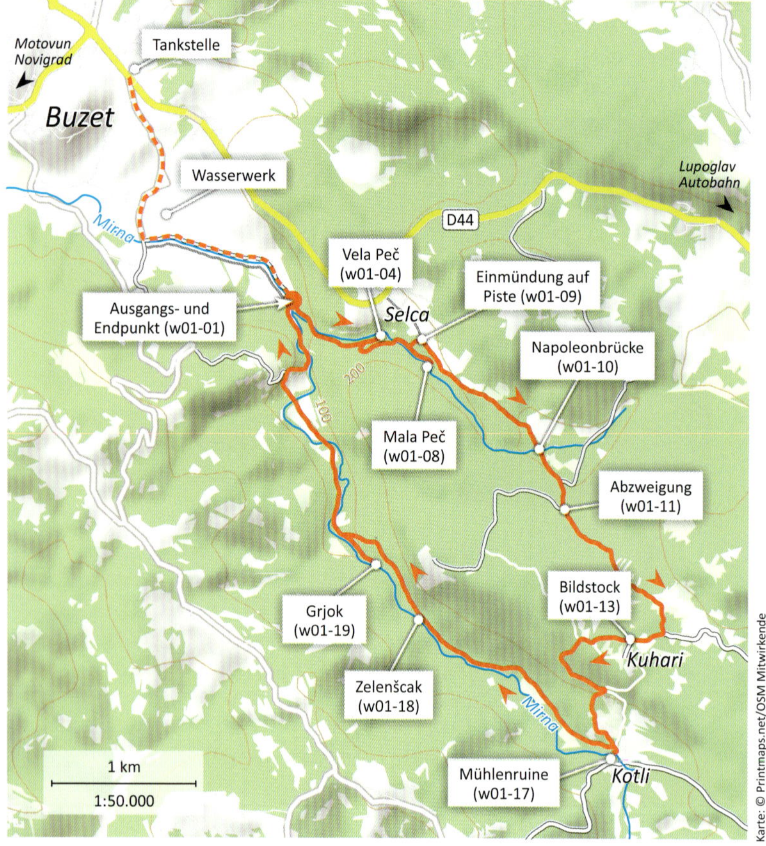

Karte: © Printmaps.net/OSM Mitwirkende

Wanderung 2:

Auf die Planik-Gipfel

Der Veliki Planik ist mit 1272 Metern einer der höchsten Gipfel des Učka-Massivs im Nordosten Istriens. Mit einer unschwierigen Rundwanderung, die im abgelegenen Dorf Brgudac beginnt, kann man ihn und seinen Nachbargipfel, den Mali Planik, überschreiten. Die Wanderung führt zunächst zur Korita hinauf, einer Quelle, die mit zehn Wasserbottichen gefasst ist. Diese traditionelle Quellfassung macht die Korita zu einem ausgesprochen charmanten Ort! Beim weiteren Weg durch den Buchenwald kommen mehr und mehr der hellgrauen Karstfelsen zum Vorschein und es geht an Dolinen vorbei, Kratern, die durch den Einsturz von Höhlenräumen entstanden sind.

Der erste Gipfel, der Veliki Planik (was „großer Planik“ bedeutet), ragt als grasige Kuppe knapp aus dem Wald heraus und bietet eine großartige Aussicht auf die nördliche Kvarner-Bucht und den nordwestlichen Teil Istriens sowie auf den benachbarten Höhenzug um den Vojak. Von dort aus führt ein Abstecher zum benachbarten und nur wenig niedrigeren Mali Planik, dem „kleinen Planik“, hinüber, ehe es auf einem kürzeren Weg zurück geht.

Der Veliki Planik ragt als grasige Kuppe aus dem Wald heraus.

Eckdaten

Anspruch Technik: ● ● ● ● ● *leicht*

Anspruch Kondition: ● ● ● ● ● *mittel*

Länge: *12,7 km*

Höhenunterschied: *Auf- und Abstieg jeweils 630 m*

Gehzeit: *4:00-4:50 Stunden (ohne Pausen)*

Anforderungen: *Einfache Wanderung über Waldwege mit mäßigen Steigungen, nur im Gipfelbereich etwas steiler.*

Orientierung: *Der Wegverlauf ist durchgehend gut markiert, aufgrund der zahlreichen Abzweigungen kann es aber dennoch zu Unklarheiten kommen.*

Einkehrmöglichkeiten: *Die Berghütte Korita ist im Sommer in der Regel am Wochenende bewirtschaftet.*

Anfahrt mit dem Auto: *Ausgangspunkt ist das Dorf Brgudac nordöstlich von Lupoglav; vor dem Ort gibt es Parkmöglichkeiten bei einem Denkmal mit rotem Stern (w02-01).*

Anfahrt mit dem Bus: *Keine Verbindung zum Ausgangspunkt.*

Wegbeschreibung

Wir gehen durch Brgudac hindurch und verlassen die Straße bei einem Wasserhaus nach links auf eine Schotterpiste, vorbei an einem Hinweisschild zum Učka-Naturpark (w02-02). Nach 300 m links auf einen Treppenweg Richtung Pl. dom Korita (w02-03). Nach 1,2 km halbrechts Richtung Pl. kuća Korita, gleich danach ist die Quelle Korita mit den Holztrögen erreicht (w02-04). Wir gehen daran vorbei und bleiben bei der folgenden Abzweigung geradeaus auf dem breiten Weg (scharf links geht

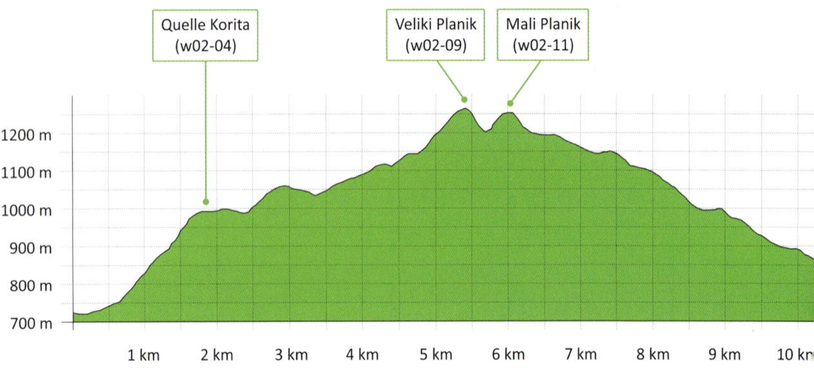

es zur Berghütte Korita) und bei einem Wegweiser kurz danach rechts Richtung Planik. Gut 500 m nach der Quelle verlassen wir die Piste auf einen links abzweigenden Pfad Richtung Planik/400 (w02-05).

Der Weg führt über einen flachen, grasigen Hügel auf den vorne sichtbaren Planik zu und taucht dann wieder in den Wald ein. Dort bei einem Wegweiser geradeaus Richtung Planik/400 (w02-06, rechts geht es nach Brgudac, links nach Vodička griža). Der Weg verläuft nun längere Zeit als markierter Pfad durch den Wald und trifft nach einem etwas unwegsamen Abschnitt auf einen breiten, steinigen Weg (w02-07); hier zunächst links Richtung Planik (rechts geht es nach Brgudac, der breite Weg wird später unser Rückweg sein) und nach 120 m wieder rechts Richtung Planik (w02-08). Nach einem kurzen Aufstieg ist der Veliki Planik erreicht (w02-09).

Dichter Wald umgibt die Gipfel.

Vom Gipfel etwas links haltend über eine Felsstufe (die Markierungen sind hier nicht gut zu sehen) in Richtung Mali Planik. Beim Sattel zwischen den beiden Bergen (w02-10) führt ein Abstecher geradeaus in 10-15 min zum Mali Planik (w02-11). Von dort zurück zum Wegweiser am Sattel und nun halbrechts auf der Piste Richtung Vodička griža/Lisina. Die Piste umgeht den Veliki Planik in einem Bogen nach links; bei einem Wegwei-

Das Wasser der Quelle Korita durchfließt zehn Holztröge.

ser nach 900 m links aufsteigend Richtung Brgudac, gleich darauf (w02-08) halbrechts, dann ist der Sattel bei w02-07 erreicht. Vorhin sind wir hier von rechts heraufgekommen, nun gehen wir auf dem breiten, steinigen Weg geradeaus bergab. Der in diesem Abschnitt unmarkierte Weg macht einen Schwenk nach rechts und trifft auf einen quer verlaufenden Weg (ohne Wegweiser, Markierungen auf einem Felsen); hier links auf einem undeutlichen, jetzt aber wieder markierten Pfad bergab (w02-12). Nach 1,1 km stoßen wir auf einen breiteren Weg, dem wir nach links bergab folgen (w02-13, rechts bergauf geht es nach Bončic K.) 400 m weiter treffen wir auf eine sehr breite Schotterpiste (w02-14), die uns nach links in 3,3 km zum Ausgangspunkt führt.

GPS		
w02-01:	*45,38081*	*14,14114*
w02-02:	*45,38044*	*14,14487*
w02-03:	*45,37894*	*14,14717*
w02-04:	*45,37882*	*14,15978*
w02-05:	*45,37756*	*14,16580*
w02-06:	*45,37299*	*14,17447*
w02-07:	*45,36493*	*14,18363*
w02-08:	*45,36522*	*14,18515*
w02-09:	*45,36166*	*14,19077*
w02-10:	*45,36039*	*14,19332*
w02-11:	*45,35857*	*14,19565*
w02-12:	*45,36387*	*14,18122*
w02-13:	*45,37060*	*14,17231*
w02-14:	*45,37069*	*14,16762*

Karte: © Printmaps.net/OSM Mitwirkende

Wanderung 3:

Über den Vojak

Das Učka-Massiv bildet im äußersten Nordosten Istriens eine natürliche Barriere, die die istrische Halbinsel vom Norden der Kvarner-Region trennt. Der auffällige Hauptgipfel des langgestreckten Höhenzuges, der 1401 Meter hohe Vojak, ist weithin sichtbar und ein attraktives Ziel für eine Wanderung, die an der alten Passstraße über das Učka-Massiv beginnt. Zwar führt auch eine Straße bis fast zum Gipfel hinauf, doch ist diese für die Öffentlichkeit gesperrt (auch wenn das Verbot gerne ignoriert wird) – somit ist die Wanderung für Touristen die einzige Möglichkeit, den Vojak zu erreichen. Die Tour lässt sich zu einer schönen Überschreitung erweitern, die überwiegend durch dichten Wald führt. Beeinträchtigt wird das Vergnügen allerdings durch einige Orientierungsprobleme: Zwar ist der Weg durchgehend markiert, doch sind die Markierungen in so schlechtem Zustand, dass man sie sehr leicht übersieht.

1911, also noch während der Zugehörigkeit Kroatiens zur Donaumonarchie, wurde auf dem Vojak vom Österreichischen Touristen Club ein Aussichtsturm errichtet, mit dem man den Blick, der über fast

Ein Aussichtsturm krönt den Vojak.

ganz Istrien und auf der gegenüberliegenden Seite über den gesamten Nordteil der Kvarner-Bucht reicht, noch besser genießen kann. Ein Stück neben dem Turm steht eine weithin sichtbare Senderanlage. Von hier aus kann man auf der Südseite bis zum winzigen Dorf Mala Učka absteigen und von dort aus auf schönen, verschwiegenen Waldwegen an der Ostseite des Vojak entlang zum Ausgangspunkt zurückkehren.

Über grasige Hänge geht es nach Mala Učka hinunter.

Eckdaten

Anspruch Technik:	●●●○○	*mittel*
Anspruch Kondition:	●●●○○	*mittel*
Länge:	*11,8 km*	
Höhenunterschied:	*Auf- und Abstieg jeweils 610 m*	
Gehzeit:	*3:30-4:20 Stunden (ohne Pausen)*	

Anforderungen: *Die Wanderung verläuft überwiegend auf einfachen Waldwegen, die bei Nässe rutschig sein können, nur im Gipfelbereich des Vojak etwas steiler.*

Orientierung: *Problematisch – der Weg ist zwar durchgehend markiert, die Markierungen sind allerdings sehr lückenhaft und stark verblasst, zudem ist der Wegverlauf oft undeutlich. Ein GPS-Gerät wird daher empfohlen.*

Einkehrmöglichkeiten: *Am Ausgangspunkt.*

Anfahrt mit dem Auto: *Auf der alten Učka-Passstraße bis zum großen Parkplatz Poklon auf der Ostseite der Passhöhe mit Blick auf die Kvarner-Bucht, Restaurant und Infobude (w03-01).*

Anfahrt mit öffentlichen Verkehrsmitteln: *Am Sonntag fährt die Buslinie 34 2x täglich ab Opatija (Busbahnhof Slatina) bis zum Poklon-Pass (www.autotrolej.hr).*

Wegbeschreibung

Wir gehen zwischen WC und Souvenirbude hindurch und folgen dahinter dem Wegweiser zum Vojak nach links. Bei der Abzweigung kurz danach geradeaus Richtung Vojak. Der Weg steigt bergauf und kreuzt mehrmals die zum Gipfel führende Straße; nach der 2. Querung verlässt der dürftig markierte Weg den breiten Hauptweg nach rechts, die Abzweigung ist leicht zu übersehen (w03-02). Nach der 3. Straßenquerung befindet sich eine weitere Stelle, an der man leicht den Weg verliert. Nach insgesamt 2,7 km treffen wir auf die Straße (w03-03) und folgen ihr nach rechts. 600 m weiter ist das Straßenende an der Senderanlage erreicht, ein breiter Kiesweg führt geradeaus zum Aussichtsturm am Gipfel (w03-04).

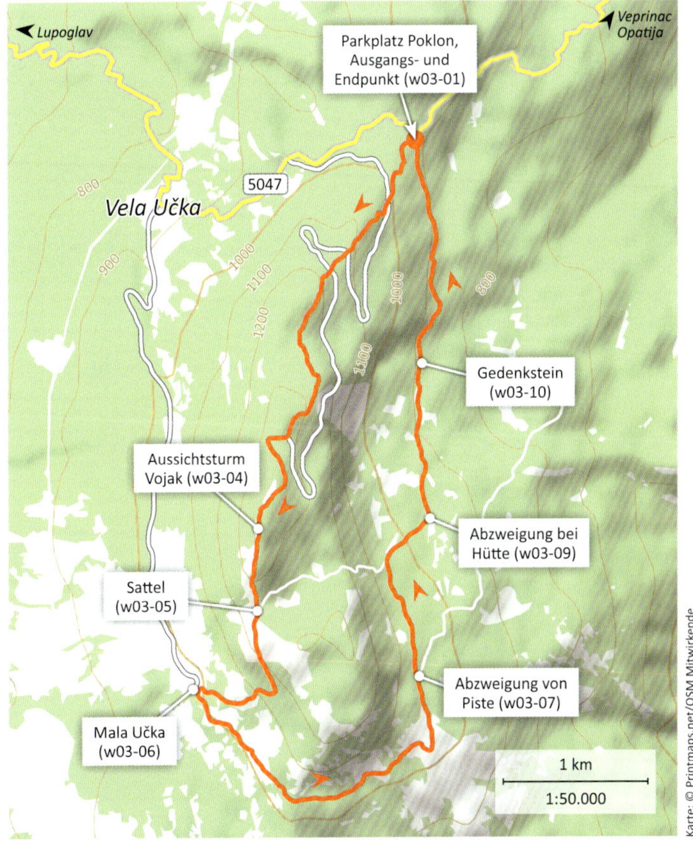

Vom Gipfel geradeaus den grasigen Bergrücken hinunter; der undeutlich markierte Weg führt ein Stück links an einer Kuppe vorbei. Am Sattel bei einem Wegweiser halbrechts Richtung Mala Učka (w03-05). Nach 1,2 km ist das Dörfchen Mala Učka erreicht (w03-06); dort beim ersten Haus scharf links auf eine Piste Richtung Lovran. Die Piste macht, nun leicht ansteigend, einen Bogen nach links. Wir bleiben auf der nach Poklon beschilderten Piste und ignorieren zwei nach rechts führende Abzweigungen. 2,6 km nach Mala Učka verlassen wir die Piste auf einen halblinks abzweigenden, nach Poklon beschilderten Weg (w03-07) – Achtung, die Abzweigung ist ziemlich unauffällig! Wir folgen nun längere Zeit einem breiten Waldweg, der mit recht guten Markierungen hangparallel verläuft. Bei einem Wegweiser halbrechts Richtung Poklon/Lovran (w03-08, links geht es zum Vojak). Der schmale, markierte Pfad (nicht auf dem breiten, unmarkierten Weg geradeaus gehen!) führt steil bergab und trifft nach 400 m an einer Wiese auf einen weiteren Wegweiser (w03-09); hier halblinks Richtung Poklon (geradeaus geht es nach Lovran). Der Weg führt an einer Holzhütte vorbei und gleich darauf hangparallel weiter; kurz nach der Hütte sind wieder Markierungen zu sehen. Wir stoßen bei einer Gedenktafel auf eine Schotterpiste (w03-10), die uns geradeaus in 1,6 km zum Ausgangspunkt führt.

GPS		
w03-01:	*45,30795*	*14,21572*
w03-02:	*45,30076*	*14,20892*
w03-03:	*45,29027*	*14,20406*
w03-04:	*45,28495*	*14,20203*
w03-05:	*45,28011*	*14,20212*
w03-06:	*45,27563*	*14,19680*
w03-07:	*45,27627*	*14,21570*
w03-08:	*45,28336*	*14,21352*
w03-09:	*45,28565*	*14,21696*
w03-10:	*45,29456*	*14,21616*

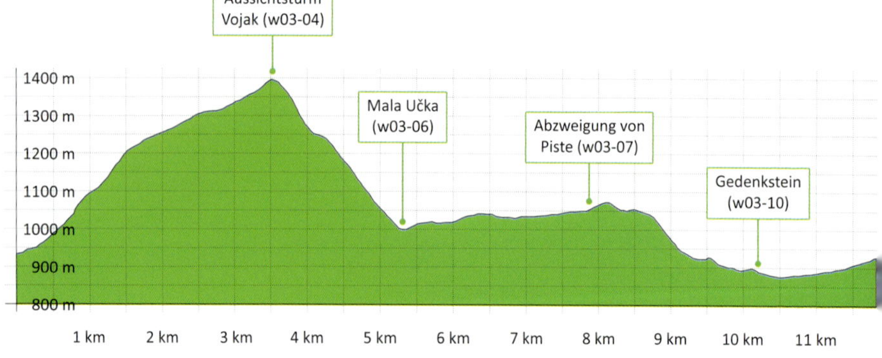

Wanderung 4:

Küstenwanderung bei Rabac

Von der schönen, aber auch ziemlich verbauten Bucht Maslinica beim Ferienort Rabac (➤ Seite 70) führt ein versteckter Pfad an der bewaldeten Küste entlang südwärts zu einigen schönen Badebuchten, die sonst nur mit dem Boot erreichbar sind. Der Pfad verläuft stets in unmittelbarer Küstennähe, vorbei an den Ruinen einer Verladestation, an der in der Zwischenkriegszeit das in der Nähe abgebaute Aluminiumerz Bauxit verladen wurde. Kurz darauf ist eine erste Bucht, die Uvala Remac, erreicht; auf den folgenden Kilometern führt der Pfad noch zu einer zweiten großen sowie zu einer ganzen Reihe kleinerer Buchten, die ein verschwiegenes Badevergnügen erlauben.

Bei Rabac verstecken sich traumhafte Buchten.

Eckdaten

Anspruch Technik: ●●○○○ *leicht*

Anspruch Kondition: ●●○○○ *leicht*

Länge: *10,6 km*

Höhenunterschied: *Auf- und Abstieg jeweils 160 m*

Gehzeit: *2:40-3:00 Stunden (ohne Pausen)*

Anforderungen: *Leichte Kurzwanderung auf einem breiten, etwas steinigen Küstenpfad. Ab der letzten großen Bucht (w04-06) ist der Pfad sehr schmal und etwas ausgesetzt.*

Orientierung: *Der Weg ist unmarkiert, aber nicht zu verfehlen.*

Einkehrmöglichkeiten: *Am Ausgangspunkt.*

Anfahrt mit dem Auto: *In Rabac zweigt kurz hinter dem Ortsschild eine Straße zur Bucht Maslinica ab (Wegweiser „Maslinica Hotels"). Die Parkplätze rechts unterhalb der Straße sind kostenpflichtig, auf der landeinwärts gelegenen Straßenseite gibt es einen kostenlosen Schotterparkplatz (w04-01).*

Anfahrt mit öffentlichen Verkehrsmitteln: *Busse ab Labin, die Haltestelle befindet sich an der Abzweigung zur Bucht.*

Von der Hauptstraße Richtung „Maslinica Hotels", dann links am Tourist Office vorbei und entgegen einer Einbahnstraße zur Bucht Maslinica hinunter. Am Strand entlang bis zum gegenüberliegenden Ende, dort ein Stück landeinwärts, auf einer Brücke über den Bach und danach auf den in Küstennähe leicht ansteigenden Fußweg. Der Weg führt stets nahe der Küstenlinie entlang; bei einer Gabelung links halten (w04-02), 200 m danach landseitig an der Ruine der Bauxit-Verladestation vorbei (w04-03). 500 m danach wird ein einzelnes Haus auf der Landseite umgangen; dahinter auf der geschotterten Zufahrtsstraße links und nach wenigen

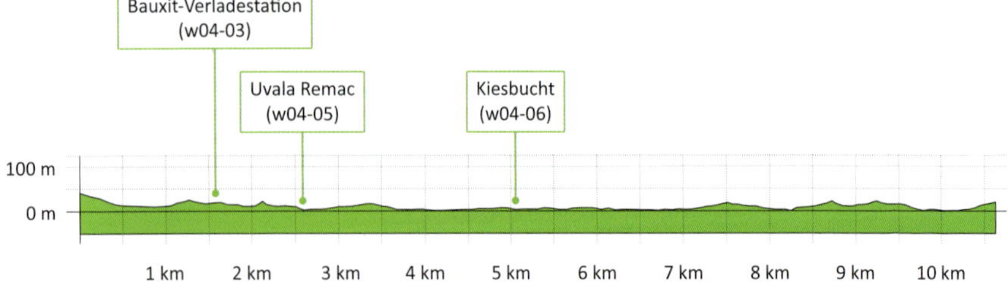

Metern wieder rechts auf den deutlich erkennbaren Küstenpfad (w04-04). 450 m nach dem Haus ist die tief eingeschnittene Bucht Uvala Remac erreicht (w04-05). Der Pfad setzt sich auf der gegenüberliegenden Seite in unmittelbarer Küstennähe fort und erreicht nach 2,4 km eine Kiesbucht, an der meist einige Autos geparkt sind (w04-06). Vom Strand ein Stück auf der Zufahrtspiste und hinter dem Wendeplatz links auf einen schmalen, etwas ausgesetzten Pfad, der auf den folgenden 400 m noch zu weiteren, kleineren Buchten führt (w04-07). Zurück auf dem selben Weg.

GPS		
w04-01:	*45,08170*	*14,15297*
w04-02:	*45,07573*	*14,15198*
w04-03:	*45,07316*	*14,15305*
w04-04:	*45,06885*	*14,15239*
w04-05:	*45,06769*	*14,14754*
w04-06:	*45,05521*	*14,15503*
w04-07:	*45,05262*	*14,15477*

Wanderung 5:

Zwei-Gipfel-Tour im Nationalpark Risnjak

Der Nationalpark Risnjak erstreckt sich nördlich von Rijeka über eine Fläche von 63 Quadratkilometern, die überwiegend von urtümlichen Laubwäldern bedeckt ist. Aus diesen ragen die Kuppen einiger Berge heraus, von denen der 1528 Meter hohe Veliki Risnjak, der dem Nationalpark seinen Namen gab, der höchste ist. Vom Skizentrum Platak kann man sowohl den Veliki Risnjak als auch den mit 1505 Metern nur wenig niedrigeren Snježnik mit einer tagesfüllenden Rundwanderung erreichen, die überwiegend auf Waldwegen verläuft.

Vom ersten Gipfel, dem Snježnik, ist der Veliki Risnjak gut zu sehen: Der „große Risnjak" ragt als felsiger Zacken aus dem endlosen Waldmeer heraus. Nach einer längeren Passage durch den urwüchsigen Wald ist die unterhalb des Gipfels gelegene Hütte Schlosserov dom erreicht. Ein kurzer Aufstieg führt zum Gipfel, dessen hellgraues Kalkgestein sich vom satten, intensiven Grün des umgebenden Waldes abhebt. Der Blick geht von hier aus weit über die umgebende Bergwelt, nordwärts bis ins nahe Slowenien und hinunter auf die Inseln der Kvarner-Bucht.

Als felsige Kuppe ragt der Risnjak aus dem Wald.

Eckdaten

Anspruch Technik: ●●●○○ mittel
Anspruch Kondition: ●●●●○ schwierig
Länge: 15,8 km
Höhenunterschied: Auf- und Abstieg jeweils 910 m
Gehzeit: 5:00-6:00 Stunden (ohne Pausen)

Anforderungen: *Die Wanderung verläuft überwiegend auf einfachen Waldwegen, nur in den unmittelbaren Gipfelbereichen von Snježnik und Risnjak ist der Weg etwas steiler mit einigen sehr kurzen und völlig unkomplizierten Kletterstellen.*

Orientierung: *Der Weg ist durchgehend ausreichend markiert und beschildert.*

Einkehrmöglichkeiten: *Die Berghütte Schlosserov dom ist von 1.5.-31.10. bewirtschaftet (tägl. außer Dienstag). np-risnjak.hr*

Anfahrt mit dem Auto: *Ausgangspunkt ist das Skizentrum Platak. Von der D3, die auf der Nordseite parallel zur Autobahn Rijeka-Zagreb verläuft, Richtung Platak abzweigen. Nach 8,0 km befindet sich auf der linken Seite ein sehr großer Parkplatz (w05-01).*

Anfahrt mit dem Bus: *Keine Verbindung zum Ausgangspunkt.*

Wegbeschreibung

Wir gehen vom Parkplatz an dem großen Holzhaus, der Anzeigetafel für die Skipisten und dem Skilift vorbei auf einer Schotterpiste in den Wald hinein. Nach 1,2 km verlassen wir die Piste in einer Rechtskurve nach links auf einen breiten Weg mit rot-weißen Markierungen (w05-02). Nach 400 m treffen wir wieder auf die Piste und folgen ihr nach links (w05-03, Wegweiser Tešnje/Radeševo). Bei einer Gabelung kurz danach (w05-04) links Richtung Snježnik (rechts geht es zum Radeševo), bei einer weiteren Gabelung (w05-05) links Richtung *Snježnik kroz grlo* (rechts geht es zum *Snježnik preko grebena* und zum Risnjak). Der Weg verläuft eine Weile hangparallel durch den Wald und steigt dann nach rechts zum Snježnik

Der Weg führt durch urwüchsigen Wald.

hinauf. Unter dem Gipfel an der Ruine einer Berghütte vorbei; der direkt an der Hütte über Betonstufen führende Weg (Hinweis „lakše") ist etwas einfacher als der darüber verlaufende Weg (Hinweis „vrh").

Vom Snježnik (w05-06) über den grasigen Grat Richtung Westen und im Wald bei einem Wegweiser halbrechts Richtung Platak/Risnjak. Kurz danach treffen wir auf einen quer verlaufenden Weg (w05-07); hier rechts (Wegweiser „Risnjak 2:30 h"). Nun geht es längere Zeit durch den Wald, stets den Markierungen folgend. 2,3 km nach der letzten Abzweigung treffen wir auf eine Piste und folgen ihr nach rechts Richtung Gornje Jelenje/Vilje (w05-08). 450 m weiter gabelt sich die Piste, links oben am Hang steht ein Wegweiser (w05-09). Die rechts abzweigende Piste wird später unser weiterer Weg sein; zunächst steigen wir links zum Wegweiser hinauf und folgen dem dort beginnenden Pfad Richtung Risnjak. Nach 2,0 km ist die Berghütte Schlosserov dom am Veliki Risnjak erreicht (w05-10); wir gehen an der Rückseite des Gebäudes vorbei und dahinter links auf dem steil aufsteigenden Pfad zum Gipfel (w05-11).

Vom Gipfel zunächst zurück auf dem selben Weg (dabei den Wegweisern Richtung Snježnik/Platak folgen) bis w05-09 und dort geradeaus auf der Piste Richtung Platak. Nach 400 m verlassen wir die Piste und folgen den Markierungen und dem Wegweiser nach

GPS		
w05-01:	45,42520	14,56505
w05-02:	45,43132	14,57174
w05-03:	45,43248	14,57642
w05-04:	45,43262	14,57869
w05-05:	45,43328	14,58031
w05-06:	45,44061	14,58410
w05-07:	45,43297	14,58477
w05-08:	45,42405	14,60386
w05-09:	45,42072	14,60564
w05-10:	45,42962	14,62206
w05-11:	45,43155	14,62123
w05-12:	45,41899	14,60174
w05-13:	45,42137	14,58620
w05-14:	45,42053	14,57787
w05-15:	45,42337	14,56706

Platak nach rechts auf einen breiten, ansteigenden Weg (w05-12) – Achtung, die Abzweigung ist leicht zu übersehen! Der Weg trifft nach 1,4 km auf eine Piste, der wir nach rechts folgen, um sie nach wenigen Metern wieder nach links zu verlassen (w05-13, Markierungen, kein Wegweiser). Nach 750 m geradeaus Richtung Mali Dom/Dom Sušak (w05-14). Kurz darauf ist die Berghütte Sušak erreicht (w05-15); dort rechts auf der Zufahrtsstraße zum Parkplatz.

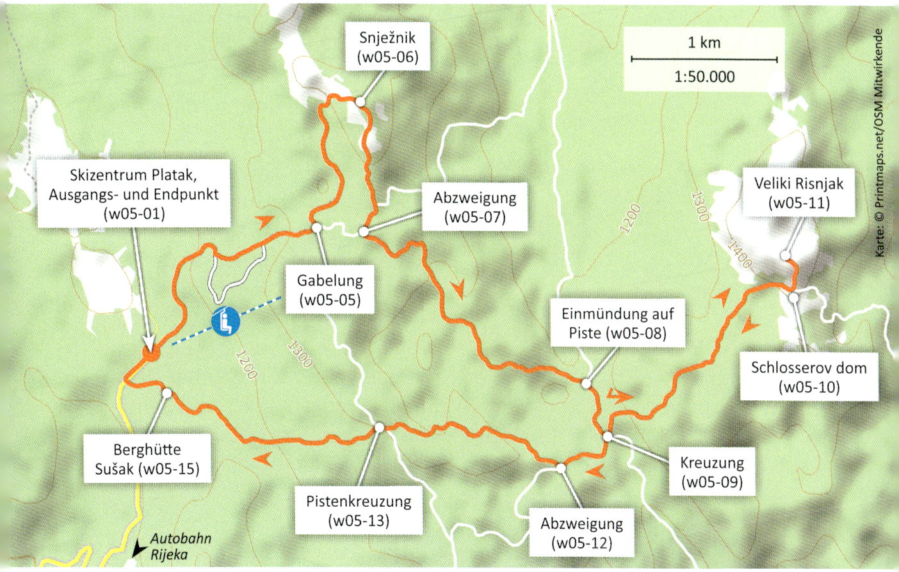

Snježnik (w05-06)
1 km
1:50.000
Karte: © Printmaps.net/OSM Mitwirkende
Skizentrum Platak, Ausgangs- und Endpunkt (w05-01)
Abzweigung (w05-07)
Veliki Risnjak (w05-11)
Gabelung (w05-05)
Einmündung auf Piste (w05-08)
Schlosserov dom (w05-10)
Berghütte Sušak (w05-15)
Kreuzung (w05-09)
Pistenkreuzung (w05-13)
Abzweigung (w05-12)
Autobahn Rijeka
1200
1300
1400

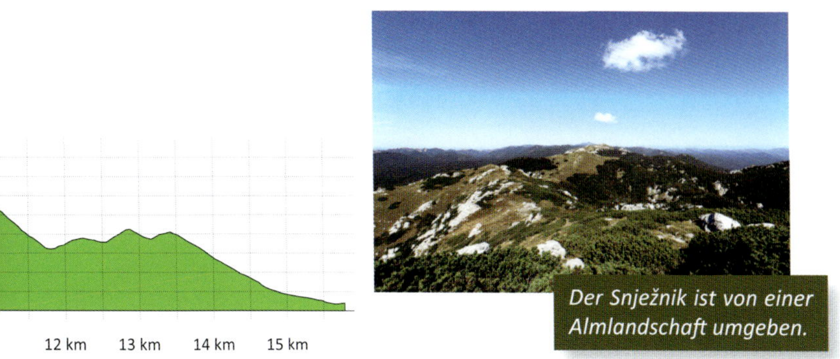

Der Snježnik ist von einer Almlandschaft umgeben.

Wanderung 6:

Der Liebespfad von Crikvenica

Der „Liebespfad" ist ein Spazierweg, der vom Stadtrand Crikvenicas (➤ Seite 85) oberhalb des Tals der Dubračina gut zwei Kilometer ins Landesinnere hineinführt. Mit seiner aussichtsreichen Streckenführung und der leichten Begehbarkeit ist er die perfekte Option für eine unkomplizierte Kurzwanderung, die sich mit einer Runde über den aussichtsreichen Gipfel Kavranova Stena noch erweitern lässt. Der Promenadenweg wurde Anfang des 20. Jahrhunderts von dem österreichischen Forstingenieur Alfons Kauder angelegt und soll bald vor allem bei Paaren, die etwas Privatheit suchten, beliebt gewesen sein.

Nach seinem Beginn am oberen Stadtrand Crikvenicas verläuft der Liebespfad am Hang des Dubračina-Tals mit kaum merklicher Steigung. Nach nur zwei Kilometern ist die kleine Burgruine Badanj erreicht, von der sich ein schöner Blick ins Vinodol öffnet, das kleine Tal, das sich parallel zur Küste hinter dem Höhenzug versteckt. Der Weg führt dann in langen Zickzackserpentinen hinauf zum Gipfel Kavranova Stena, der eine großartige Aussicht auf die Küste um Crikvenica sowie die Insel Krk bietet.

Von den Kavranova Stena bietet sich eine schöne Aussicht.

Eckdaten

Anspruch Technik: ●●○○○ *leicht*

Anspruch Kondition: ●●○○○ *leicht*

Länge: *7,1 km*

Höhenunterschied: *Auf- und Abstieg jeweils 290 m*

Gehzeit: *2:00-2:30 Stunden (ohne Pausen)*

Anforderungen: *Die Wanderung verläuft überwiegend auf einfachen Kieswegen ohne wesentliche Steigungen, nur im Gipfelbereich auf kurzer Strecke etwas steinig.*

Orientierung: *Problemlos, der Weg ist gut beschildert.*

Anfahrt mit dem Auto: *Ausgangspunkt ist der Hafenplatz im Zentrum Crikvenicas (w06-01); Details zu Parkmöglichkeiten auf S. 86.*

Anfahrt mit dem Bus: *Bis Busbahnhof Crikvenica; Details auf S. 86.*

Wegbeschreibung

Vom Hafenplatz in Crikvenica landeinwärts auf der Treppengasse auf den oben sichtbaren Kirchturm zu. Am oberen Ende der Treppen zunächst geradeaus, dann halbrechts Richtung Šetnica (w06-02) und unter der Brücke der Umgehungsstraße geradeaus auf einen Kiesweg. Der Liebespfad verläuft nun längere Zeit hangparallel oberhalb des Tals. Bei einer Gabelung in Sichtweite der Burgruine links bergauf (w06-03).

Der Liebespfad ist ein gemütlicher Spazierweg.

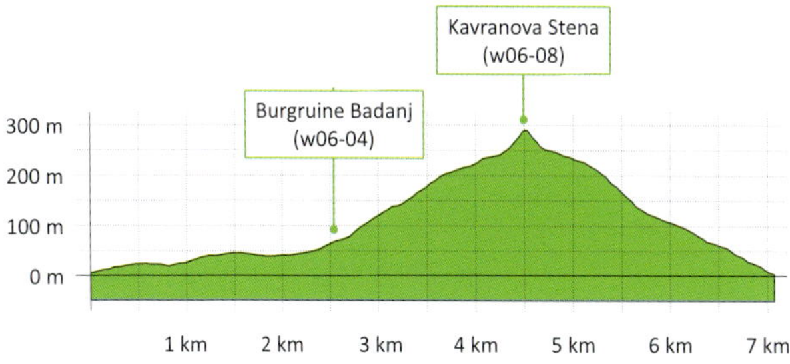

Direkt vor der Ruine Badanj (w06-04) scharf links Richtung Kavranova Stena. Der Weg führt im Zickzack bergauf, vorbei an einem Aussichtspunkt (w06-05). Bei einer Abzweigung 650 m nach dem Aussichtspunkt (w06-06) rechts Richtung Lokvica (der Weg nach Ulaz 4 ist ein Abstiegsweg). Nach weiteren 300 m erreichen wir eine Wegkreuzung (w06-07); der links Richtung Izlaz Sopaljska abzweigende Weg wird unser Abstiegsweg sein, wir gehen hier zunächst rechts Richtung Lokvica/Kravranova Stena. An der nächsten Abzweigung geradeaus (links geht es nochmal nach Poljica) und durch eine Geröllzone auf den Gipfel Kavranova Stena (w06-08).

Vom Gipfel zurück zur Kreuzung bei w06-07 und hier nun geradeaus Richtung Izlaz Sopaljska. Der Pfad stößt nach 600 m bei einem Wasserhaus auf eine Betonstraße (w06-09), der wir geradeaus zwischen den ersten Häusern hindurch bis zu einer quer verlaufenden Straße folgen; dort links bergab (w06-10) zum Ausgangspunkt.

GPS		
w06-01:	*45,17297*	*14,69040*
w06-02:	*45,17497*	*14,69179*
w06-03:	*45,19116*	*14,70068*
w06-04:	*45,19294*	*14,69971*
w06-05:	*45,19514*	*14,69518*
w06-06:	*45,19049*	*14,69494*
w06-07:	*45,19149*	*14,69166*
w06-08:	*45,19384*	*14,68912*
w06-09:	*45,18617*	*14,69153*
w06-10:	*45,18425*	*14,69055*

Wanderung 7:

Über das Obzova-Plateau

Die höchste Erhebung einer Insel zu besteigen, hat immer einen besonderen Reiz – auch wenn der Gipfel nur der höchste Höcker einer ausgedehnten Hochfläche ist, wie es bei der Obzova auf der Insel Krk der Fall ist. Allerdings geht es hier auch nicht nur um diesen Gipfel: Die ausgedehnte Runde über das karge, steinige Hochplateau hat ihren besonderen Reiz und kommt dank des hochgelegenen Ausgangspunktes am Treskavac-Pass zwischen Punat und Baška ohne allzu viele Höhenmeter aus.

Auf dem Weg zur Obzova werden zunächst die beiden kaum niedrigeren Nachbargipfel Veli Vrh (was „großer Gipfel“ bedeutet) und Brestovica überschritten, ehe mit der 568 Meter hohen Obzova der höchste Punkt der Insel erreicht ist. Von der flachen Kuppe aus bietet sich ein weiter Blick über die Nachbarinsel Cres hinweg zum istrischen Festland, in der anderen Richtung baut sich die mächtige Bergkette des Velebit auf. Danach geht es auf der Ostseite des Plateaus zurück; die eben überschrittenen Gipfel werden dabei durch eine etwas monotone, aber gerade dadurch beeindruckende Landschaft umgangen.

Die Wanderung überquert ein karges Hochplateau.

Eckdaten

Anspruch Technik:	●●●○○	*mittel*
Anspruch Kondition:	●●○○○	*leicht*
Länge:	*9,3 km*	
Höhenunterschied:	*Auf- und Abstieg jeweils 340 m*	
Gehzeit:	*3:00-3:40 Stunden (ohne Pausen)*	

Anforderungen: *Der Weg hat keine wesentlichen Steigungen, ist aber über weite Strecken sehr steinig und dadurch etwas mühsam zu begehen. Robuste Schuhe mit dicker Sohle sind zu empfehlen!*

Orientierung: *Der Weg ist streckenweise gut, dann wieder unzureichend markiert (stark verblasste Markierungen), vor allem auf dem Plateau ist der Wegverlauf oft nur schwer erkennbar. Ein GPS-Gerät wird empfohlen.*

Anfahrt mit dem Auto: *Ausgangspunkt ist der Wanderparkplatz an der Passhöhe Treskavac zwischen Krk und Baška (w07-01).*

Anfahrt mit dem Bus: *Keine Verbindung zum Ausgangspunkt.*

Wegbeschreibung

Wir folgen vom Parkplatz aus der Fahrpiste Richtung Veli Vrh/Obzova und verlassen sie nach 1,5 km vor einem Gittertor auf einen markierten Wanderweg nach rechts (w07-02). Nach 300 m an der Wegkreuzung Žičevo (w07-03) geradeaus Richtung Veli Vrh/Obzova (rechts geht es nach Punat). Eine undeutliche Pfadspur führt geradeaus auf den Gipfel des Veli Vrh zu und trifft nach weiteren 300 m auf die Weggabelung Kaljužina (w07-04); dort rechts Richtung Veli Vrh/Obzova (auf dem Rückweg werden wir hier von links kommen). Am mit einer Betonsäule markierten Gipfel Veli Vrh (w07-05) geradeaus Richtung Obzova auf die mit einer Steinpyramide markierte Kuppe der Brestovica (w07-06). Von der Brestovica geradeaus auf einen Sattel mit einigen Steinmauern hinunter und dort weiter geradeaus; die Markierungen sind hier kaum erkennbar. Kurz nach dem Sattel kommt die große Steinpyramide auf dem Gipfel der Obzova in Sicht, zu der wir hinaufsteigen (w07-07).

GPS

w07-01:	*45,02977*	*14,67147*
w07-02:	*45,01714*	*14,67518*
w07-03:	*45,01433*	*14,67479*
w07-04:	*45,01196*	*14,67526*
w07-05:	*45,00700*	*14,67585*
w07-06:	*44,99841*	*14,68261*
w07-07:	*44,99434*	*14,68715*
w07-08:	*44,99742*	*14,68687*

Noch vor der Steinpyramide am Obzova-Gipfel zweigt scharf links ein Richtung B. Draga/Vela Lokva markierter Weg ab (geradeaus geht es zur Zminja). Wir steigen in Richtung einiger Baumgruppen, die von Mauern umgeben sind, ab. Bei den Bäumen treffen wir auf die Abzweigung Vela Lokva (w07-08); rechts geht es nach Draga Baškanska hinunter, wir gehen geradeaus an einer Mauer entlang und nach wenigen Metern links durch eine Mauerbresche (aufgemalter Wegweiser nach Punat). Die Markierungen führen jetzt stets geradeaus unterhalb der Gipfel entlang und an einer feuchten Senke vorbei. Der Wegverlauf ist in diesem

Der Veli Vrh ist mit einer Betonsäule markiert...

...während die Obzova nur eine Steinpyramide trägt.

Abschnitt nur schwer erkennbar, die Markierungen sind zahlreich, aber stark verblasst. Sie sollten von jeder Markierung aus bereits die nächste sehen können – wenn das nicht der Fall ist, gehen Sie besser ein Stück zurück! Wir treffen schließlich wieder auf die Gabelung Kaljužina (w07-04) und gehen dort halbrechts Richtung Punat/Žičevo/Treskavac, an der kurz danach folgenden Kreuzung Žičevo (w07-03) geradeaus Richtung Treskavac. Kurz danach treffen wir wieder auf die Fahrpiste, die uns nach links zum Ausgangspunkt führt.

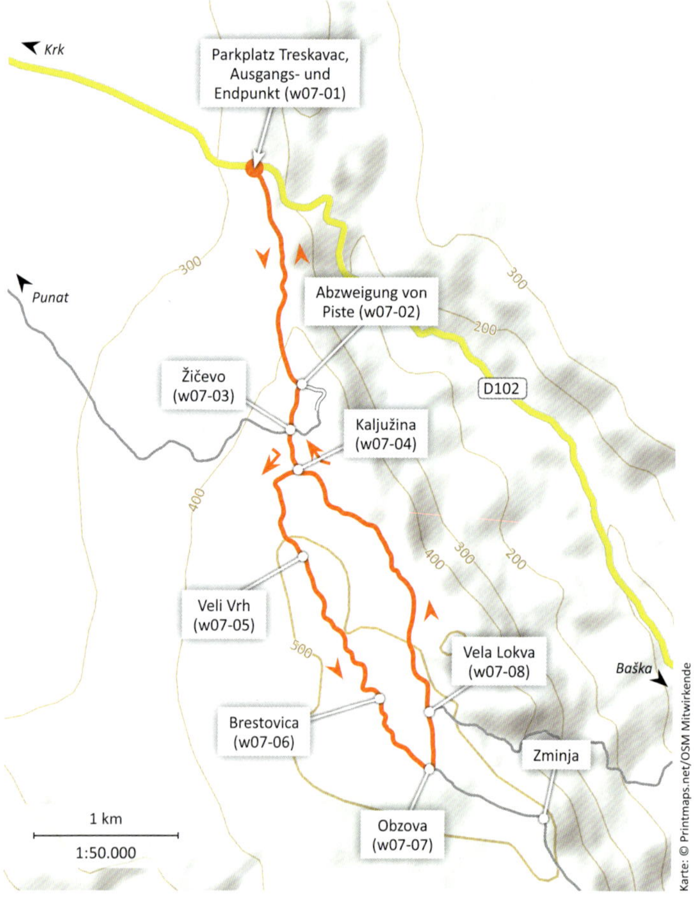

Wanderung 8:

Von Baška zur Vela Draga

Der Höhenzug, der das Tal von Baška auf der Westseite begrenzt, ist von zahlreichen Pfaden überzogen. In den letzten Jahren wurde hier ein ganzes Netz aus Wanderwegen markiert, das viele Varianten ermöglicht. So wie diese Rundwanderung, die vom Ferienort Baška (➤ Seite 103) über den Höhenzug hinweg zu zwei attraktiven Strandbuchten führt. Dabei geht es von Baška zunächst ein paar Kilometer landeinwärts und dann beim Dörfchen Batomalj mit mäßiger Steigung bergauf. Nach knapp 300 Höhenmetern ist eine karge, weitläufige Hochebene erreicht, die von uralten, kilometerlangen Trockenmauern durchzogen ist.

Bald kommt die halbmondförmige Bucht Vela Draga in Sicht, die mit ihrem Kiesstrand zu einer ausgedehnten Pause einlädt. Von hier aus setzt sich der Pfad, vorbei an einigen kleineren Buchten, noch bis zur Bucht Bracol fort, die mit einem Betonsteg verbaut ist und daher im Vergleich enttäuscht. Von dort aus geht es in Küstennähe unkompliziert und mit geringem Höhenunterschied, stets mit schönem Blick aufs Meer und die unbewohnten Nachbarinseln, nach Baška zurück.

Die Vela Draga ist nur zu Fuß oder mit dem Boot erreichbar.

Eckdaten

Anspruch Technik: *●●●○○ mittel*

Anspruch Kondition: *●●●○○ mittel*

Länge: *14,2 km*

Höhenunterschied: *Auf- und Abstieg jeweils 580 m*

Gehzeit: *4:00-5:00 Stunden (ohne Pausen)*

Anforderungen: *Ausgedehnte Rundwanderung mit mäßigen Steigungen auf teilweise grobsteinigen Pfaden.*

Orientierung: *Der Weg ist größtenteils gut markiert, nur auf dem Hochplateau sind die Markierungen schlecht zu erkennen.*

Anfahrt mit dem Auto: *Ausgangspunkt ist der Parkplatz am Hotel Atrium Residence in Baška (w08-01); aus Richtung Krk zunächst Richtung Zentrum (links geht es zum Hafen), dann an einer Gabelung rechts Richtung Atrium Residence (Ortsplan S. 104).*

Anfahrt mit dem Bus: *Busse ab Krk bis Baška; von der Haltestelle Richtung Westen, dann am Strand entlang und direkt vor dem Campingplatz rechts; zusätzlich 700 m.*

Vom Parkplatz zunächst auf der Straße Richtung Westen auf den Campingplatz zu und direkt hinter einem Sportplatz rechts. In einer Rechtskurve der Straße weiter geradeaus auf einer breiten, staubigen Piste (w08-02), kurz danach über eine Brücke und am Bach entlang landeinwärts. Der breite Weg geht nach einer Weile in eine kleine Asphaltstraße über und trifft auf eine Gabelung, rechts ist eine Brücke (w08-03); hier gehen wir links auf die Berge zu und vorbei an einem Spielplatz zum Örtchen Batomalj. Dort folgen wir der Straße zwischen den Häusern hindurch und am Ortsende einem breiten, steinigen Weg steil bergauf (gel-

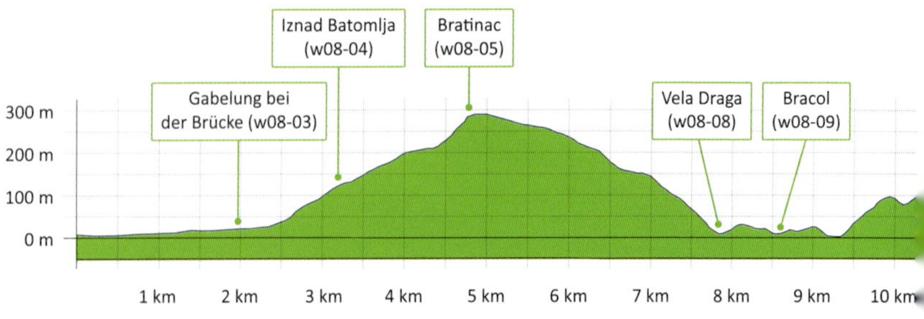

be und grüne Markierungen). Kurz danach zweigt an der Weggabelung Iznad Batomlja der grüne Weg nach rechts ab; wir folgen dem geradeaus führenden gelben Weg Richtung Bratinac/Stanikovica (w08-04). Der Weg steigt längere Zeit schräg bergauf und erreicht am Beginn eines von Steinmauern überzogenen Hochplateaus die Kreuzung Bratinac (w08-05): Rechts zweigt der blaue Weg Richtung Vrska Glava/Vratudih ab, wir gehen geradeaus Richtung Gabri/Stanikovica. Nur 450 m weiter stoßen wir auf die Weggabelung Gabri (w08-06); hier weiter geradeaus auf dem gelb markierten Weg Richtung Stanikovica (der links nach Ljubimer/Prijevoj Vraca beschilderte Weg führt direkt zu w08-10 und bietet eine Abkürzungsmöglichkeit). Im weiteren Verlauf sind der Weg und die gelben Markierungen schlecht zu erkennen.

Nach einem sanften Abstieg treffen wir bei der Gabelung Stanikovica auf einen quer verlaufenden Weg (w08-07); der links Richtung Prijevoj Vraca/Baška führende Weg wird später unser weiterer Weg sein, zunächst gehen wir hier scharf rechts (!) Richtung Uvala Vela Draga/Uvala Bracol – nicht den gelben Markierungen halbrechts/geradeaus folgen, die zur Kapelle Sv. Nikola führen. Der Weg führt zur Bucht Vela Draga hinunter (w08-08) und weiter zur kleineren Bucht Bracol (w08-09).

GPS		
w08-01:	*44,96877*	*14,75037*
w08-02:	*44,96893*	*14,74271*
w08-03:	*44,97478*	*14,73488*
w08-04:	*44,97034*	*14,72516*
w08-05:	*44,95946*	*14,73509*
w08-06:	*44,95580*	*14,73651*
w08-07:	*44,94100*	*14,74539*
w08-08:	*44,93819*	*14,74089*
w08-09:	*44,93774*	*14,73417*
w08-10:	*44,94829*	*14,75403*
w08-11:	*44,94833*	*14,75504*

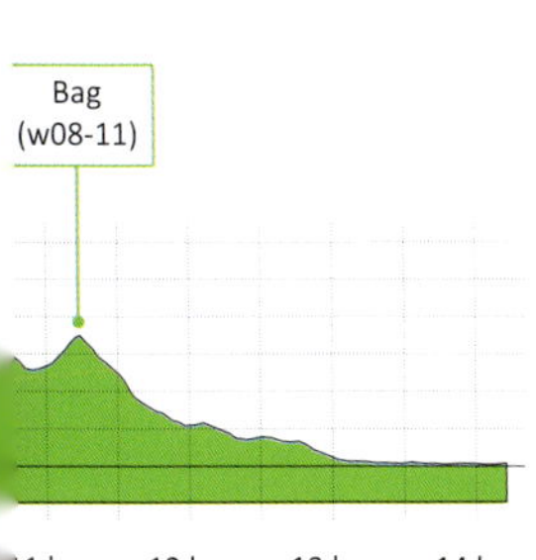

Der Weg führt an uralten Trockenmauern entlang.

Von den Buchten zurück bis zur Abzweigung Stanikovica (w08-07) und dort nun geradeaus Richtung Prijevoj Vraca/Baška. Am Bergsattel Prijevoj Vraca (w08-10) öffnet sich plötzlich der Blick auf Baška; hier geradeaus Richtung Baška Atrium Residence (links führt der blaue Weg nach Ljubimer/Bratinac) – zuvor kann man einen kurzen Abstecher nach rechts auf den Gipfel Bag machen (w08-11). Der Weg führt zunächst durch Kiefernwald und dann an der Abbruchkante der Steilküste entlang nach Baška hinunter.

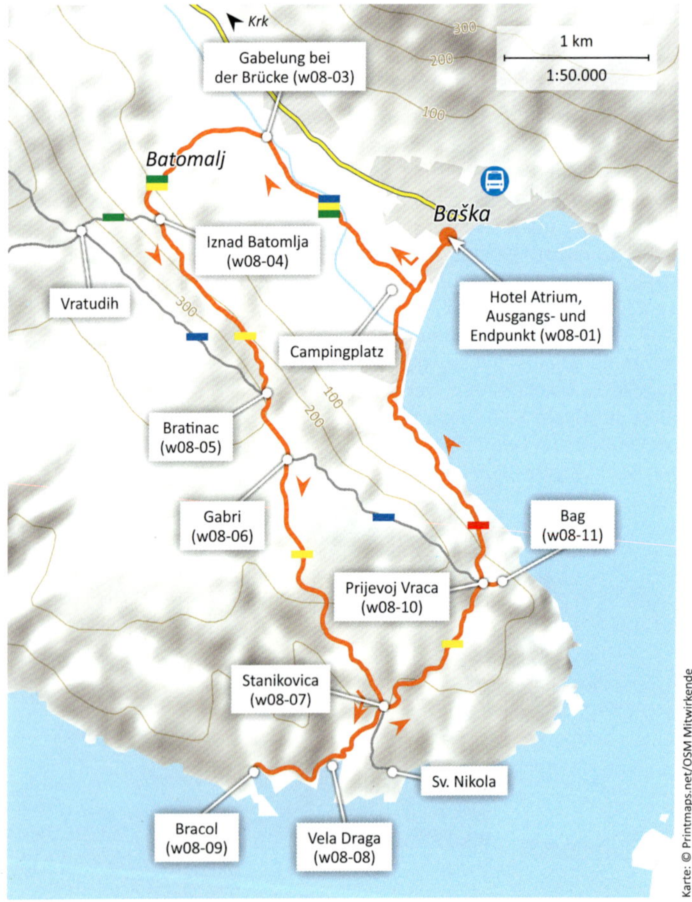

Karte: © Printmaps.net/OSM Mitwirkende

Wanderung 9:

Durch die Vrženica-Schlucht

Diese Wanderung im Nordosten von Baška (➤ Seite 103) bietet neben einer ganzen Reihe sehr schöne Bademöglichkeiten auch ein interessantes Miniabenteuer in einer felsigen Schlucht! Zunächst geht es an der Küste entlang und an mehreren schönen Stränden vorbei, dann wird die Vrženica-Schlucht durchstiegen. Der nur wenige Meter tiefe Einschnitt ist nicht allzu spektakulär, mit den einfachen Kletterstellen aber eine reizvolle Verbindung zwischen der Südküste und den Buchten Vela Luka und Mala Luka.

Diese beiden tief eingeschnittenen Buchten sind durch eine flache Landbrücke voneinander getrennt. Die Vela Luka ist mit ihrem schönen Kiesstrand ein beliebtes Badeziel, das auch von Taxibooten angesteuert wird und mit einem Restaurant sowie Sonnenschirmverleih eine gewisse Infrastruktur bietet. Die gegenüberliegende Mala Luka ist etwas kleiner und nicht ganz so schön, dafür aber deutlich weniger stark frequentiert. Die Ruinen eines ganzen Dorfes zeigen, dass diese Gegend in früheren Zeiten nicht ganz so einsam war wie heute.

Gleich zu Beginn kommt man an mehreren Stränden vorbei.

Eckdaten

Anspruch Technik:	● ● ● ● ●	schwierig
(Var. ohne Schlucht:	● ● ● ● ●	leicht)
Anspruch Kondition:	● ● ● ● ●	mittel
Länge:	13,3 km	
Höhenunterschied:	Auf- und Abstieg jeweils 650 m	
Gehzeit:	4:30-5:30 Stunden (ohne Pausen)	

Anforderungen: Zu Beginn an der Küste stellenweise etwas ausgesetzter Felsweg, in der Schlucht immer wieder kurze Kletterstellen, die bei Trockenheit unproblematisch sind. Nach starken Regenfällen kann die Schlucht kurzzeitig Wasser führen! Alle übrigen Passagen führen über einfache, grobkiesige Wege.

Orientierung: Problemlos, der Weg ist sehr gut markiert.

Variationsmöglichkeiten: Man kann die Wanderung deutlich vereinfachen, indem man die Durchquerung der Schlucht auslässt und bei w09-02 geradeaus zur Vela Luka geht.

Einkehrmöglichkeiten: Strandbar an der Jablanova, einfaches Restaurant an der Vela Luka.

Anfahrt mit dem Auto: Die Wanderung beginnt beim Campingplatz Bunculuka am östlichen Ortsrand von Baška. An der Zufahrtsstraße gibt es Parkmöglichkeiten (w09-01).

Anfahrt mit öffentlichen Verkehrsmitteln: Busse bis Baška (Details S. 104). Ab Busbahnhof 1,1 km bis Ausgangspunkt.

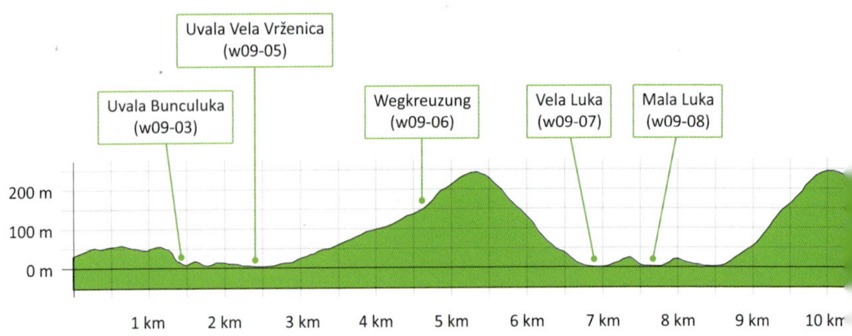

Wegbeschreibung

Wir gehen wenige Meter vor der Schranke am Eingang des Campingplatzes links auf einen Pfad, der nach Vela Luka/Vrženica beschildert ist. Der Weg führt außen am Zaun des Campingplatzes entlang, vorbei an einem beschilderten, aber versperrten Abstiegsweg. Bei einem Wegweiser kurz danach rechts bergab Richtung Uvala Bunculuka/Uvala Vela Vrženica (w09-02). *Für die einfache Variante ohne Schluchtdurchquerung hier links Richtung Lubinin/Kanjon Vrženica/Vela Luka.* Wir durchqueren ein unverschlossenes Türchen (mit Wanderwegsmarkierung) und steigen über Treppenstufen zur Bucht Uvala Bunculuka hinunter, die zum Gelände des Campingplatzes gehört (w09-03). Dort links und an einer kleinen Nebenbucht mit dem „Rare Bird Sailing Center" vorbei. Nach der Bucht Jablanova mit einer Strandbar (w09-04) führt der Pfad unauffällig markiert am felsigen Küstenhang entlang. Vorbei an zwei weiteren kleinen Buchten erreichen wir nach 600 m die weitläufige Bucht Uvala Vela Vrženica (w09-05). Dort folgen wir einem Wegweiser landeinwärts Richtung Kanjon Vrženica. Der Weg führt nun in die Vrženica-Schlucht hinein und stets an ihrem Grund entlang.

Die Schlucht ist weitgehend weglos.

Vela Luka und Mala Luka liegen einander gegenüber.

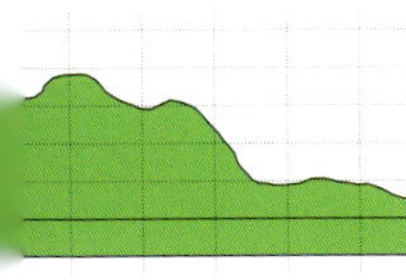

Nach gut 2 km in der Schlucht treffen wir auf einen quer verlaufenden Weg (w09-06); links geht es zurück nach Baška, wir gehen hier rechts Richtung Rebica/Vela Luka/Mala Luka. Der Weg überquert eine Passhöhe und führt zur großen Kiesbucht Vela Luka mit Gastronomie und Bootsanleger hinunter (w09-07). Am gegenüberliegenden Strandende beginnt ein markierter Weg, der über die Landbrücke hinweg zur 800 m entfernten Bucht Mala Luka führt (w09-08).

Wir gehen von den Buchten auf dem selben Weg zurück bis zur Abzweigung oberhalb der Schlucht (w09-06) und hier nun geradeaus Richtung Lubinin/Bunculuka/Baška. Nach 1,5 km treffen wir beim Campingplatz (w09-02) wieder auf den Weg, über den wir die Wanderung begonnen haben, und gehen dort rechts.

GPS		
w09-01:	44,96972	14,76437
w09-02:	44,97069	14,77346
w09-03:	44,96898	14,77409
w09-04:	44,96730	14,77799
w09-05:	44,96563	14,78477
w09-06:	44,97816	14,78499
w09-07:	44,98412	14,79957
w09-08:	44,99034	14,80114

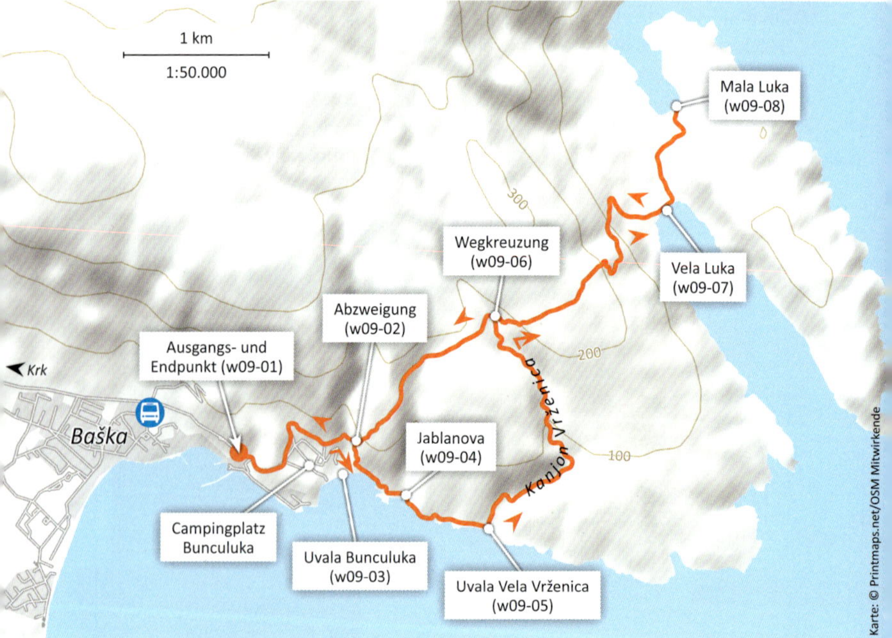

Wanderung 10:

Von Beli in die Tramuntana

Die Wälder oberhalb des abgelegenen Dorfes Beli (➤ Seite 108), die „Tramuntana" von Cres, wurden in historischen Zeiten intensiv bewirtschaftet, sogar einige kleine Dörfer hat es gegeben. Heute aber lebt da oben niemand mehr außer ein paar halbwild gehaltenen Schafen, die Häuser sind längst verlassen und verfallen zu Ruinen. Der „Skulpturenweg", der von Beli in die Tramuntana hineinführt, wird von einigen Steinskulpturen gesäumt, die von örtlichen Künstlern geschaffen wurden; in der geheimnisvollen Atmosphäre dieses Waldes muten sie wie archaische Heiligtümer an, ebenso wie die aus Steinen gelegten Labyrinthe, die ebenfalls als Kunstprojekt entstanden.

Von Beli aus geht es über die noch aus der Römerzeit stammende Brücke zunächst auf der alten Hauptstraße hangparallel nach Süden und dann über ein Gewirr alter Pfade, stets zuverlässig geleitet von guten Markierungen, in den Wald der Tramuntana hinauf. Uralte Bauernwege führen zwischen in mühsamer Kleinarbeit angelegten Trockenmauern hindurch zu den romantisch anmutenden Ruinen des Dorfes Niska, auf dem Rückweg geht es an einer kleinen Höhle vorbei.

Das Dorf Niska wurde vor Jahrzehnten verlassen.

Eckdaten

Anspruch Technik: ● ● ● ● ● *leicht*
Anspruch Kondition: ● ● ● ● ● *leicht*
Länge: *8,3 km*
Höhenunterschied: *Auf- und Abstieg jeweils 330 m*
Gehzeit: *2:20-2:50 Stunden (ohne Pausen)*

Anforderungen: *Einfache Rundwanderung auf Waldwegen, die zuweilen etwas steinig sind.*

Orientierung: *Trotz der zahlreichen Abzweigungen problemlos, der Weg ist durchgehend gut markiert.*

Anfahrt mit dem Auto: *Die Wanderung beginnt am Parkplatz unterhalb des Besucherzentrums am Ortseingang von Beli (w10-01).*

Anfahrt mit dem Bus: *Ab Cres, nur 2x täglich, nicht Sa und So.*

Wegbeschreibung

Wir gehen vom Parkplatz aus in Richtung Beli und biegen beim Restaurant Oštarija nach rechts ab (w10-02). Der Weg führt durch einen Torbogen und über die römische Brücke *(Rimski most)*, dann als breiter Pflasterweg hangparallel unterhalb der Straße entlang und überquert sie bei einer Skulptur (w10-03). Wir folgen den gelb-weißen Markierungen in den Wald hinauf, vorbei am Vesnin-Labyrinth (w10-04) und einer Hausruine. Kurz nach der Ruine treffen wir auf eine Fahrpiste, der wir nach rechts folgen (w10-05). Nach 1,7 km zweigt eine Piste nach rechts ab, die geradeaus verlaufende Hauptpiste steigt mit einem asphaltierten Teilstück und einem Schlenker nach links etwas an. Wir verlassen die Piste kurz nach der Abzweigung nach links und folgen den blauen Markierungen Richtung Niska auf einen Waldweg (w10-06, unauffällige Markierung an einem Baum rechts).

Nach 300 m sind die Ruinen von Niska erreicht (w10-07); wir gehen zwischen einigen Gebäuden hindurch und dahinter auf einer Piste nach rechts. Die hin und wieder mit roten Markierungen versehene Piste trifft nach 600 m wieder auf die breite Hauptpiste, die wir vor Niska verlassen haben (w10-08); hier geradeaus, weiter den roten Markierungen und dem

GPS

w10-01:	*45,11380*	*14,35182*
w10-02:	*45,11160*	*14,35425*
w10-03:	*45,10675*	*14,34949*
w10-04:	*45,10348*	*14,34215*
w10-05:	*45,10353*	*14,33993*
w10-06:	*45,11661*	*14,33371*
w10-07:	*45,11838*	*14,32607*
w10-08:	*45,12320*	*14,32961*
w10-09:	*45,12299*	*14,33145*
w10-10:	*45,12380*	*14,33371*
w10-11:	*45,12197*	*14,34611*
w10-12:	*45,11996*	*14,34706*

Wegweiser nach Beli/201 folgend. Bei einer Abzweigung nach 150 m folgen wir den gelben Markierungen nach links (w10-09) und an der Höhle Čampari vorbei (w10-10); die Höhle kann mit einer Stirnlampe gefahrlos erkundet werden, ist jedoch nicht allzu interessant. Der Weg führt mit gelben Markierungen im Wald bergab und trifft auf eine Fahrpiste, der wir nach rechts folgen (w10-11). Bei einer kurz danach folgenden Gabelung (w10-12) links bergab zum Ausgangspunkt.

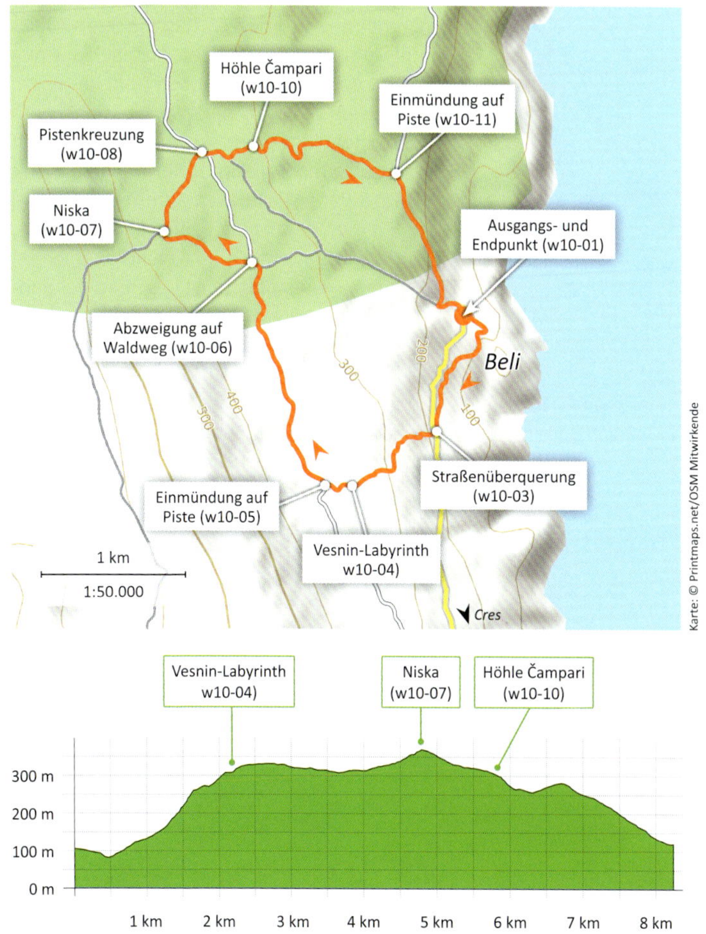

Karte: © Printmaps.net/OSM Mitwirkende

Televrina-Überschreitung

Wenn man von Cres südwärts nach Lošinj fährt, fällt er unübersehbar ins Auge, der langgestreckte Höhenzug der Osoršćica. Sein Hauptgipfel, die Televrina, ist mit 588 Metern die höchste Erhebung der Insel Lošinj. Die Besteigung ist nicht schwierig: Von Nerezine (➤ Seite 121) ist man in nicht einmal zwei Stunden oben, und mit dem sanften Abstieg Richtung Osor kann man die Wanderung zu einer Überschreitung erweitern.

Ein Abstecher zur winzigen Kapelle Sveti Mikula bietet einen großartigen Ausblick auf den Südteil von Lošinj. Danach geht es durch dichten Wald an der weithin sichtbaren Sendeanlage vorbei zum Gipfel. Der ist jedoch nicht mehr als der höchste Punkt des langgestreckten Kamms, und ohne die Betonsäule, die ihn markiert, könnte man ihn leicht übersehen. Die Aussicht ist während der ganzen Überschreitung fantastisch: In Richtung Norden öffnet sich der Blick auf die Insel Cres, ehe es langsam in Richtung Osor hinuntergeht. Kurz vor Osor schwenkt der Weg nach Süden und führt an den Ruinen des verlassenen Dorfes Tržić vorbei durch altes Kulturland nach Nerezine zurück.

Von der Kapelle überblickt man den gesamten Süden der Insel.

Eckdaten

Anspruch Technik: ●●●●● *mittel*
Anspruch Kondition: ●●●●● *mittel*
Länge: *13,2 km*
Höhenunterschied: *Auf- und Abstieg jeweils 640 m*
Gehzeit: *4:10-5:00 Stunden (ohne Pausen)*

Anforderungen: *Im Gipfelbereich der Televrina gibt es eine kurze ausgesetzte Stelle, die durch ein Seil gesichert ist. Abgesehen davon ist der Weg insgesamt einfach und nirgends besonders steil, allerdings über weite Strecken sehr steinig und dadurch etwas mühsam. Robuste Schuhe sind unbedingt nötig!*

Orientierung: *Der Weg ist großteils gut markiert, nur zwischen w11-08 und w11-09 ist die Markierung lückenhaft und nicht gut zu erkennen.*

Variationsmöglichkeiten: *Gegen Ende kann die Wanderung zur Berghütte Planinarski dom (Einkehrmöglichkeit) erweitert werden. Zusätzlich 2,2 km.*

Anfahrt mit dem Auto: *Die Wanderung beginnt in Nerezine; am Nordrand des Zentrums gibt es einen Parkplatz (w11-01).*

Anfahrt mit dem Bus: *In Nerezine Bushaltestelle an der Abzweigung zum Parkplatz. Busfahrer können die Tour um 2 km verkürzen, indem sie von w11-10 nach Osor absteigen.*

Wegbeschreibung

Wir gehen vom Parkplatz auf der Hauptstraße Richtung Mali Lošinj und biegen nach 200 m nach rechts in ein kleines Sträßchen Richtung Sv. Nikola/Televrina ab (w11-02). Nach 250 m geradeaus den Markierungen Richtung Osoršćica folgen, die Umgehungsstraße überqueren und dahinter der Straße in einem Bogen nach rechts folgen. Die Straße biegt bei einem gelben Haus nach links ab und wird schmaler; 400 m nach dem Haus verlassen wir sie bei einer Informationstafel auf einen Wanderweg nach links (w11-03, Wegweiser Sv. Nikola, Televrina). Der Weg steigt nun längere Zeit steil bergauf und erreicht knapp unter dem Bergkamm eine deutlich markierte Abzweigung (w11-04): Der rechts Richtung Televrin/Planinarski dom/Osor führende Weg wird unser weiterer Weg sein, zunächst lohnt der wenige Minuten dauernde Abstecher nach links zur Kapelle Sveti Mikula oder Sveti Nikola (w11-05). Von dort zurück zur Abzweigung w11-04 und nun geradeaus Richtung Televrin. Wir treffen bei der Sendeanlage auf eine breite Fahrpiste (w11-06), folgen ihr ein Stück geradeaus und verlassen sie nach 60 m nach links auf einen markierten Pfad Richtung Televrin. 800 m nach der Sendeanlage wird der durch eine Betonsäule markierte Gipfel der Televrina überschritten (w11-07). Danach steigt unser Weg längere Zeit geradeaus in Richtung Norden an und kreuzt eine Fahrpiste (w11-08); wir gehen geradeaus auf einem etwas undeutlichen und im Folgenden nicht sehr gut markierten Pfad weiter. *Für den Umweg zum Planinarski dom folgen wir der Piste nach links zur vorne schon sichtbaren Berghütte. Dort rechts auf einen gut markierten Pfad Richtung Osor. Der Pfad tangiert zweimal die Fahrpiste, der man jeweils kurz nach rechts folgt, um sie gleich wieder zu verlassen.*

Nach 1,2 km trifft der Abstiegsweg auf den vom Planinarski dom herabkommenden, gut markierten Weg (w11-09); hier rechts Richtung Osor *(bei der Variante über Planinarski dom kommen wir hier von links herunter)*. Nach 950 m rechts Richtung Nerezine/Tržić (w11-10, geradeaus geht es nach Osor). Bald darauf geht es an

GPS		
w11-01:	44,66003	14,39672
w11-02:	44,65851	14,39510
w11-03:	44,66303	14,38624
w11-04:	44,66201	14,37041
w11-05:	44,66154	14,37040
w11-06:	44,66528	14,36590
w11-07:	44,67152	14,36177
w11-08:	44,68601	14,35407
w11-09:	44,68919	14,36345
w11-10:	44,68724	14,37400
w11-11:	44,68412	14,37508
w11-12:	44,68144	14,37898
w11-13:	44,67530	14,38561
w11-14:	44,67099	14,38758
w11-15:	44,66567	14,39378

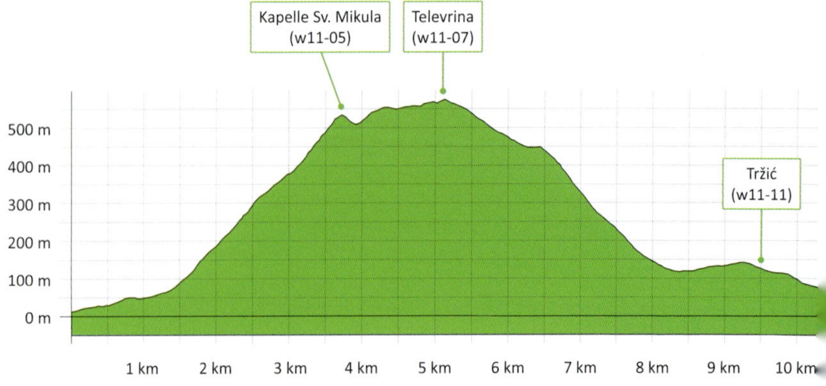

den Ruinen von Tržić vorbei (w11-11). Kurz nach dem letzten Haus auf der rechten Seite bei einer Wegkreuzung scharf rechts Richtung Nerezine (w11-12, geradeaus geht es nach Lopari) – die Markierung ist hier stark verblasst, die Abzweigung leicht zu übersehen! Nach 1,1 km bei einer Weggabelung vor einer Mauer wieder rechts Richtung Nerezine (w11-13, links geht es nach Halmac). Bei den Häusern von Halmac (w11-14) treffen wir auf ein Fahrsträßchen, dem wir bis zur Umgehungsstraße folgen (w11-15). Dort geradeaus auf einen breiten Weg, zwischen den ersten Häusern von Nerezine stets geradeaus bis zur Hauptstraße und nach rechts zum Ausgangspunkt.

Ohne die Markierungssäule könnte man den Gipfel fast übersehen.

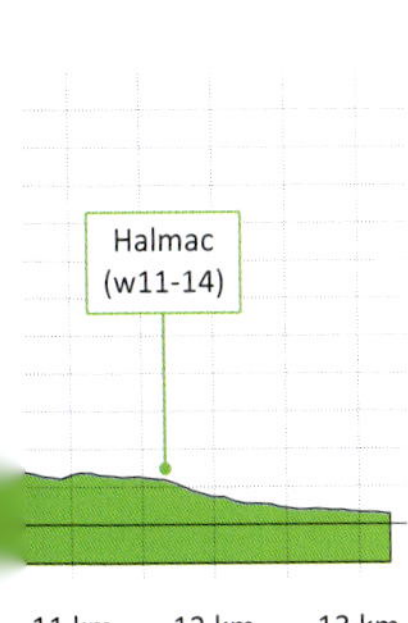

Die Überschreitung führt aussichtsreich über den Höhenzug.

Cres
Planinarski dom
Abzweigung (w11-09)
Abzweigung (w11-10)
Osor
Punta Križa
Überquerung Fahrpiste (w11-08)
Tržić (w11-11)
Televrina (w11-07)
Halmac (w11-14)
Sendeanlage (w11-06)
Nerezine
Kapelle Sv. Mikula (w11-05)
Beginn Wanderweg (w11-03)
Parkplatz Nerezine, Ausgangs- und Endpunkt (w11-01)
1 km
1:50.000
Mali Lošinj
Karte: © Printmaps.net/OSM Mitwirkende

Wanderung 12:

Um die Südspitze Lošinjs

Die nahezu unbesiedelte und kaum erschlossene Südspitze der Insel Lošinj lässt sich ab Veli Lošinj (➤ Seite 127) mit einer längeren Wanderung umrunden. Die Strecke führt an einer ganzen Reihe schöner Kiesbuchten vorbei, die sonst nur mit dem Boot erreichbar sind, dazwischen verlaufen längere Passagen auf uralten bäuerlichen Wegen oder auf Küstenpfaden durch schattigen Kiefernwald.

Schon kurz nach dem Beginn in Veli Lošinj bieten sich mit den beiden Kiesbuchten Kriška und Jamna die ersten Badegelegenheiten. Ein langer, durch lose Steine teilweise etwas mühsamer Wegabschnitt führt vorbei an Trockenmauern zur Südspitze der Insel mit der Bucht Mrtvaška, die auch mit dem Auto erreichbar und daher meist ziemlich belebt ist. Von nun an geht es auf der Westseite der Halbinsel über schöne Küstenpfade weiter, die an vier Buchten unterschiedlicher Größe vorbei führen. Nach der Bucht Balvanida, die gerne von Bootsbesitzern angesteuert wird, zieht sich der Weg zur Kapelle Sveti Ivan hinauf. Hier bietet sich eine schöne Aussicht hinunter auf Veli Lošinj, ehe der Pfad recht steil dorthin absteigt.

Die Wanderung führt an sieben Strandbuchten vorbei.

Eckdaten

Anspruch Technik: ●●●●● *mittel*

Anspruch Kondition: ●●●●● *mittel*

Länge: *14,1 km*

Höhenunterschied: *Auf- und Abstieg jeweils 440 m*

Gehzeit: *4:00-4:50 Stunden (ohne Pausen)*

Anforderungen: *Ausgedehnte, sonst aber unkomplizierte Wanderung auf historischen Wegen und Küstenpfaden. Einige längere Passagen verlaufen über grobes Geröll und sind dadurch etwas mühsam. Robuste Schuhe sind unbedingt nötig!*

Orientierung: *Problemlos, der Weg ist durchgehend sehr gut markiert.*

Einkehrmöglichkeiten: *Konoba Balvanida an der Bucht Balvanida.*

Anfahrt mit dem Auto: *Ausgangspunkt ist der große Parkplatz am Straßenende in Veli Lošinj (S. 129, w12-01).*

Anfahrt mit dem Bus: *Busse fahren ab Cres über Mali Lošinj; die Haltestelle ist neben dem Parkplatz.*

Wegbeschreibung

Wir gehen vom Parkplatz die Treppe Richtung Crkva sv. Nikole/sv. Ana hinauf und folgen einer kleinen Straße geradeaus (rot-weiße Markierungen). Nach 400 m vor einem privaten Parkplatz links (w12-02, die Markierungen führen hier nach rechts), kurz danach rechts in eine kleinere Straße Richtung Sv. Ana. Nach 300 m ist die kleine Kirche Sveti Ana/Sveti Nikola erreicht (w12-03); dort umgehen wir mit einem Schlenker nach rechts das vor uns liegende Grundstück und gehen auf einem Pfad Richtung Kriška (ab jetzt sind wieder Wegmarkierungen zu sehen). 1 km nach der Kirche an einer Gabelung (w12-04) links Richtung Kriška, kurz darauf rechts Richtung Jamna. Unser Weg führt an der Bucht Kriška vorbei

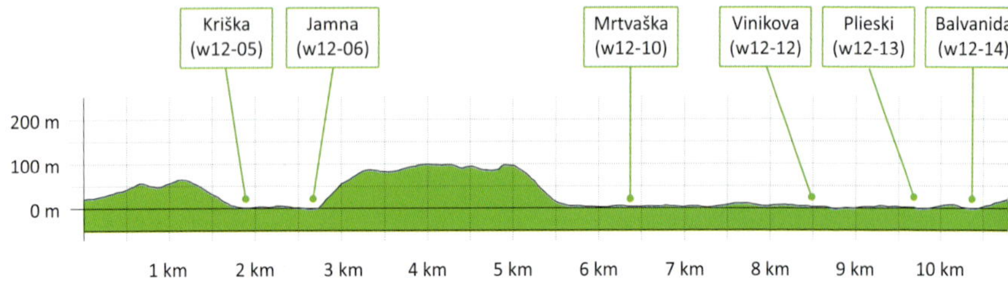

(w12-05) und uferparallel zu einer zweiten Bucht, Jamna (w12-06). Dort entfernt sich der markierte Pfad, über Treppenstufen ansteigend, vom Meer. Nach 1,8 km zunächst rechts (w12-07, links geht es nach Trasorka) und nach wenigen Metern wieder links Richtung Mrtvaška/Balvanida (geradeaus geht es nach Mali Lošinj). 350 m danach verlassen wir den steinigen Weg nach rechts, den blauen Markierungen folgend, auf einen Waldpfad (w12-08). Bald kommt das Meer in Sicht, der Weg steigt abwärts und trifft auf eine Piste, die wir geradeaus überqueren (w12-09, Wegweiser Mrtvaška). Kurz vor den Uferfelsen scharf rechts auf einen markierten Pfad, der oberhalb der Felszone durch den Wald führt und nach 800 m auf die Bucht Mrtvaška trifft (w12-10, mit Parkplatz und Bootsanleger).

Dort folgen wir der Zufahrtsstraße gut 100 m und verlassen sie an einem asphaltierten, ansteigenden Wegstück nach links auf einen uferparallel verlaufenden Pfad (Wegweiser Balvanida/Mali Lošinj). Der Weg führt nun wieder längere Zeit küstenparallel durch den Wald und passiert die kleinen Buchten Pećina (w12-11) und Vinikova (w12-12). 3,4 km nach der Mrtvaška ist die größere, meistens recht belebte Bucht Plieski erreicht (w12-13); die Markierungen führen uns daran vorbei und durch den Wald über die Landzunge zur Bucht Balvanida (w12-14).

Dort rechts landeinwärts und gleich danach links auf eine Fahrpiste zur Konoba Balvanida (w12-15); wir gehen durch den Gastgarten der Konoba und verlassen das Grundstück durch ein hölzernes Tor. Die Markierungen führen uns jetzt nach rechts über Treppenstufen bergauf zu einer Gabelung (w12-16): dort rechts Richtung Veli Lošinj (links geht es nach

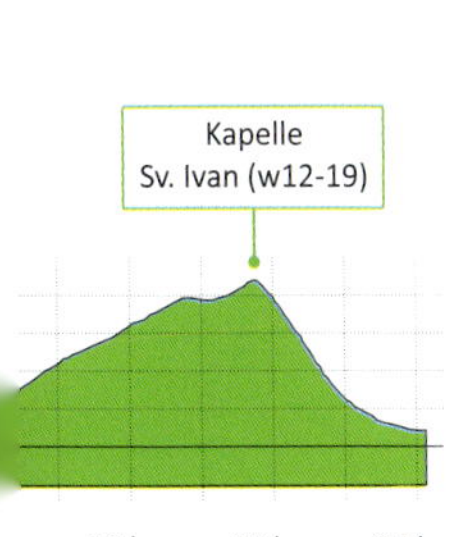

Teilweise verläuft der Pfad direkt an der Küste.

Krivica/Mali Lošinj). Wir folgen den Markierungen kurz über eine Piste und dann links auf einen schräg am Hang ansteigenden Treppenweg, der zur Straße auf dem Höhenrücken hinauf führt (w12-17); dort nicht geradeaus Richtung Veli Lošinj, sondern auf der Straße nach links. Nach 300 m führt eine weitere Abzweigung nach Veli Lošinj (w12-18); hier lohnt ein kurzer Abstecher an der Straße geradeaus zur Kirche Sveti Ivan (w12-19). Von der Kirche wenige Meter zurück und an einer kleinen Kapelle links Richtung Veli Lošinj. Nach 250 m treffen wir auf den bei w12-18 verlassenen Abstiegsweg und folgen ihm nun längere Zeit bergab. Bei den ersten Häusern von Veli Lošinj (w12-20) folgen wir einer Gasse nach links bergab. Nach 200 m bei der Kapela Sv. Petra rechts und bei der nächsten Abzweigung links, gleich darauf wird der Parkplatz sichtbar.

Viele der Buchten sind klein und intim.

GPS

w12-01:	44,51762	14,50407	w12-11:	44,47634	14,52512
w12-02:	44,51486	14,50719	w12-12:	44,47962	14,51422
w12-03:	44,51321	14,50925	w12-13:	44,48843	14,50784
w12-04:	44,50766	14,51872	w12-14:	44,49206	14,50456
w12-05:	44,50768	14,52101	w12-15:	44,49431	14,50323
w12-06:	44,50196	14,52312	w12-16:	44,49575	14,50286
w12-07:	44,48997	14,53280	w12-17:	44,50810	14,50154
w12-08:	44,48773	14,53540	w12-18:	44,51021	14,49876
w12-09:	44,48402	14,53705	w12-19:	44,51131	14,49728
w12-10:	44,47940	14,53309	w12-20:	44,51551	14,50198

Mali Lošinj
Veli Lošinj
Parkplatz Veli Lošinj,
Ausgangs- und Endpunkt
(w12-01)
Kapelle
Sv. Ivan (w12-19)
Kapelle
(w12-03)
Einmündung auf
Straße (w12-17)
Kriška
(w12-05)
Gabelung
(w12-04)
Jamna
(w12-06)
Krivica
200
100
200
Konoba Balvanida
(w12-15)
Wegkreuzung
(w12-07)
Balvanida
(w12-14)
100
Plieski
(w12-13)
Pistenquerung
(w12-09)
Pećina
(w12-11)
Vinikova
(w12-12)
Mrtvaška
(w12-10)
1 km
1:50.000
Karte: © Printmaps.net/OSM Mitwirkende

Wanderung 13:

Auf dem Premužić-Weg in den Velebit

Der Parkplatz an der Berghütte Zavižan ist der perfekte Ausgangspunkt für die Erkundung des Nationalparks Nördlicher Velebit *(Sjeverni Velebit)* – auch wenn schon die Fahrt dorthin ein kleines Abenteuer ist. Der weitaus interessanteste Weg im Nationalpark ist der *Premužićeva staza*, der Premužić-Weg: Von 1930 bis 1933 ließ der idealistische Forstingenieur Ante Premužić einen 57 Kilometer langen Weg anlegen, der den Velebit von Nord nach Süd durchquert. Der bei der Berghütte beginnende Abschnitt ist sicherlich der schönste Teil davon: Angelegt wie eine Eisenbahntrasse, stets hangparallel mit kaum merklichen Steigungen, zieht er sich durch die Felslandschaft im zentralen Teil des Nationalparks, an etlichen Stellen mit großem Aufwand durch Aufschüttungen und Felsdurchbrüche begradigt.

Zu Beginn bietet sich die Überschreitung des Balinovac an. Der stellenweise etwas knifflige Aufstieg lohnt sich für die großartige Aussicht hinunter auf die Adria und die Inseln Krk und Rab. Von hier aus ist es nicht mehr weit bis zum Beginn des Premužić-Weges: Zunächst verläuft dieser noch unspektakulär durch lichten Wald, dann

Der Premužić-Weg ist wie eine Eisenbahntrasse angelegt.

beginnt das aussichtsreiche Teilstück, auf dem sich der Weg in endlosen Windungen durch die Felslandschaft des zentralen Velebit zieht. Die winzige Berghütte Rossijeva Koliba ist unbewirtschaftet, bietet mit ihrer idyllischen Lage aber einen schönen Pausenplatz. Auf den nächsten paar hundert Metern folgt ein weiterer schöner Abschnitt des Weges, ehe dieser in Richtung der Berghütte Veliki Alan abzusteigen beginnt. Es bietet sich daher an, hier umzukehren.

Eckdaten

Anspruch Technik: ●●●●○ *schwierig*
(Var. ohne Balinovac: ●●○○○ *leicht)*
Anspruch Kondition: ●●●○○ *mittel*
Länge: *16,7 km*
Höhenunterschied: *Auf- und Abstieg jeweils 470 m*
Gehzeit: *5:00-6:20 Stunden (ohne Pausen)*

Anforderungen: *Zwischen Veliki Kosa und Balinovac etwas komplizierter Aufstieg über große Felsblöcke und eine leichte Kletterstelle; der Abstieg vom Balinovac ist deutlich einfacher als der Aufstieg. Der Premužić-Weg ist einfach zu begehen, er hat keine wesentlichen Steigungen und einen grobkiesigen Belag.*

Orientierung: *Im Gipfelbereich des Balinovac undeutlich markiert, alle übrigen Abschnitte sind gut markiert und eindeutig.*

Variationsmöglichkeiten: *Man kann die Wanderung verkürzen und deutlich vereinfachen, indem man die Überschreitung von Veliki Kosa und Balinovac auslässt und vom Parkplatz auf der Fahrpiste zu w13-05 geht. Dann 1,8 km und rund 1:00 Std. weniger.*

Anfahrt mit dem Auto: *Am Südrand von Sveti Juraj landeinwärts Richtung Krasno, nach 15 km kurz hinter Oltari rechts Richtung Sjeverni Velebit, dann rechts Richtung Zavižan. Nach der Zahlstelle noch 6 km auf gut befahrbarer Schotterpiste bis zum großen Parkplatz bei der Berghütte Zavižan (w13-01, ab Oltari 16 km). Der Zutritt zum Nationalpark kostet 45 kn pro Person (Kinder von 6-14, Studenten und Senioren ab 60 35 kn). Informationen auf www.np-sjeverni-velebit.hr.*

Einkehrmöglichkeit: *An der Berghütte Zavižan (auch Übernachtung möglich); die Rossijeva Koliba ist unbewirtschaftet.*

Anfahrt mit dem Bus: *Keine Verbindung zum Ausgangspunkt.*

Wegbeschreibung

Wir gehen vom Parkplatz nicht auf der Fahrpiste geradeaus, sondern rechts über einige Stufen auf einem Weg Richtung Zavižan. Dann nicht rechts zur Hütte hinauf, sondern geradeaus auf die deutlich sichtbare grasige Kuppe des Veliki Kosa hinauf (w13-02). Am Gipfel geradeaus und über einen Sattel auf die benachbarte felsige Kuppe des Balinovac zu. Vom Sattel aus steigt der hier dürftig markierte Weg in Richtung Meer ein wenig ab und dann über grobe Felsblöcke zum Balinovac hinauf (w13-03). Vom Balinovac aus steigen wir über den geröllligen Südhang ab und treffen auf eine Weggabelung vor einem kleinen Tal (w13-04): Dies ist der Rundweg, der den botanischen Garten umrundet, man kann hier also

GPS		
w13-01:	44,81413	14,97823
w13-02:	44,81215	14,97261
w13-03:	44,80742	14,96658
w13-04:	44,80732	14,96932
w13-05:	44,80890	14,97517
w13-06:	44,80355	14,98203
w13-07:	44,76687	14,99008
w13-08:	44,76601	14,98712
w13-09:	44,76315	14,98828

Vom Balinovac blickt man weit über die Adria.

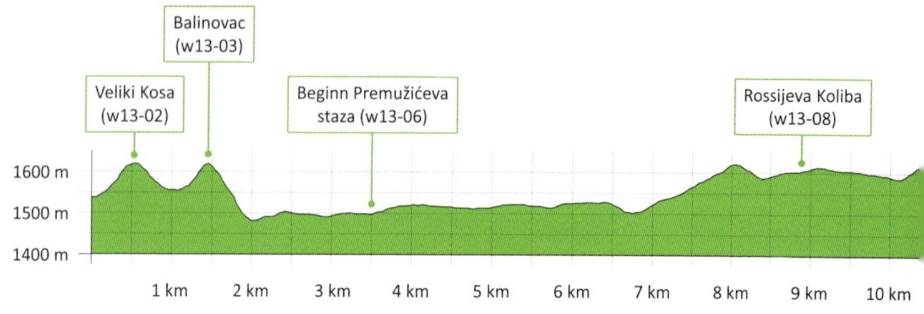

links oder rechts gehen. Am Ende des Rundwegs geradeaus an einer Unterstandshütte und einigen Informationstafeln vorbei. Kurz darauf treffen wir auf die breite Fahrpiste, die vom Parkplatz hierherführt (w13-05). *Für die einfache Variante (ohne Balinovac) folgen wir vom Parkplatz aus der breiten Fahrpiste, dann links an der Kapelle vorbei zu w13-05.*

Von hier aus auf der Fahrpiste nach rechts; nach 1,1 km zweigt hinter einer Kurve der Premužićeva staza nach rechts ab (w13-06). Von nun an ist der Weg lange Zeit eindeutig. 5 km nach dem Beginn des Weges an einer Gabelung rechts Richtung Rossijeva Koliba (w13-07, links geht es nach Kozjak und Rajinac). Nach 350 m ist die unbewirtschaftete Berghütte Rossijeva Koliba erreicht (w13-08). Von dort aus kann man den Weg noch einige hundert Meter Richtung Velike Brisnice fortsetzen, bis der Weg über einige Treppenstufen abzusteigen beginnt (w13-09). Wir kehren hier um und gehen auf dem selben Weg zurück. Beim botanischen Garten (w13-05) geradeaus auf der Fahrpiste an der Kapelle vorbei zum Parkplatz.

Rund um die Rossijeva Koliba ist die Landschaft am schönsten.

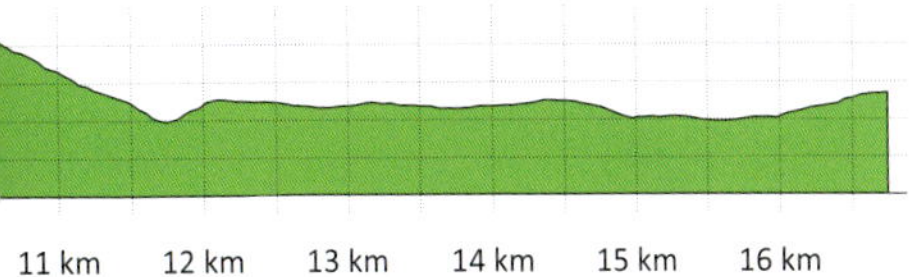

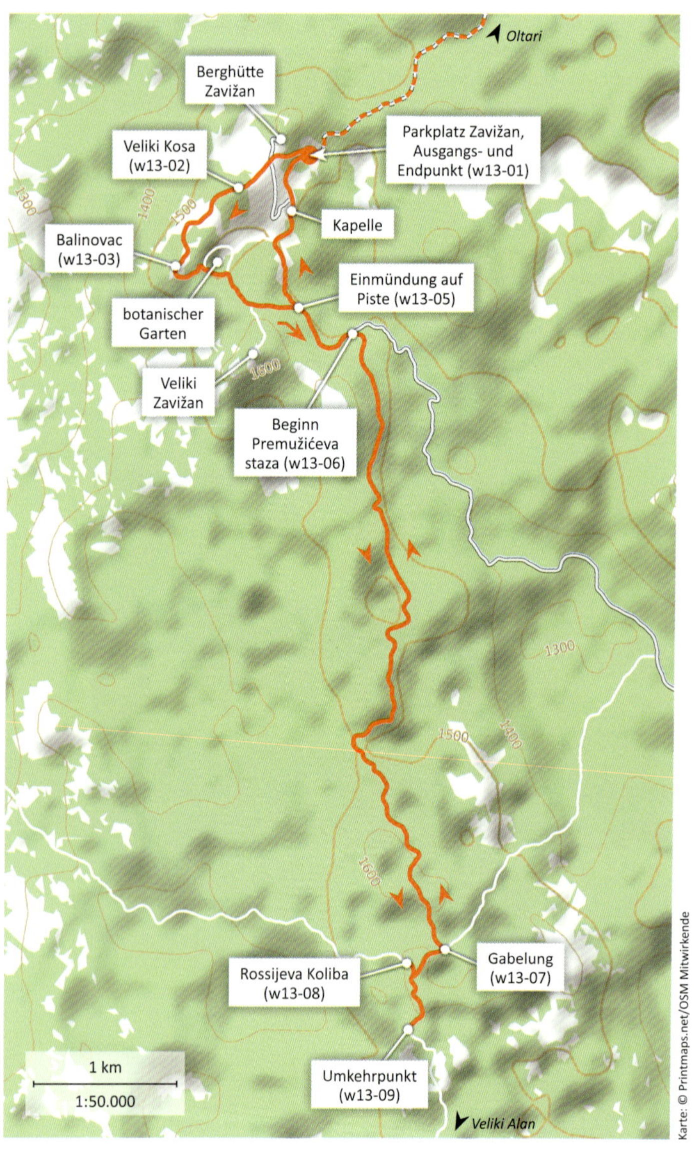
Oltari
Berghütte Zavižan
Parkplatz Zavižan, Ausgangs- und Endpunkt (w13-01)
Veliki Kosa (w13-02)
Kapelle
Balinovac (w13-03)
botanischer Garten
Einmündung auf Piste (w13-05)
Veliki Zavižan
Beginn Premužićeva staza (w13-06)
1300
1400
1500
1600
Gabelung (w13-07)
Rossijeva Koliba (w13-08)
Umkehrpunkt (w13-09)
1 km
1:50.000
Veliki Alan
Karte: © Printmaps.net/OSM Mitwirkende

Wanderung 14:

Zu den Buchten des Dundo-Waldes

Wenn man den dicht besiedelten zentralen Teil der Insel Rab durchquert, kann man sich kaum vorstellen, dass es auf dieser Insel auch größere Naturräume gibt: Die Halbinsel Kalifront im Westen Rabs ist bis auf die kleine Apartmentsiedlung Suha Punta völlig unbesiedelt und von einem naturnahen mediterranen Mischwald bedeckt, dem Dundo-Wald. Im Sommer wird er vom lauten Schnarren der Zikaden und den weitaus angenehmeren Rufen verschiedenster Vogelarten erfüllt.

Diese Rundwanderung – die überwiegend über Schotterpisten führt und daher auch gut mit dem Fahrrad unternommen werden kann – lohnt sich aber nicht nur wegen dem Wald, sondern vor allem wegen der Buchten an der Westküste der Halbinsel: Nach einem etwas langweiligen ersten Abschnitt auf einer kleinen, immerhin autofreien Asphaltstraße geht es über eine küstenparallel verlaufende Piste, von der kurze Abstecher zu nicht weniger als vier Buchten führen. Die ersten drei – Sveta Mara, Planka und Amata – haben lauschige Kiesstrände; in der letzten Bucht, Valsika, gibt es sogar einen Sandstrand.

An der Westküste der Halbinsel gibt es traumhafte Buchten!

Eckdaten

Anspruch Technik:	● ○ ○ ○ ○	*sehr leicht*
Anspruch Kondition:	● ● ○ ○ ○	*leicht*
Länge:	*13,0 km*	
Höhenunterschied:	*Auf- und Abstieg jeweils 190 m*	
Gehzeit:	*3:00-3:30 Stunden (ohne Pausen)*	

Anforderungen: *Eine abgesehen von der Länge sehr einfache Wanderung auf Asphaltsträßchen und Schotterpisten.*

Orientierung: *Der Wegverlauf ist nicht markiert, die zahlreichen Abzweigungen sind verwirrend.*

Anfahrt mit dem Auto: *Von Rab (Stadt) Richtung Kampor, dann links Richtung Suha Punta. 1,0 km nach dieser Abzweigung rechts auf eine kleine Straße Richtung Dundo; an der Abzweigung steht eine Tafel mit Wanderkarte. Nach 800 m, bei der Abzweigung zur Siedlung Šurline (Schild „Apartments Ljubinka") befindet sich ein Parkplatz in Sichtweite einer Schranke (w14-01).*

Anfahrt mit dem Bus: *Keine direkte Verbindung zum Ausgangspunkt; die nächste Bushaltestelle befindet sich in Suha Punta.*

Wegbeschreibung

Wir folgen der Straße in den Wald hinein und passieren nach 1,7 km ein Gittertor (w14-02, auf der linken Seite gibt es eine Fußgängerpforte). Die Straße zieht bald etwas nach links und endet nach einem längeren geraden Abschnitt an einem Forsthaus in Küstennähe (w14-03). Neben dem Forsthaus geht es rechts über einige Stufen auf

Der erste Abschnitt verläuft durch dichten Wald.

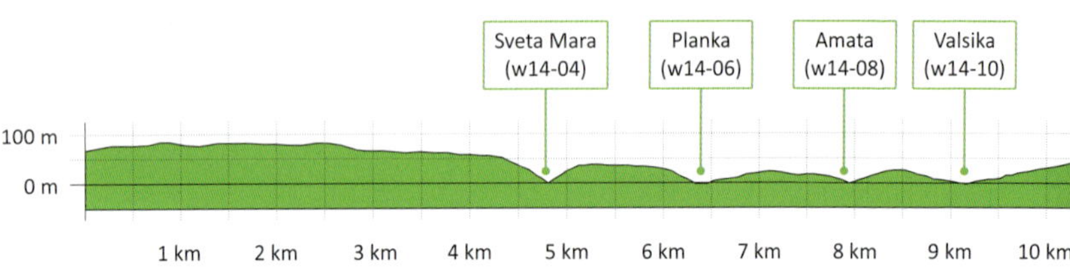

einen breiten Weg und gleich noch einmal rechts zur Bucht Sveta Mara hinunter (w14-04). Vom Forsthaus 80 m auf der Straße zurück und dann rechts auf eine breite Schotterpiste. Nach 900 m zweigt eine Piste nach rechts Richtung Perla ab; wir bleiben aber zunächst auf der geradeaus führenden Piste und verlassen sie nach rund 70 m auf einen scharf rechts abzweigenden breiten Waldweg – die Abzweigung ist aus dieser Richtung leicht zu übersehen (w14-05). Der Weg führt hinunter zur Bucht Planka (w14-06).

Von der Bucht auf einem Pfad landeinwärts zurück zur Piste und dort rechts. Nach 1,1 km zweigt eine breite Piste landeinwärts ab (w14-07, Radrouten 3, 4, 9). Wir gehen hier weiter geradeaus und erreichen nach 250 m die Bucht Amata (w14-08). Weiter auf der Piste, übersteigen wir nach 600 m ein Gittertor über eine Holztreppe und gehen an der Ga-

Immer wieder führen kurze Abstecher ans Wasser.

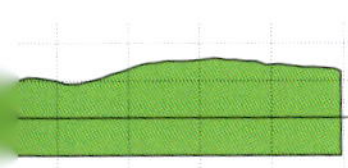

belung dahinter rechts auf eine Piste (w14-09). Nach 400 m macht die Piste eine scharfe Kurve nach rechts; in der Kurve führt kurz vor einem Jagdhochsitz ein Pfad zur Sandbucht Valsika (w14-10). Von dort zurück auf die Piste; diese umrundet leicht ansteigend die Bucht und biegt nach 500 m nach links ab, eine etwas schmalere, grasige Piste verläuft hier geradeaus, ein Wegweiser „Sv. Mara 3,4 km" zeigt in die Richtung, aus der wir gekommen sind (w14-11). Wir folgen der breiten Piste landeinwärts und treffen nach 1,9 km auf die Straße (w14-12); dort rechts in 1,2 km zum Ausgangspunkt.

GPS		
w14-01:	44,77193	14,72013
w14-02:	44,77657	14,70253
w14-03:	44,78135	14,66984
w14-04:	44,78214	14,66915
w14-05:	44,77461	14,67570
w14-06:	44,77308	14,67769
w14-07:	44,76751	14,68427
w14-08:	44,76811	14,68626
w14-09:	44,76692	14,68783
w14-10:	44,76661	14,69010
w14-11:	44,76475	14,68990
w14-12:	44,77394	14,70845

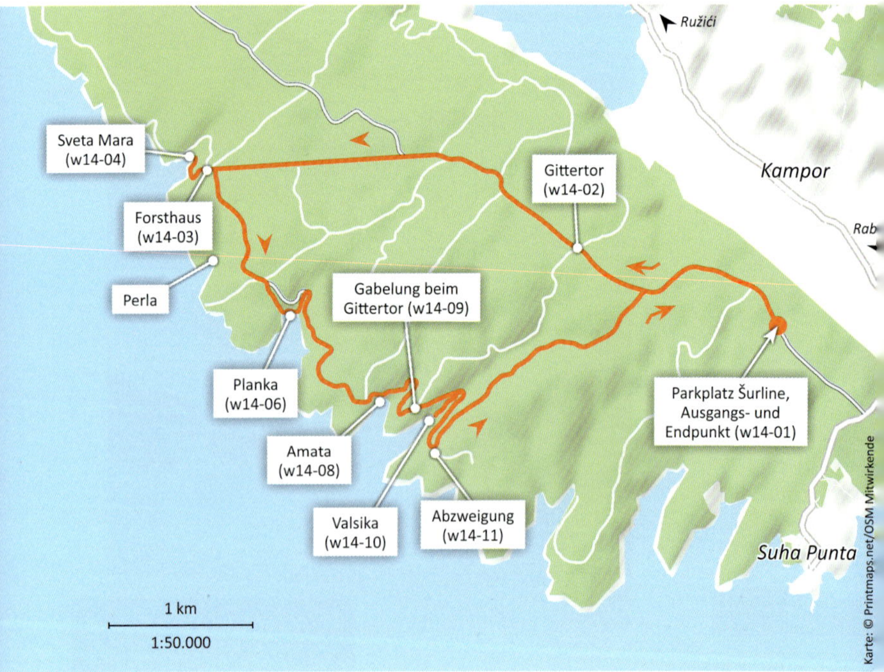

Wanderung 15:

Die Strände der Halbinsel Lopar

Im Norden endet die Insel Rab mit der flachen Halbinsel Lopar, die nördlich des gleichnamigen Ferienortes liegt (➤ Seite 145). Hier reiht sich eine Bucht an die nächste – und sie alle haben etwas zu bieten, was in Kroatien ziemlich selten ist: Sandstrände! Die lauschigen, von lockerem Kiefernwald umgebenen Buchten sind mit ihrem sehr flachen, ruhigen Wasser auch perfekt für Kinder geeignet. Da sie nur mit einem gewissen Fußweg erreichbar sind, ist es hier oft recht einsam.

Ein Netz aus Fußpfaden ermöglicht eine ausgedehnte Runde über die Halbinsel, bei der man jede einzelne dieser Buchten kennenlernt, von der intimen Sturič bis zur weiten, offenen Sahara. Mit ein paar Badestopps ist die Wanderung tagesfüllend; wer nicht ganz so weit gehen will, kann sie aber auch jederzeit abkürzen, da von jeder Bucht ein Weg ins Landesinnere verläuft zu einer kleinen Straße, die zum Ausgangspunkt zurück führt. Einen Haken gibt es aber doch: Das Netz von Pfaden ist ziemlich labyrintisch und kaum markiert, wer nicht aufpasst, hat sich schnell verlaufen!

Die Halbinsel Lopar ist von sandigen Buchten umgeben.

Eckdaten

Anspruch Technik: ● ○ ○ ○ ○ *sehr leicht*
Anspruch Kondition: ● ● ○ ○ ○ *leicht*
Länge: *7,9 km*
Höhenunterschied: *Auf- und Abstieg jeweils 170 m*
Gehzeit: *2:00-2:20 Stunden (ohne Pausen)*

Anforderungen: *Leichte Rundwanderung auf einfachen, sandigen Wegen. An einigen Stellen muss seichtes Wasser durchwatet werden. Am Ende einige Kilometer auf autofreier Asphaltstraße.*

Orientierung: *Problematisch – die Halbinsel ist von einem verwirrenden Netz von Pfaden überzogen, die nicht markiert und nur mit spärlichen Wegweisern versehen sind.*

Anfahrt mit dem Auto: *In Lopar am Kreisverkehr Richtung Fährhafen, dann kurz vor dem Hafen rechts auf eine einspurige Straße Richtung Plažas. Nach 700 m ist auf der linken Seite ein großer Parkplatz (w15-01).*

Anfahrt mit dem Bus: *Keine direkte Verbindung zum Ausgangspunkt, Busse fahren nur bis zum zentralen Kreisverkehr bei Lopar. Busfahrer können von dort 1,2 km nach Norden gehen und die Wanderung bei w15-11 beginnen.*

Wegbeschreibung

Wir gehen vom Parkplatz ein kurzes Stück auf der Straße geradeaus, dann in einer Rechtskurve geradeaus auf eine Piste Richtung Ciganka (w15-02). Nach 600 m verlassen wir die Piste in einer Linkskurve nach rechts auf einen Pfad, der zur Bucht Ciganka führt (w15-03). Ein vage erkennbarer Trampelpfad schneidet eine Landzunge ab und führt zur östlich gelegenen Nachbarbucht Zaškoljić, wo wir direkt an der Abbruchkante entlanggehen. Kurz danach kommt bereits die dritte Bucht in Sicht, Sturič (w15-04), deren zwei Strände durch ein kleines Kap voneinander getrennt sind. Im weiteren Verlauf gibt es keinen Küstenpfad; am einfachsten ist es, an der Ostseite der Bucht durch das flache

GPS

w15-01:	*44,84398*	*14,72543*
w15-02:	*44,84441*	*14,72602*
w15-03:	*44,84948*	*14,72560*
w15-04:	*44,84630*	*14,73267*
w15-05:	*44,84540*	*14,73828*
w15-06:	*44,84351*	*14,73962*
w15-07:	*44,84598*	*14,74586*
w15-08:	*44,83975*	*14,75170*
w15-09:	*44,83558*	*14,74669*
w15-10:	*44,83482*	*14,74351*
w15-11:	*44,83707*	*14,73903*
w15-12:	*44,84033*	*14,72978*

Wasser zu waten bis zum Wegweiser, der vorne am Kap sichtbar ist. Dort beginnt wieder ein deutlicher Pfad, der etwas oberhalb der Wasserlinie um das Kap herum zur Bucht Dubac führt (w15-05). Dort am Strand entlang und über einen kleinen Wasserlauf und an einem Binsenfeld vorbei. Kurz danach auf einem deutlichen Pfad landeinwärts. Der Pfad führt an einem verrosteten Zaun vorbei in dichten Wald hinein. Nach einigen hundert Metern lichtet sich der Wald; an einer Weggabelung mit einem kleinen Steinhaufen links (w15-06, keine Markierung, kein Wegweiser), bei der Gabelung gleich danach noch einmal links. Bei einem Wegweiser geradeaus Richtung Podšilo; die Bucht Podšilo ist vorne schon zu sehen. In der Bucht Podšilo (w15-07) beginnt wieder ein deutlich erkennbarer Küstenpfad, der Richtung Sahara beschildert ist.

Kurz darauf ist die weitläufige Bucht Sahara erreicht; dort am Strand entlang und an einem Wegweiser Richtung Lopar auf einen Pfad ins Landesinnere (w15-08). Der breite, steinige Pfad steigt ins Landesinnere an und überquert eine breite Schotterpiste (w15-09). Bei einem Wegweiser treffen wir auf eine weitere Fahrpiste, vorne sieht man die Häuser von

In der Bucht Sturič führt der einfachste Weg durchs Wasser.

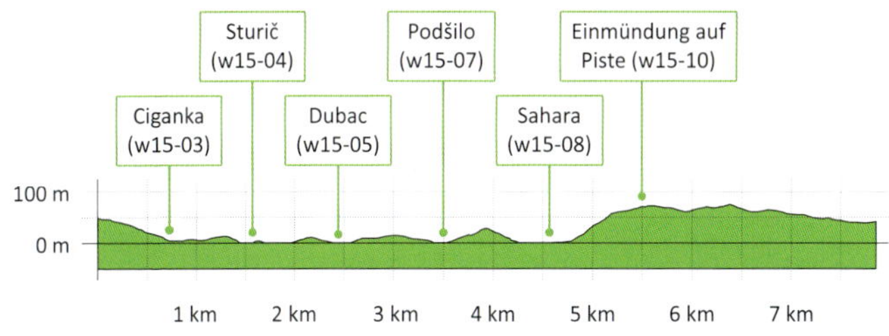

Lopar (w15-10). Wir folgen hier nicht der Piste, sondern biegen vor einem umzäunten Grundstück rechts auf einen breiten Waldweg ab. Der Weg führt an einigen Häusern vorbei, durch ein meist mit einem Knoten verschlossenes Zauntor und auf eine kleine Straße (w15-11); dort an den Häusern vorbei und dahinter halbrechts auf eine schmale Straße. Wir folgen eine Weile der Straße; nach 1,2 km rechts auf einige Strommasten zu (w15-12), nach weiteren 650 m ist der Parkplatz erreicht.

Die „Sahara" ist eine weite, offene Bucht.

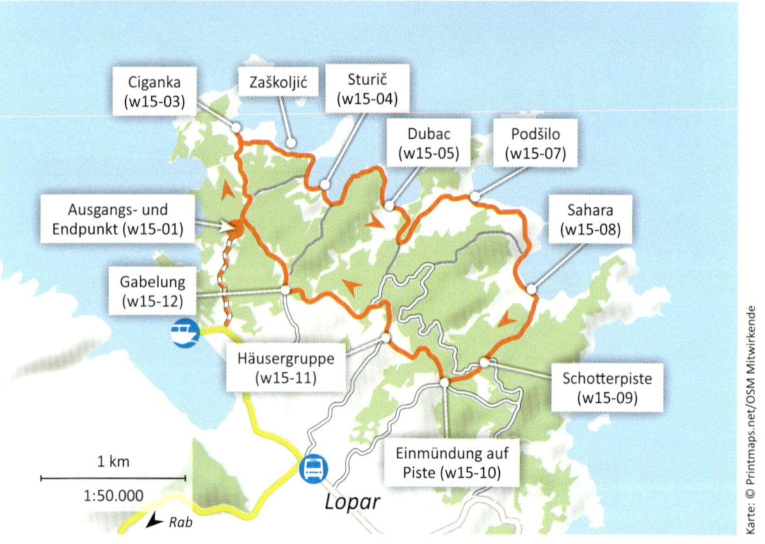

Wanderung 16:

Zu den Dabarski kukovi

Nördlich der Passstraße von Karlobag nach Gospić fallen einige felsige Spitzen aus hellem Kalkgestein auf. Diese Berge mit Gipfelhöhen um die 1200 bis 1350 Meter werden Dabarski kukovi genannt und sind von einem ganzen Netz aus markierten Wanderwegen durchzogen, die eine schöne Rundwanderung erlauben. Vom Dorf Baške Oštarije geht es dabei zunächst auf den noch eher unspektakulären Ljubičko brdo hinauf. Auch der nächste Gipfel, der 1334 Meter hohe Kuk od Karline plane, ist relativ einfach zu erreichen, der Abstecher auf den Medvjeđi kuk verlangt dagegen etwas Geschick beim Klettern. Der felsige Gipfelaufbau der 1278 Meter hohen Kiza ist für „Normalwanderer" nicht zugänglich; daher muss man sich mit dem unterhalb des Gipfels gelegenen Plateau begnügen, das aber ebenfalls eine großartige Aussicht ermöglicht. Auf dem Rückweg bietet sich ein Abstecher zum imposanten Felsgipfel des Grabar an – sofern man es schafft, in dem labyrinthischen Gewirr liebevoll markierter Pfade den Überblick zu behalten. Zuletzt führt ein langweiliger, aber unvermeidbarer längerer Weg auf einer kleinen Straße zum Ausgangspunkt zurück.

Die Dabarski kukovi sind Teil der Velebit-Hauptkamms.

Eckdaten

Anspruch Technik: ●●●●● *schwierig*

Anspruch Kondition: ●●●●● *schwierig*

Länge: *11,7 km*

Höhenunterschied: *Auf- und Abstieg jeweils 790 m*

Gehzeit: *4:50-6:00 Stunden (ohne Pausen)*

Anforderungen: *Die Wanderung verläuft teilweise auf steilen Waldwegen, in den Gipfelbereichen gibt es einige einfache Kletterstellen. Die technisch anspruchsvollsten Abschnitte, die Aufstiege zum Medvjeđi kuk und zum Grabar, sind nur Abstecher und können daher ausgelassen werden.*

Orientierung: *Die Strecke ist durchgehend markiert, allerdings sind die Markierungen meist stark verblasst und daher schlecht zu erkennen, die zahlreichen Abzweigungen im Bereich um Grabar/ Kiza sind zusätzlich verwirrend. Ein GPS-Gerät ist daher hilfreich.*

Variationsmöglichkeiten: *Die Wanderung kann verkürzt werden, indem man ab w16-10 direkt zum Ausgangspunkt geht.*

Anfahrt mit dem Auto: *Von Karlobag Richtung Gospić. 2,3 km nach der Passhöhe befindet sich links das auffällige Gebäude des ehemaligen Hotels Velebno (w16-01) mit einem Parkplatz.*

Anfahrt mit dem Bus: *Keine Verbindung zum Ausgangspunkt.*

Wegbeschreibung

Wir gehen auf der Straße Richtung Gospić und nach 300 m bei der Kirche halblinks auf eine kleinere Straße (Wegweiser „Planinarski put Velebno"). Das Sträßchen geht an einer Gabelung in eine Schotterpiste über (w16-02); hier links. Kurz nach einer Hausruine verlassen wir die Piste auf einen Richtung Metla beschilderten Pfad (w16-03) – die Abzweigung ist leicht zu übersehen! Stark verblasste Markierungen führen zunächst steil in den Wald hinauf, dann schwenkt der Pfad nach rechts und verläuft eine Weile hangparallel. Nach einer Felsgruppe führt der Pfad wieder nach links steiler bergauf und verlässt die Waldzone. Wir steigen zu einem Höhenzug auf und gehen dann nach links über einen breiten Grat zum Gipfelkreuz des Ljubičko brdo (w16-04).

Von diesem ersten Gipfel folgen wir den Markierungen geradeaus zum felsigen Bergkamm. Der Weg verläuft wenige Meter unterhalb des Grats, hier schlecht markiert. Wir erreichen den Gipfel Kuk od Karline plane (w16-05), der aus einigen großen Felsblöcken besteht. Dort den Markierungen folgend geradeaus und mit wenigen einfachen Kletterstellen zu einem Sattel vor einer felsigen Kuppe hinunter (w16-06). Dort kann man nach halblinks einen Abstecher zum Medvjeđi kuk (w16-07) machen, für den allerdings eine etwas kompliziertere Kletterei nötig ist. Der weitere Weg führt vom Sattel auf einem unauffälligen Pfad nach rechts in den Wald hinunter; gleich danach sind wieder Markierungen zu sehen. Der Pfad verläuft kurze Zeit parallel zu einer Forstpiste und führt dann zu dieser hinunter (w16-08). Wir folgen der Piste nach links; an einer Gabelung nach 350 m links bergab (w16-09).

Nach weiteren 950 m macht die Piste eine Kehre nach links, vorne ist ein einzelnes Haus sichtbar. Direkt in der Kehre führen deutliche Wegweiser nach rechts bergauf (w16-10). *Um die Wanderung zu verkürzen, können Sie von hier geradeaus in 3 km den Ausgangspunkt erreichen.* Wir folgen dem Wegweiser Richtung Kiza/Ravni dabar auf einem steilen Pfad bergauf. Es folgen drei Abzweigungen kurz hintereinander, hier stets links oder geradeaus Richtung Kiza. Der Pfad verläuft hangparallel unterhalb einer Felswand und steigt dann zum Grasplateau unter dem Kiza-Gipfel auf (w16-11, der felsige Gipfelaufbau ist nur für Kletterer erreichbar).

Von der Kiza auf dem selben Weg zurück, dabei zu Beginn dem Weg-

GPS		
w16-01:	*44,52674*	*15,17254*
w16-02:	*44,52713*	*15,18195*
w16-03:	*44,53006*	*15,19015*
w16-04:	*44,53735*	*15,19016*
w16-05:	*44,53968*	*15,18454*
w16-06:	*44,54105*	*15,18141*
w16-07:	*44,54147*	*15,17998*
w16-08:	*44,54417*	*15,18004*
w16-09:	*44,54472*	*15,17552*
w16-10:	*44,54465*	*15,16619*
w16-11:	*44,54844*	*15,15957*
w16-12:	*44,54631*	*15,16547*
w16-13:	*44,54763*	*15,16728*

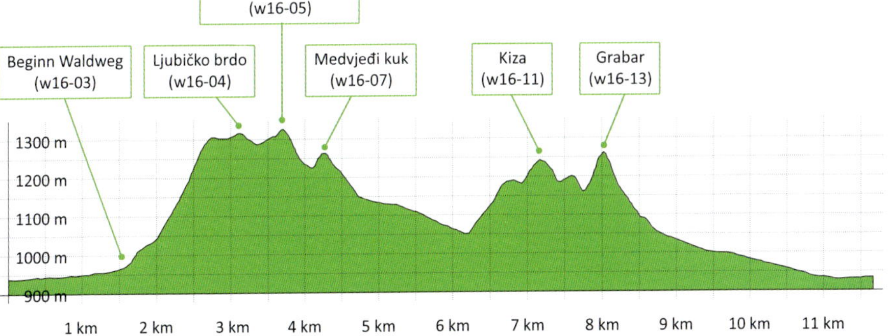

weiser nach Baške Oštarije folgen. Nach 600 m nach links Richtung Grabar/Laginac (w16-12) hinauf. Der Gipfel des Grabar ist nach 300 m und 100 Hm, zuletzt mit einer leichten Kletterei über einen flachen, plattigen Hang, erreicht (w16-13). Vom Gipfel auf dem selben Weg zurück bis zur Forstpiste bei w16-10. Diese führt uns in 3 km zur Straße, das Hotel Velebno befindet sich dann gleich links.

Eine ganze Kette felsiger Gipfel reiht sich aneinander.

Kiza (w16-11)
Grabar (w16-13)
Laginac
Einmündung auf Piste (w16-08)
Pistenkehre (w16-10)
Kuk od Karline plane (w16-05)
Medvjeđi kuk (w16-07)
Ljubičko brdo (w16-04)
Hotel Velebno, Ausgangs- und Endpunkt (w16-01)
Beginn Waldweg (w16-03)
Karlobag
Gospić
Baške Oštarije
1100
1200
1000
1 km
1:50.000

Karte: © Printmaps.net/OSM Mitwirkende

Auf den Bojin kuk

Oberhalb der Ortschaft Starigrad Paklenica (➤ Seite 159) erstreckt sich am Westhang des Velebit-Hauptkammes eine beeindruckende Felslandschaft, in der kalkig weiße Kuppen aus einer lieblichen Graslandschaft herausragen: Die Gegend um das Hochplateau Veliko Rujno ist ein ergiebiges Wandergebiet mit mehreren markierten Routen. Am schönsten ist die Wanderung zur 1110 Meter hohen Felskuppe des Bojin kuk: Sie führt vom etwas abgelegenen Ausgangspunkt zunächst durch ein liebliches Tal und dann durch eine Landschaft, die wie ein Garten aus Felsformationen anmutet, die in der Sonne weiß leuchten.

Am Bojin kuk wird es dann etwas komplizierter: Hier führt der Weg über flache Felsplatten, die in trockenem Zustand ausreichend griffig sind. Unterhalb des Gipfels heißt es, sich zu entscheiden: Wer bisher schon am Limit war, wählt besser die einfachere Gipfelumgehung. Für erfahrene Kletterer bietet sich die Überschreitung des Gipfels an: Der Zustieg führt von hier aus über griffarme Felsplatten, das schwierigste Stück ist immerhin durch ein Drahtseil gesichert. Von oben bietet sich ein fantastischer Blick, der

Der Bojin kuk erhebt sich über ein kleines Tal.

über die Insel Pag weit auf die Adria hinausreicht, auf der gegenüberliegenden Seite erstreckt sich die Kette des Velebit-Hauptkammes. Vom Gipfel kann man nordseitig etwas einfacher durch eine Felsrinne absteigen. Bald treffen die beiden Wegvarianten wieder aufeinander und umrunden den Bojin kuk, ehe es auf dem selben Weg wieder zurück geht.

Der Weg führt durch eine bizarre Felslandschaft.

Eckdaten

Anspruch Technik:	●●●●●	*sehr schwierig*
(mit Gipfelumgehung:	●●●●○	*schwierig)*
Anspruch Kondition:	●●●○○	*mittel*
Länge:	*9,9 km*	
Höhenunterschied:	*Auf- und Abstieg jeweils 770 m*	
Gehzeit:	*4:00-5:00 Stunden (ohne Pausen)*	

Anforderungen: *Im Aufstieg zum Sattel (w17-09 bis w17-10) sowie bei der Gipfelüberschreitung längere Kletterpassagen, teils über flache Felsplatten, die bei Trockenheit ausreichend griffig sind, bei Nässe aber gefährlich glatt sein können.*

Orientierung: *Der Weg ist zwar durchgehend markiert, die Markierungen sind jedoch über weite Strecken lückenhaft und stark verblasst, sodass ein GPS-Gerät hilfreich ist.*

Variationsmöglichkeiten: *Die Wanderung kann deutlich vereinfacht werden, indem man auf die Gipfelüberschreitung verzichtet und ab w17-10 auf der Umgehungsroute zu w17-12 geht.*

Anfahrt mit dem Auto: *In Starigrad Paklenica in Hafennähe auf einer kleinen Straße Richtung Mirila/Veliko Rujno, dann stets den Wegweisern Richtung Veliko Rujno folgen. Die einspurige Straße endet nach 7 km an einem kleinen Parkplatz (w17-01).*

Anfahrt mit dem Bus: *Keine Verbindung zum Ausgangspunkt.*

Wegbeschreibung

Wir folgen vom Parkplatz aus dem breiten Weg Richtung Veliko Rujno. Nach wenigen Metern treffen wir auf eine breite Fahrpiste, die unterhalb des Parkplatzes verläuft; dort links und gleich wieder recht auf einen Pfad mit unauffälligen Markierungen und dem Wegweiser „Jatara“ (w17-02). Der Pfad trifft nach 450 m wieder auf die Piste, der wir nun geradeaus folgen (w17-03); an einer Gabelung nach 250 m links. In Sichtweite eines einzelnen Hauses verlassen wir die Piste auf einen deutlich markierten Weg nach links Richtung Bojin kuk (w17-04). Der Weg führt nun durch eine locker bewaldete Ebene, schwenkt bald etwas nach rechts und steigt dann leicht in Richtung des Bergsattels rechts der vorne sichtbaren Felskette an; an einer Abzweigung mit Holzschild geht es links nach Milocvi, wir gehen geradeaus am Schild des Nationalparks vorbei (w17-05). Der Weg führt nun stärker ansteigend zum Bergsattel hinauf; dort bei einer Gabelung (w17-06) halbrechts Richtung Bojinac (links geht es nach „Prag“).

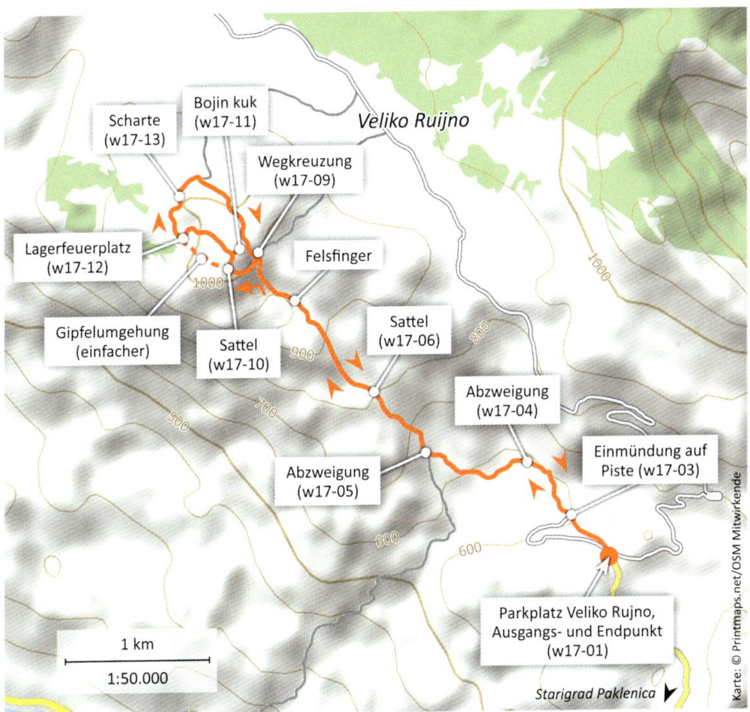

Der Pfad steigt, vorbei an weiteren Felsformationen, zu einem zweiten Sattel an, wo sich der Blick in ein kleines Hochtal mit einem fingerförmigen Felsen öffnet (w17-07); dahinter erhebt sich die Felskuppe des Bojin kuk. Wir gehen rechts am Felsfinger vorbei und bei der Abzweigung kurz danach halbrechts Richtung B. kuk (w17-08). Der Weg steigt wieder stärker an und erreicht unter einigen Bäumen eine weitere Abzweigung (w17-09): Hier links Richtung B. kuk (der geradeaus nach V. Rujno markierte Weg wird später unser Rückweg sein). Die Markierungsspur führt nun am Felshang hinauf, teilweise weglos über Felsplatten. Am Sattel links des Bojin kuk treffen wir auf eine aufgemalte Markierung (w17-10): Rechts beginnt der klettertechnisch anspruchsvolle Gipfelaufstieg, geradeaus führt die einfachere Gipfelumgehung Richtung „Rujno/Voda“.

Für den **Gipfelaufstieg** folgen Sie den Markierungen an der Westflanke des Bojin kuk, teilweise mit einem Stahlseil gesichert, zu einer Scharte unterhalb des Gipfels hinauf; der mit einer Steinpyramide markierte Gipfel ist mit einem kurzen Abstecher erreicht (w17-11). Von der Scharte kann man in Nordrichtung mit guten Markie-

GPS		
w17-01:	*44,33033*	*15,44530*
w17-02:	*44,33081*	*15,44518*
w17-03:	*44,33296*	*15,44168*
w17-04:	*44,33617*	*15,43838*
w17-05:	*44,33676*	*15,42945*
w17-06:	*44,34096*	*15,42291*
w17-07:	*44,34528*	*15,41902*
w17-08:	*44,34630*	*15,41651*
w17-09:	*44,34805*	*15,41506*
w17-10:	*44,34795*	*15,41275*
w17-11:	*44,34903*	*15,41315*
w17-12:	*44,34977*	*15,40857*
w17-13:	*44,35208*	*15,40834*
w17-14:	*44,35289*	*15,41087*
w17-15:	*44,34882*	*15,41502*

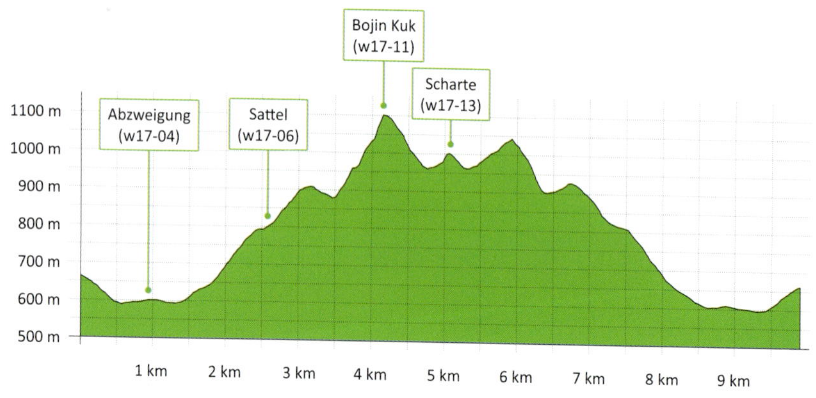

rungen durch eine Felsrinne absteigen, dieser Weg ist etwas einfacher als der Aufstiegsweg von w17-10. Für die leichtere **Gipfelumgehung** gehen Sie bei w17-10 geradeaus Richtung Rujno/Voda über den Sattel.

Die beiden Wege treffen auf einer kleinen Ebene bei einem Lagerfeuerplatz unter Bäumen wieder zusammen (w17-12); dort rechts (Gipfelweg) bzw. geradeaus (Umgehung). Der Weg führt nun nach rechts um den Bojin kuk herum und über eine Scharte (w17-13), dann auf der Nordseite wieder abwärts. Bei der Abzweigung kurz danach (w17-14) nicht links nach V. Rujno, sondern weiter den geradeaus führenden Markierungen folgen. Schließlich kommt wieder das Tal mit dem Felsfinger in Sicht; bei einer Abzweigung am Sattel (w17-15) geradeaus Richtung Starigrad (links geht es nach Veliko Rujno, 603). Nach weiteren 100 m treffen wir bei w17-09 wieder auf unseren bisherigen Weg, dem wir nun bergab und am Felsfinger vorbei zum Ausgangspunkt folgen; dabei bei w17-06 geradeaus Richtung Vaganac/P.

Vom Bojin kuk blickt man weit über die Adria.

Thema: Landminen

Während des Kroatienkrieges von 1991-1995 wurden an dem zwischen kroatischen und jugoslawischen Truppen umkämpften Frontverlauf im Landesinneren zahllose Landminen verlegt. Viele dieser Gebiete sind bis heute nicht vollständig geräumt, sodass in manchen Gegenden Kroatiens die Möglichkeit gegeben ist, auf Minen zu treffen. Auf den Adriainseln sowie in den Küstenregionen besteht jedoch keine Minengefahr, da dies kein Kampfgebiet war. Minenverdächtige Gebiete gibt es nur in eher abgelegenen Gegenden, sie sind durch Warnschilder deutlich gekennzeichnet.

Detaillierte Informationen zum Landminen-Problem (auf Englisch) gibt es auf www.hcr.hr/en/, eine Karte der minenverdächtigen Gebiete auf misportal.hcr.hr.

Wanderung 18:

Durch die Paklenica-Schluchten

Die Mala Paklenica, die kleinere der beiden Schluchten im Nationalpark Paklenica, ist weitaus weniger berühmt als ihre „große Schwester", die Velika Paklenica (➤ Seite 161). Das liegt sicher auch daran, dass sie weitaus weniger leicht zugänglich ist: Anders als die Velika Paklenica ist die Mala Paklenica praktisch unerschlossen. Was aber keineswegs heißt, dass sie unzugänglich wäre: Erfahrene und geschickte Wanderer können die Schlucht durchsteigen und für den Rückweg die Velika Paklenica nutzen – eine großartige, aber auch anspruchsvolle Runde: In der Mala Paklenica steigt man lange über große Felsbrocken, die Trittsicherheit und auch etwas Mut erfordern. Es gibt keinen Weg, nur ein paar Markierungen, die die beste Route anzeigen. Hinzu kommt, dass die größten Herausforderungen erst dann auftreten, wenn man schon so weit ist, dass man nicht mehr gerne zurückgehen möchte.

In ihrem oberen Abschnitt wird die Schlucht dann plötzlich flacher, ab hier geht es unkompliziert über groben Flusskies dahin, bevor der

Die Mala Paklenica ist eine der beiden Schluchten im Nationalpark.

Weg die Schlucht verlässt. Der folgende Wegabschnitt über eine liebliche Hochebene ist eine willkommene Entspannung, ehe es mit dem Abstieg in die Velika Paklenica wieder etwas mühsam wird: Der steile Pfad ist durch feines Geröll unangenehm rutschig. Großartige Ausblicke in die Schlucht entschädigen von Anfang an dafür, ehe man am Grund auf den Hauptweg und die Menge der Besucher trifft, die auf dem einfachen Spazierweg hereingekommen sind. Am Ende wartet dann noch ein unerfreuliches längeres Wegstück über Pisten zurück zum Ausgangspunkt.

Eckdaten

Anspruch Technik: ● ● ● ● ● *sehr schwierig*

Anspruch Kondition: ● ● ● ● ○ *schwierig*

Länge: *17,2 km*

Höhenunterschied: *Auf- und Abstieg jeweils 700 m*

Gehzeit: *6:30-8:00 Stunden (ohne Pausen)*

Anforderungen: *Eine lange und in technischer Hinsicht sehr anspruchsvolle Tour: In der Mala Paklenica müssen große, unangenehm glatte Felsbrocken überklettert werden, nur wenige Stellen sind durch Fixseile entschärft. Bei Nässe sind die Felsen in der Mala Paklenica gefährlich glatt! Während der Schneeschmelze oder nach starken Regenfällen kann die Mala Paklenica Wasser führen und dadurch unpassierbar sein; fragen Sie im Zweifelsfall an der Kasse nach den aktuellen Bedingungen. Nach dem Ausstieg aus der Mala Paklenica einfache Wege, im Abstieg zur Velika Paklenica recht steil und etwas rutschig durch feinen Kies.*

Orientierung: *Problemlos, der Weg ist gut markiert und beschildert.*

Variationsmöglichkeiten: *Man kann die Wanderung um 6,0 km verkürzen, indem man bei w18-05 links nach Seline absteigt.*

Einkehrmöglichkeiten: *Café-Bar in der unteren Velika Paklenica.*

Anfahrt mit dem Auto: *Am südlichen Ortsrand von Seline Richtung „Paklenica Entrance 2“, dann Richtung Mala Paklenica bis zum Parkplatz am Schluchteingang (w18-01). Der Zutritt kostet 60 kn.*

Anfahrt mit dem Bus: *Keine direkte Verbindung zum Ausgangspunkt, Busse fahren nur bis Seline, von dort 1,8 km zum Eingang auf der Zufahrtsstraße.*

Wegbeschreibung

Wir gehen vom Parkplatz in die Schlucht hinein und erreichen nach 960 m mit einer Bachquerung den eigentlichen Schluchteingang. Wir steigen am Schluchtgrund, teils auf Pfaden, teils weglos auf, bis nach 3,3 km und knapp 400 Höhenmetern der flache obere Schluchtteil erreicht ist (w18-02); ab hier geht es im grobkiesigen Bachbett recht einfach weiter. 1,2 km nach Beginn des oberen Teils zweigt eine kleinere Seitenschlucht nach rechts ab, wir bleiben links in der Hauptschlucht (w18-03, Markierung „PSV"). Nach weiteren 750 m folgen wir den Markierungen auf einen Pfad, der die Schlucht nach links verlässt (w18-04). Der Pfad steigt parallel zum Schluchtgrund an und erreicht die Kreuzung Njive Lekine mit hölzernem Wegweiser (w18-05); wir gehen hier geradeaus Richtung Kanjon/Pl. dom (der links nach Seline führende Weg ist eine Möglichkeit zur Verkürzung der Tour).

Wir treffen nach 2,1 km auf ein einzelnes Haus und gehen direkt dahinter links durch eine Mauerlücke und gleich danach wieder rechts (w18-06). Kurz danach bei einer Gabelung mit Wegweiser

GPS		
w18-01:	*44,28292*	*15,49293*
w18-02:	*44,29492*	*15,52180*
w18-03:	*44,30302*	*15,52646*
w18-04:	*44,30858*	*15,52325*
w18-05:	*44,31416*	*15,51236*
w18-06:	*44,31906*	*15,49157*
w18-07:	*44,31824*	*15,49179*
w18-08:	*44,31634*	*15,48754*
w18-09:	*44,31368*	*15,48066*
w18-10:	*44,30884*	*15,47867*
w18-11:	*44,30631*	*15,47292*
w18-12:	*44,30360*	*15,47137*
w18-13:	*44,29398*	*15,45767*
w18-14:	*44,28784*	*15,46588*
w18-15:	*44,28377*	*15,48039*
w18-16:	*44,28134*	*15,48917*

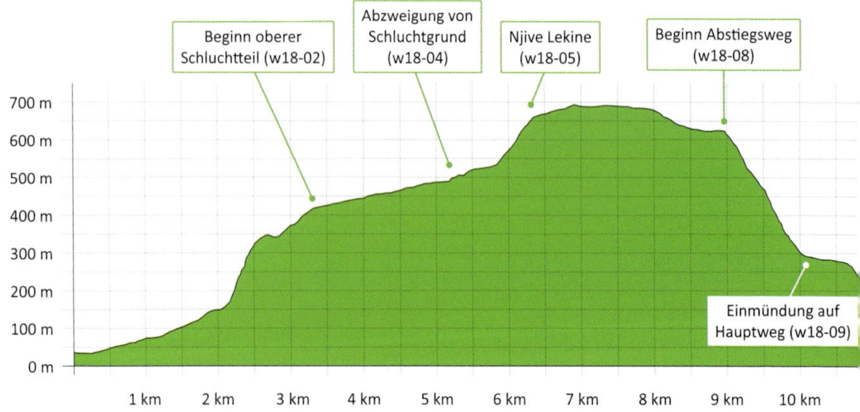

rechts Richtung Starigrad (w18-07, links geht es zum Anića kuk und nach Seline). Bei einem weiteren Wegweiser nach 450 m geradeaus Richtung Starigrad (w18-08, rechts geht es nach Škuljići). Gleich darauf führt der Pfad steil in die Velika Paklenica hinunter und trifft am Schluchtgrund auf den Hauptweg, dem wir nach links folgen (w18-09).

Die Schlucht ist eine weglose Felswildnis.

Nach 600 m liegt eine Trinkwasserquelle am Weg (w18-10), nach weiteren 550 m kommen wir an der Cafébar „Bunker“ vorbei (w18-11). Wir folgen dem Hauptweg bis zum Parkplatz (w18-12) und wechseln kurz danach auf den links des Baches verlaufenden Fußweg. Der Fußweg endet an einem Picknickgelände, wir gehen auf der Straße weiter bis zum Kassenhaus (w18-13). Dort nach links über den Bach, an der Mühle vorbei und noch einmal links über einen zweiten Steg. Wir folgen nun dem Lehrpfad „A short journey through the past“ bis zum Dorf Škuljići und dort einer kleinen Asphaltstraße. Bei einem Haus mit der Nummer 28 und einem gelben Briefkasten folgen wir der Straße nach links bergauf (w18-14), die gleich wieder nach rechts schwenkt und in eine breite

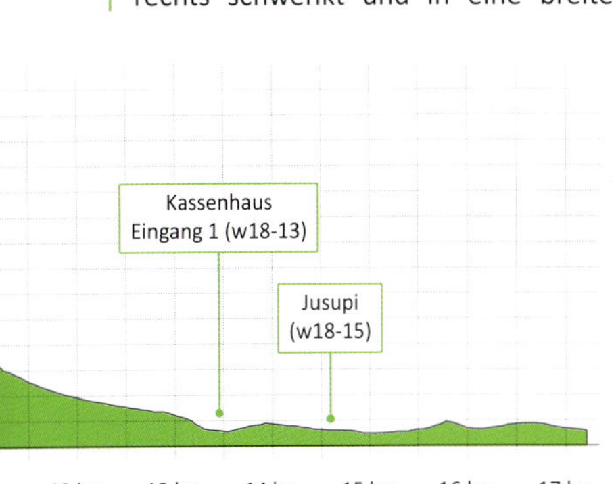

Beim Abstieg hat man eine schöne Aussicht in die Velika Paklenica.

Schotterpiste übergeht. Unterhalb eines Wasserhauses an einer Gabelung rechts. Gleich danach treffen wir auf die Häuser von Jusupi und verlassen die Straße direkt vor dem ersten Haus nach links auf eine Schotterpiste (w18-15, Schild „poučna staza"). An einer Gabelung folgen wir links der Reihe der Straßenlaternen, an einer Straßeneinmündung mit Stoppschild links auf eine schmale Straße Richtung Mala Paklenica (w18-16). Nach 400 m ist der Parkplatz erreicht.

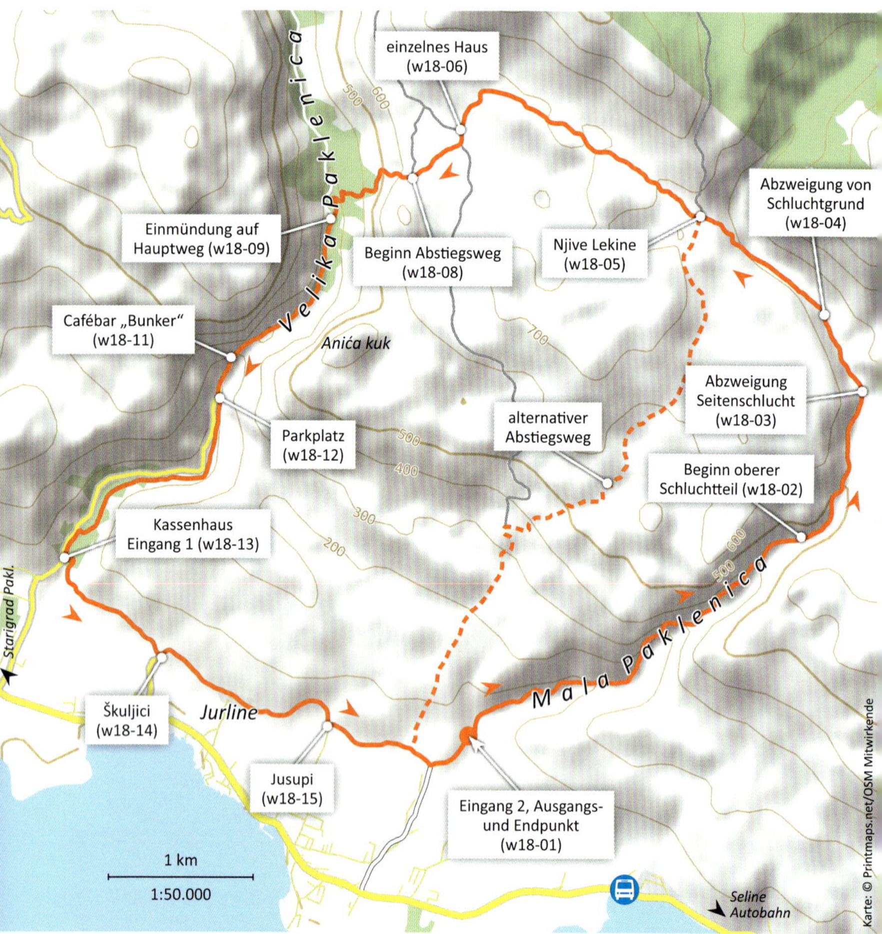

Register